Modellhaftes Denken in der Praktischen Theologie

Modellhaftes Denken in der Praktischen Theologie

Festschrift zum 60. Geburtstag von Klaus Raschzok

Herausgegeben von Andreas von Heyl
und Konstanze Evangelia Kemnitzer

EVANGELISCHE VERLAGSANSTALT
Leipzig

Bibliographische Information der Deutschen Nationalbibliothek
Die Deutsche Nationalbibliothek verzeichnet diese Publikation in der Deutschen Nationalbibliographie; detaillierte bibliographische Daten sind im Internet über http://dnb.dnb.de abrufbar.

Printed in Germany · H 7757

Das Buch wurde auf alterungsbeständigem Papier gedruckt.

Cover: Zacharias Bähring, Leipzig
Satz: Konstanze Evangelia Kemnitzer, Neuendettelsau
Druck und Binden: Hubert & Co., Göttingen

ISBN 978-3-374-03735-3
www.eva-leipzig.de

VORWORT

Praktische Theologie als Gestaltlehre des Glaubens lebt nach Klaus Raschzok in entscheidender Weise von modellhaftem Denken: Phänomene wahrnehmen, beschreiben und die Beobachtungen und Erkenntnisse zu Modellen verdichten ermöglicht, mit neuen Eindrücken und Herausforderungen umzugehen.[1] Modellvorstellungen steuern Wahrnehmungen – und umgekehrt.

Der praktisch-theologische Diskurs kennt Modellvorstellungen, die eine beeindruckende Karriere gemacht haben, z.B. das Modell des Theaters im Bereich der Gottesdiensttheorie und das Modell des Films in der Predigttheorie, andere, die sich nicht behaupten konnten, wieder andere, die in einem bestimmten Zeitfenster höchst fruchtbar genutzt werden konnten, dann aber »plötzlich« ausgedient haben, z.B. die Eduard Thurneysen missverständlich interpretierende Modellvorstellung vom Bruch im seelsorglichen Gesprächsereignis.

Biographische Weggefährtinnen und Weggefährten, Kolleginnen und Kollegen Klaus Raschzoks erörtern anlässlich seines 60. Geburtstags aus ihrer je eigenen Perspektive das Phänomen des modellhaften Denkens in der Praktischen Theologie und einigen ihrer kulturwissenschaftlichen

---

[1] Vgl. KLAUS RASCHZOK, Kunstlehre der Gestaltung des Glaubens, in: Georg Lämmlin, Stefan Scholpp (Hrsg.), Praktische Theologie der Gegenwart in Selbstdarstellungen, 296-315 und Ders., Modeerscheinung oder Wahrnehmungszugewinn? Diskurse praktischer Theologie, in: Verkündigung und Forschung 2/2009, 75-87. Siehe z.B. auch seine Ausführungen zum zunehmend »unbefangeneren Gebrauch theaterwissenschaftlicher Modellvorstellungen in Liturgik und Homiletik« in Ders. Gottesdienst und Dramaturgie. Eine Einführung, in: Irene Mildenberger, Klaus Raschzok, Wolfgang Ratzmann (Hrsg.) Gottesdienst und Dramaturgie. Liturgiewissenschaft und Theaterwissenschaft im Gespräch, Leipzig 2010, 15-46.

Nachbardisziplinen. Sie bieten damit einen jeweils persönlichen exemplarischen Blick auf die Wahrnehmungs- und Reflexionsprozesse des Faches Praktische Theologie und fragen zugleich nach den Desideraten des jeweiligen Fokusses.

Mit einem Augenzwinkern weisen wir darauf hin, dass diese Festschrift auch eine Verbindung zu einer persönlichen Leidenschaft Klaus Raschzoks knüpft: Seiner Freude an *Modell*eisenbahnen.

Neuendettelsau 2014
Andreas von Heyl / Konstanze Evangelia Kemnitzer

Inhalt

Andreas von Heyl / Konstanze Evangelia Kemnitzer

Einführung

Klaus Raschzok erläutert sein Fachverständnis der Praktischen Theologie mit den Worten: »Praktische Theologie als Kunstlehre der Gestaltung des Glaubens bemüht sich unter besonderer Berücksichtigung der ästhetischen und damit leiblich-sinnlichen Dimension um eine ereignisorientierte Wahrnehmung der vergangenen, gegenwärtigen und zukünftigen Gestalt des Glaubens. Sie gewinnt aus Vision, Gegenwartsbeobachtung und Rekonstruktion Orientierung für die kommunikative Praxis der christlichen Kirche und ihrer Mitglieder. In diesem Bemühen ruht sie auf biblischen, historischen wie human- und kulturwissenschaftlichen Grundlagen und ist darin eine eigenständige, interdisziplinär ausgerichtete und auf die Praxis des Glaubens bezogene Perspektive der akademischen Theologie. Dazu entwickelt die Praktische Theologie im Gespräch mit ihren Bezugs- und Nachbarwissenschaften spezifische Modellvorstellungen, anhand derer die komplexen Praxisgestalten des Glaubens veranschaulicht, auf ihren Zusammenhang hin überprüft und einer kritischen Reflexion unterzogen werden können, um ihre jeweilige Leistung im Rahmen des persönlichen, kirchlichen wie öffentlichen Christentums sachgerecht zu beschreiben. Durch ihre integrative Funktion im Ganzen der Theologie hat sie zugleich deutlich zu machen, wie das wissenschaftliche Studium mit seinen einzelnen Disziplinen sinnvoll und angemessen auf die Praxis des Glaubens bezogen ist.«[1]

Das Ziel, Modellvorstellungen für unterschiedliche Praxisgestalten des Glaubens zu entwickeln, verwirklicht Klaus Raschzok in vielfältiger Weise auf allen Feldern der Praktischen Theologie. Dies zeigt sein eigenes For-

---

[1] Klaus Raschzok, Kunstlehre der Gestaltung des Glaubens, in: Georg Lämmlin, Stefan Scholpp (Hrsg.), Praktische Theologie der Gegenwart in Selbstdarstellungen, Tübingen 2001, 297-315, 305f.

schen und Lehren ebenso wie die eindrucksvolle Zahl der von ihm begleiteten Qualifikationsarbeiten. In seiner wissenschaftlichen Förderung von Promovierenden und Habilitierenden ist dies sein besonderer Impuls: Er ermuntert dazu, das phänomenologisch oder empirisch zusammengetragene Material und das an den durchforsteten Diskursen Erkundete und Erkannte schließlich in einem entschlossenen Kunstgriff zu bündeln und das Ergebnis in einem eigenen Modell vom Untersuchten zu verdichten. Klaus Raschzok unterstützt dazu das Selbstbewusstsein der Forscherinnen und Forscher, indem er ihnen zeigt, dass ihnen durch ihren arbeitsreichen Weg ein exklusiver Blick auf ihren Forschungsgegenstand möglich ist. Die vielen Facetten und Perspektiven der Reflexion können sie daher in einem »hochkreativen Moment« zu einer präzise verorteten Modellvorstellung verdichten. Auf diese Weise – und nicht etwa nur als Aneinanderreihung von Daten und Thesen – kann der Ertrag in genuin praktisch-theologischer Weise gesichert werden. Das entwickelte Modell kann von anderen aufgegriffen, vernetzt oder auch in kritischer Weise kontrastriert werden. Je plastischer das Ergebnis vor die inneren Augen gemalt wird, desto fruchtbarer für die eigene Reflexion wie für die allgemeinen praktisch-theologischen Diskurse. Klaus Raschzoks Ermunterung zur plastischen Imagination des komprimierten Gesamteindrucks nach oft langjährigen Forschungsprozessen und sein eigenes modellhaftes Denken ist eine praktisch-theologische Metatheorie, die sich in allen Feldern der Praktischen Theologie bewährt.

Für diese Festschrift ließen sich zahlreiche namhafte praktisch-theologische und kulturwissenschaftliche Denkerinnen und Denker begeistern – auch wenn es nicht allen möglich war, einen Artikel zu verfassen. Viele meldeten zurück, dass solches modellhafte Denken ein anregendes Forschungsparadigma darstellt. Die hier nun präsentierten Beiträge sind entsprechend der Vielseitigkeit des damit geehrten Jubilars auf zahlreichen Feldern der Praktischen Theologie und Kulturwissenschaft zu orten.

Peter Bubmann stellt das Singen als Modell christlicher Spiritualität dar und unterstreicht damit Potentiale einer prinzipiellen Verbindung zwischen Hymnologie und Aszetik.

Alexander Deeg entwickelt ein »närrisches« Pfarrbild als Beitrag zur Pastoraltheologie im Sinne einer Alternative zwischen einem funktionalen Berufsverständnis in der Organisation Kirche und einem spiritualisierten als geistlicher Vermittler zwischen Himmel und Erde. Sein Modell vom »Narr« wirft am Ende auch ein spezifisches Licht auf die Rolle der Praktischen Theologie und die Möglichkeiten, wie modellhaftes Denken auf der Grenze inspirierend betrieben werden kann.

Christian Eyseleins Beitrag erkundet Möglichkeiten und Herausforderungen einer praktisch-theologischen Modellvorstellung zu dem, was »Heimat« genannt wird.

Christian Grethlein erläutert »Kommunikation des Evangeliums« als Grundmodell seiner praktisch-theologischen Arbeit im Sinne eines konstruktiven Gegenübers zu Klaus Raschzoks »Gestaltlehre des christlichen Glaubens«.

Andreas von Heyl weitet den Fragehorizont der Festschrift. Er stellt dar, dass Menschen sich fortwährend in selbst geschaffenen Modellen der Wirklichkeit bewegen und spricht einige sich daraus ergebende Konsequenzen für die Theologie, insbesondere die Praktische Theologie, an.

Christel Keller-Wentorf reflektiert die religionswissenschaftliche Sentenz Carl Heinz Ratschows »Das Leben bleibt nur durch das Sterben wach« und formuliert Impulse für die evangelische Aszetik.

Konstanze Evangelia Kemnitzer verbindet Aspekte der homiletischen Didaktik Klaus Raschzoks mit seiner Weise der geistlichen Kirchenraumerschließung mit dem Ziel, die Möglichkeiten des Modells »Textraum« für eine spezifisch praktisch-theologische Bibelhermeneutik zu skizzieren.

Hanns Kerner verdeutlicht, dass Problemlösungen und Handlungsstrategien in der Praktischen Theologie nicht direkt aus der Geschichte abgeleitet werden können und somit ein gesundes Misstrauen gegenüber historischer Argumentation angebracht ist. Er schlägt als künftiges Modell für den Umgang mit Geschichte vor, transparent zu formulieren, wozu der Rekurs auf historisches Material jeweils dienen soll.

Christel Köhle-Hezinger beschreibt, wie die »frommen Dinge« von Marie Frech zu einer modellhaften Darstellung des württembergischen Pietismus wurden, im Sinne eines Gedenkens der kleinen Leute, der Laien, der »Stillen im Lande«.

Michael Meyer-Blanck spürt der Kraft geistlicher Musik und ihrer Auswirkung auf das menschliche Ich nach. Er findet zu einem Modell evangelischer Frömmigkeit als Passivität im Modus höchster Aufmerksamkeit – exemplarisch aufgezeigt am Choral »Nun freut euch, lieben Christen g'mein«.

Kristin Merle und *Birgit Weyel* speisen pionierhaft Netzwerktheorie in die Praktische Theologie, genauer in die Poimenik, ein und greifen dabei unter anderem auch auf, wie Klaus Raschzok Reziprozität im Kontext der Diskurse um die Geistliche Begleitung erläutert hat.

Konrad Müller spürt den Grenzen der in agendarischen Neuerungsprozessen stark beanspruchten und »überinterpretierten« Begriffe und Leitmodelle »Struktur« und »Milieu« nach und plädiert für ein Bewusstsein für die Komplexität der gottesdienstlichen Rezeptionsästhetik.

Peter Poscharsky bearbeitet das Thema »Modell« im Blick auf den Kirchenbau.

Richard Riess nutzt modellhaft Poesie als Schlüssel, um das komplexe Geschehen »Gottesdienst« wahrzunehmen, zu verstehen und ins Hier und Heute zu transformieren. Wir haben über diesen Text hinaus von Richard Riess zur Verfügung gestellte Gedichte zwischen die Artikel eingestreut. Sie sind auch zu lesen als modellhaftes Verständnis von Seelsorge als Sprachkunst.

Helmut Schwier präsentiert Überlegungen für eine »österlich entworfene« Praktische Theologie.

Wolfgang Steck reflektiert das Modell »Alltag«, seine Entdeckung, Erkundung und Inszenierung in der Praktischen Theologie - bis hin zu einer Beschreibung von Klaus Raschzoks spielerischer Reinszenierungs-Kunst schon von Kindesbeinen an.

Jaroslav Vokoun sammelt Metaphern zum Umgang und zur Auslegung der Bibel.

Die unterschiedlichen Beiträge zum modellhaften Denken in der Praktischen Theologie unterstreichen das Potential dieses Forschungszugriffs Klaus Raschzoks.

Peter Bubmann

Singen als Modell christlicher Spiritualität und die Bedeutung der Hymnologie für die Aszetik

»Sie versicherten jedoch, ihre ganze Schuld oder ihr ganzer Irrtum habe darin bestanden, dass sie sich an einem bestimmten Tage vor Sonnenaufgang zu versammeln pflegten, Christus als ihrem Gott einen Wechselgesang zu singen [...].«[1]

So schreibt der Statthalter Plinius der Jüngere in der Provinz Pontus et Bithynia wohl im Jahr 112 an Kaiser Trajan in einem Brief, der als eine der frühesten amtlich-dokumentarischen Erwähnungen der frühen Kirche gilt.

Das Singen war offenbar ein Identitätsmerkmal der frühen Christenheit und ist es an vielen Orten bis heute geblieben.[2]

Meine These lautet: Wenn sich in einem *Modell* wesentliche Grundzüge einer Sache erkennen lassen, so kann das *Singen als Modell der christlichen Spiritualität* bzw. Frömmigkeit gelten. In ihm – so spitze ich im Folgenden zu – verdichten sich exemplarisch wesentliche Aspekte christlicher Frömmigkeit und Lebenskunst (die dann ähnlich natürlich auch in anderen Ausdrucksformen des Glaubens zu finden sind).

---

[1] Helmut Kasten (Hg.): Plinius Caecilius Secundus, Gaius, Briefe, lateinisch-deutsch (Sammlung Tusculum) 7., durchges. Aufl. Zürich 1995, Buch 10, Brief 96.

[2] Zur empirischen Bedeutung des Singens im kirchlichen Kontext heute vgl. Klaus Danzeglocke u.a. (Hg. im Auftrag der Liturgischen Konferenz), Singen im Gottesdienst. Ergebnisse und Deutungen einer empirischen Untersuchung in evangelischen Gemeinden, Gütersloh 2011 und Jochen Kaiser, Religiöses Erleben durch gottesdienstliche Musik. Eine empirisch-rekonstruktive Studie, Göttingen 2012.

Hinter dieser These steht (kaum überraschend) eine besondere eigene biographische Erfahrung mit dem Singen – von Kindesbeinen an, in Chören und als Kantor im Gottesdienst.[3] Dass das Singen für viele Christen ein Zentrum ihrer Frömmigkeit bildet, spiegelt sich jedoch auch bereits in den neutestamentlichen »Einsetzungtexten« des geistlichen Singens. Dort wird es neben der gegenseitigen Belehrung und Ermahnung als Teil der Übung des Christseins genannt: »Singt Gott in eurem Herzen Psalmen, Hymnen und Lieder, wie sie der Geist eingibt« (Kol 3,16, vgl. Eph 5,19). Das Singen wird hier zu einem Ausdruck der rechten Weise, vor und mit Gott zu leben.

Warum gerade das Singen?

Phänomenologische und theologische Aspekte des Singens

Nähert man sich phänomenologisch dem Singen, so ist mit Christa Reich zunächst der Zusammenhang von Aktivität und Empfänglichkeit im Singen zu betonen.[4] Singen »als ein Phänomen von Eigenresonanz«[5] stellt eine Verbindung von stimmlichem Ausdruck und hörendem Eindruck dar. Singen ist »zuallerst *Eindruck*«[6], nicht nur Ausdruck. Es zeichnet sich durch ein spezifisches Rückkoppelungsphänomen aus, das eigene Stimmaktivität mit dem Hören verknüpft. Das Singen lebt elementar vom Hören. Und im Singen bildet sich zugleich das Hören.

Im Singen verdichtet sich die Wahrnehmung der selbst hervorgebrachten Klangschwingungen im eigenen Körper. Und es werden Resonanzen zwischen verschiedenen Personen erfahren. Im Singen erschließt sich Selbst-Bewusstheit – körperlich-sinnlich und geistig. Aber es bleibt auch

---

[3] Zum biographischen Hintergrund vgl. ausführlicher Peter Bubmann, Musik als Medium christlicher Lebenskunst, in: Wolfgang W. Müller (Hg.): Musikalische theologische Etüden. Zum Verhältnis von Musik und Theologie, Zürich 2012, 175-199, hier 176-181.

[4] Vgl. Christa Reich, Singen heute. Vermischte Bemerkungen zu einem komplexen Phänomen, in: Irene Mildenberger/Wolfgang Ratzmann (Hg.): Klage – Lob – Verkündigung. Gottesdienstliche Musik in einer pluralen Kultur (Beiträge zu Liturgie und Spiritualität; 11), Leipzig 2004, 159-171, 164.

[5] Ebd.

[6] Christa Reich, Der Gemeindegesang, in: Winfried Bönig (Hg./Koordination i. V. mit anderen): Musik im Raum der Kirche. Fragen und Perspektiven. Ein ökumenisches Handbuch zur Kirchenmusik, Stuttgart u. Ostfildern 2007, 362-375, 364 (Hervorhebung C. Reich).

eine Fremdheit der eigenen Stimme gegenüber. Die stimmliche Identität bedarf immer des Hörens Anderer.

Das Singen bildet in diesen anthropologischen Grundvollzügen die evangeliumsgemäße Verschränkung von Eigenresonanz, dialogischer Kommunikation und zugesprochener Identität ab. Es eignet sich in besonderer Weise als Modell christlicher Frömmigkeit.

»Wer singt, überschreitet [...] die Grenzen seiner Befindlichkeit.«[7] »In, mit und unter« dem eigenen Singen mischen sich Klänge ein, die über die aktuelle Situation und die Beteiligten hinausreichen. Im Singen wird die Gegenwart überschritten – in Richtung Vergangenheit wie in die Zukunft hinein. So verbindet der Gesang alter Choräle etwa bei der Konfirmation mit den vorangegangenen Generationen, mit ihrem Glauben und Feierformen. Andere Klänge lassen Zukunftshoffnungen erklingen, bilden in ästhetischer Gestalt die Zuversicht auf eine Zukunft in Frieden und Gerechtigkeit ab. So eröffnet das Singen vielfältige neue Lebensräume. Theologisch bzw. religionsphänomenologisch mit Manfred Josuttis gesagt: Singen ist ein »Verhalten mit transzendenter Tendenz«[8].

Als Modell christlicher Frömmigkeit und Lebenskunst[9] zeigt das geistliche Singen, worauf es im Christenleben vornehmlich ankommt, und dies in allen Grunddimensionen christlicher Lebenskunst: in Gottesdienst und Spiritualität (leiturgia), Evangelisation (martyria), Gemeinschaftsbildung (koinonia), Persönlichkeits- und Herzensbildung (paideia) und Hilfestellung zum Leben und Seelsorge (diakonia).[10]

---

[7] BERNHARD LEUBE, Singen, in: Gotthard Fermor/Harald Schroeter-Wittke (Hg.): Kirchenmusik als religiöse Praxis. Praktisch-theologisches Handbuch zur Kirchenmusik, Leipzig 2005, 14-19, 15.

[8] MANFRED JOSUTTIS, Singen, in: ders., Der Weg in das Leben. Eine Einführung in den Gottesdienst auf verhaltenswissenschaftlicher Grundlage, München 1991, 173-204, 178. Josuttis konzentriert diese transzendierende Funktion dabei einseitig auf die Erfahrung fundamentaler Lebensordnungen: »Auf präverbale Weise gestalten Körper, Seele und Geist in der Ordnung der Töne die Einsicht, daß die Welt letztlich in Ordnung ist.« (ebd.) Dass solches Transzendieren auch die Überschreitung oder Zerstörung überkommener Ordnungsstrukturen implizieren kann, wäre deutlicher zu benennen.

[9] Vgl. auch JOCHEN ARNOLD, Singen & Musizieren, in: Peter Bubmann/Bernhard Sill (Hg.): Christliche Lebenskunst, Regensburg 2008, 103-112.

[10] Zur Begründung dieser Fünf-Dimensionen-Struktur des kirchlichen Auftrags vgl.: PETER BUBMANN, Amt, Ämter und Dienste der Kommunikation des Evangeliums – aktuelle Herausforderungen in der Ämterfrage, in: Annette Noller/Ellen Eidt/Heinz Schmidt (Hg.): Diakonat – theologische und sozialwissenschaftliche Perspektiven

Singende Anrufung (leiturgia)

»Ich lobe meinen Gott von ganzem Herzen« (EG 272).
Im Singen fällt es leicht(er), sich dem Schöpfer des Lebens zuzuwenden. In der Anrufung gewinnt Singen eine affektiv dichte Gestalt. Nicht ohne Grund boomen seit einigen Jahren die Anbetungslieder. Und Gloria-Lieder zählen zu den beliebtesten Liedern. Die singende und klingende Anrufung Gottes ruft seinen Namen aus und dient so der angemessenen Ausrichtung des Menschen auf seinen Schöpfer und Erlöser. Die Hinwendung zu Gott zielt dabei nicht auf die Flucht vor dem eigenen Selbst, sondern lässt dieses zugleich erklingen: »Ich sing dir mein Lied – in ihm klingt mein Leben«[11].

»Singen ist ein Verhalten, das auf Vereinigung zielt.«[12] Es bereitet die unio mit dem Heiligen vor und begleitet sie. Es ist eine der Techniken der spirituellen Askese par excellence. Das spiegelt sich noch in der liturgischen Funktion der Musik im Gottesdienst: »Eine psychische Gestimmtheit soll ausgelöst werden, die auf Öffnung, Bewußtseinserweiterung, Identitätsentgrenzung zielt, um die singenden Menschen auf den Einzug der göttlichen Atmosphäre einzustellen. Der Gemeindegesang im protestantischen Gottesdienst kann auch als eine Technik betrachtet werden, die für die Begegnung mit dem Heiligen präparieren soll.«[13]

Entsprechend will Josuttis neue Lieder nicht nur an den Kriterien der Glaubensüberlieferung und der Zeitgenossenschaft messen, sondern auch nach ihrer »präparativen Valenz: Welche Weltsicht enthalten die Lieder? Welche Horizonte schließen sie auf? In welche Wirklichkeiten führen sie ein? Was tragen sie zur Erweiterung von Bewußtsein und Identität der Gemeinde bei?«[14]

Das Singen bereitet auf die Gottesbegegnung vor und modelliert Wirklichkeitserfahrung. Im gottesdienstlichen Singen erschließt sich zugleich in verdichteter Weise der Sinn gottesdienstlicher Vollzüge. Die Anrufung des Kyrios als Herrn über alles Leben, die jubelnde Anbetung im Gloria und die Klage vor Gott, das Bekenntnis zum trinitarischen Gott, die sakra-

---

auf ein kirchliches Amt (Diakonat – Theoriekonzepte und Praxisentwicklung; Bd. 3), Stuttgart 2013, 85-104.

[11] So der Titel eines neuen geistlichen Liedes, abgedruckt z.B. im Liederbuch: Durch Hohes und Tiefes, Nr. 283.

[12] Manfred Josuttis, Der Weg, 202.

[13] A.a.O., 204.

[14] Ebd.

mentale Begegnung mit dem Heilsgeschehen in der Eucharistie im Sanctus, die Bitte um den Frieden, die ihr Recht aus der versöhnenden Selbsthingabe Christi herleitet – all dies gewinnt in entsprechenden Liedern einen eigenen Klangleib. So erhalten die Grundvollzüge des Glaubens eine sinnlich-ganzheitlich erfahrbare Gestalt – und dies in den wechselnden Prägungen und Akzenten im Kirchenjahr.

Bekennen und Bezeugen (martyria)

»Erzählen will ich von all seinen Wundern« (EG 272).
Vor dem Weitersagen steht die genaue Wahrnehmung der Wunder Gottes. Durch das Hören und Singen von Liedern, Motetten, Kantaten und Oratorien werden biblische Geschichten und Gottesbilder in einzigartiger Weise erschlossen. Das Singen lehrt das differenzierte Hinhören: auf einzelne Worte, auf (Text-)Zusammenhänge, auf Interpretationsnuancen. Das Singen bringt eine bestimmte Deutung ins Spiel. Begibt man sich auf die Spur dieser Deutungen, vertieft sich insgesamt das Verstehen.

Durch die Vertonung und das Singen werden religiöse Texte überdies zu einem aktuellen Geschehen. Die Klänge repräsentieren die performative religiöse Logik des christlichen Glaubens: Es geht nicht um das Zitieren abgespeicherten objektiv-dogmatischen Verfügungswissens über Gott, sondern um Empfänglichkeit gegenüber dem Wirken des Heiligen Geistes, der zum Neuen Sein bewegt. Im Singen und im Spiel der je aktuellen Deutungen werden die Beteiligten zur eigenen Lebensgestaltung herausgefordert. Singen geistlicher Lieder ermöglicht existentielle spirituelle Erfahrungen und daraus resultierende Bildungsprozesse christlicher Lebenskunst.

»... davon ich singen und sagen will« (EG 24,1) – Glauben heißt nie nur Denken oder Schreiben. Und der Glaube kann nicht bei sich allein bleiben. Die Begegnung mit Gott verlangt danach, dass das Evangelium laut wird, dass öffentlich geredet und aus innerstem Antrieb heraus gesungen wird. Deshalb ist der Öffentlichkeitsaspekt des Singens (und kirchlichen Musizierens) hervorzuheben. Das singende Gotteslob überschreitet die kirchliche Binnenkultur in die Fremde, will Sprachrohr in die außerkirchliche Öffentlichkeit hinein sein.

In alledem schlägt gerade das geistliche Singen Brücken zwischen persönlichem, kirchlichem und öffentlichem Christentum.[15]

---

[15] Das unterstreicht zu Recht die EKD-Schrift zur Kirchenmusik: Kirchenamt der EKD (Hg.): »Kirche klingt«. Ein Beitrag der Ständigen Konferenz für Kirchenmusik

Gemeinschaft bilden (koinonia)

»Glieder sind es viele, doch nur ein Leib.« (EG 268,5).
Singend treten wir in Räume ein, die andere und frühere Generationen schon betreten haben. Singen verbindet über die Zeiten hinweg und bindet auch aktuell (wenn es gut geht) sogar über die Milieugrenzen hinaus Menschen zusammen. In allen empirischen Befragungen von Singenden wird die hohe Sozialisationskraft des Singens deutlich. Singen fügt in der singenden Gemeinde wie im Chor zusammen zu einer differenzierten Einheit aus Einzelnen und doch zugleich Verbundenen. Singen hat gemeinschaftsstiftende Kraft. Ziel ist dabei nicht die Uniformierung der Vielen, sondern das Zusammenwirken bei bleibender Verschiedenheit. Darin wird das chorische Singen zum Modell christlicher Lebenskunst (und ökumenischer Verständigung).

Das Singen und Musizieren sind daher nicht nur Ausdruck persönlicher Spiritualität, sondern auch Kennzeichen einer lebendigen Kirche und Gemeinde. Wenn Martin Luther bei der Formulierung der Kennzeichen von Kirche immer wieder verschieden formuliert[16], und somit die Zahl der Kennzeichen offen lässt, so dürfen wir heute – ihn aufnehmend – formulieren:

Neben den grundlegenden Kennzeichen von Kirche, nämlich der Verkündigung des Evangeliums, Taufe und Abendmahl, zählt auch das gemeinsame Singen zu den (zwar sekundären, aber) deutlichen Kennzeichen der Kirche. Insbesondere Gemeindelieder und Psalmgesang können als wesentlicher Ausdruck kirchlicher Lebensäußerung gelten.[17] In ihnen verbindet sich Musik mit den primären Kennzeichen von Kirche – das Evangelium kommt zu uns auch in gesungener Gestalt und konstituiert so Gemeinschaft.

Das Liedgut der Volkskirchen hat immer vielfältige Einflüsse aufgenommen und bildet zu einem gewissen Teil die Pluralität der christlichen Frömmigkeitsprägungen ab. Das geschieht inzwischen durch weltweiten ökumenischen Austausch von Liedern. So wird ökumenische Begegnung im und durch Singen ermöglicht und der eigene Horizont erweitert.

---

in der EKD zur Bedeutung der Kirchenmusik in Kirche und Gesellschaft (EKD-Texte; 99) Hannover 2009, hier 22-27.

[16] Vgl. seine Schrift »Von den Conciliis und Kirchen« (1539); darin sind neben der Predigt und den beiden Sakramenten noch Beichte, die Ämter, das Gebet und das Leiden als Kennzeichen der Kirche genannt.

[17] Vgl. Ulrich Lieberknecht, Gemeindelieder. Probleme und Chancen einer kirchlichen Lebensäußerung (Veröffentlichungen zur Liturgik, Hymnologie und theologischen Kirchenmusikforschung; 28), Göttingen 1994.

Im Glauben lernen und wachsen (paideia)

»Mache dich auf und werde licht!« (EG-BT 539).
Lieder repräsentieren die Häuser der Frömmigkeit, die Generationen vor uns bewohnt haben oder auch solche, die erst zukünftig gebaut werden. Sie bieten Sprachmöglichkeiten des Glaubens an, die probeweise übernommen werden können. Der gesungene Psalter (egal ob in antiphonaler Form oder als Psalmlied) wurde zum Mutterboden der Entfaltung der spirituellen Identität in Judentum wie Christentum. Das Liedgut der Kirche war für viele die »Schule« ihrer Frömmigkeitsentwicklung. Man denke an die hohe Bedeutung des Singens in der pietistischen Frömmigkeit (etwa auch in der Herrnhuter Brüdergemeine). Jugendliche Peergroups oder etwa Frauenkreise sind auch heute oft geprägt durch ihre je besonderen Lieder. Die religions- und gemeindepädagogischen Bildungschancen durch die Begegnung mit dem geistlichen Liedgut sind kaum zu überschätzen.[18]

Einander beistehen, trösten und helfen (diakonia)

»Liebe ist nicht nur ein Wort.« (EG-BT 650).
Singen ist ein seelsorgliches Therapeutikum.[19] Im Singen können sich destruktive innere Blockaden lösen, kann Kraft getankt werden zum befreiten Leben. Singen ist – wie bereits Martin Luther aus eigener Erfahrung wusste – ein gutes Mittel gegen Depression und Anfechtungen. Am Modell des Singens wird deutlich, dass Frömmigkeit keine Sache allein des Verstandes ist, sondern genauso der Affekte und des inneren wie äußeren Bewegtseins. Singen kann ebenfalls die Hinwendung zum anderen auslösen und zum guten Handeln und Helfen motivieren. Diese diakonische Dimension darf bei keinem Modell der Frömmigkeit fehlen. Das frühere »Currende-Singen«, der Einsatz des Kinderchores im Seniorenheim etc., die Mitwirkung der christlichen Band beim Solidaritätskonzert, all dies sind Beispiele für die diakonische Dimension geistlichen Singens.

---

[18] Vgl. Peter Bubmann/Michael Landgraf (Hg.), Musik in Schule und Gemeinde. Grundlagen – Methoden – Ideen, Stuttgart 2006.

[19] Vgl. Michael Heymel, Wie man mit Musik für die Seele sorgt, Ostfildern 2006.

Hymnologie – ein (noch) verborgenes Zentrum der Aszetik

Das Singen erfährt in den evangelischen Entwürfen zur Aszetik bislang erstaunlich wenig Aufmerksamkeit. Peter Zimmerling verweist zwar im geschichtlichen Rückblick auf die hohe Bedeutung des Singens für Martin Luther[20] und rekurriert exemplarisch auf Johann Sebastian Bach[21], zieht aber nirgends daraus Konsequenzen für eine Darstellung heutiger Formen von Frömmigkeitspraxis und -übung. Das steht in sonderbarem Kontrast zur enormen Rolle, die Musik in den spirituellen Aufbruchsbewegungen, bei Kommunitäten[22], beim Kirchentag, in Taizé oder den charismatischen Anbetungsgemeinschaften der Praise-music-Kreise spielt.

Noch auffälliger ist der Befund in Corinna Dahlgrüns umfänglicher Darstellung Christlicher Spiritualität[23], in der zwar die (bildende) Kunst ein eigenes Kapitel erhält, das Singen (abgesehen von wenigen Zeilen zur möglichen Bedeutung des Singens von Chorälen beim Familienfrühstück[24]) hingegen zugunsten des Musik-Hörens unterbestimmt bleibt.[25] Auch Silke Harms verweist zwar zu Recht auf die Bedeutung des geistlichen Singens

---

[20] Vgl. PETER ZIMMERLING, Evangelische Spiritualität. Wurzeln und Zugänge, Göttingen 2003, 61.

[21] Vgl. a.a.O., 242-257.

[22] Besonders deutlich wird die mangelnde Wahrnehmung des Singens, wenn Zimmerling zwar zu Recht das gottesdienstliche Gebet als Proprium der Spiritualität der Communität Casteller Ring (CCR) hervorhebt (a.a.O., 158f.), aber nirgends darauf eingeht, dass dieses (Stunden-)Gebet natürlich immer und notwendig ein *gesungenes* Gebet (in benediktinischer Tradition) ist.

[23] Vgl. CORINNA DAHLGRÜN, Christliche Spiritualität. Formen und Traditionen der Suche nach Gott. Mit einem Nachwort von Ludwig Mödl, Berlin/New York 2009.

[24] Vgl. a.a.O., 472.

[25] Vgl. a.a.O., 545. Und das, obwohl Dahlgrün sehr wohl die wichtige Studie von Christa Reich zum Singen (CHRISTA REICH, Evangelium: klingendes Wort. Zur theologischen Bedeutung des Singens, Stuttgart 1997) aufnimmt (a.a.O., 542, Anm. 216), dies allerdings lediglich als Verweis nutzt, dass neben dem Hören auch das Singen »für sich genommen als eine geistliche Übung angesehen werden« könne (ebd.). Das wird im Versuch einer Gesamtdarstellung der »Christlichen Spiritualität« dann doch der umfänglichen Tradition geistlichen Singens in Kreisen, Chören, bei liturgischen Gelegenheiten, Fest und Feier und auch alleine für sich kaum gerecht.

(konkret: von Katechismusliedern) bei Martin Luther[26] und erwähnt Friedrich Schleiermachers Hochschätzung des Kirchengesangs als religiöses Bildungsmittel[27]. In ihren eigenen Empfehlungen zum geistlichen Üben spielt das Singen dann jedoch keine explizite Rolle mehr. Die polaren Spannungen, die Harms für das geistliche Üben im Allgemeinen markiert[28], können dabei in gleicher (oder wie ich meine: in exemplarischer) Weise gerade auch fürs geistliche Singen gelten: Es oszilliert zwischen individueller Tätigkeit und sozialem Verhalten. Jede(r) Singende bleibt beim Singen auch immer bei sich selbst und schwingt sich doch in den Gesang der Gruppe mit ein. Es ist ein Geschehen, bei dem Passivität (Ergriffensein vom Gesamtklang) und Aktivität zusammenspielen. Gesungen wird einerseits alltagsbegleitend, andererseits an hervorgehobenen Orten und zu besonderen Zeiten.

Zu Recht verweist Beatrice Kunz Pfeiffer darauf, dass das wiederholte Singen geistlicher Lieder (im Gottesdienst) einerseits Heimat stifte, andererseits dadurch gerade auch Frei- und Spielräume für Aufbrüche eröffne. Gesungene Lieder würden so zu »Wegweisern in die Zukunft, zu *Lebensliedern*«[29]. Die Beschäftigung mit dem geistlichen Singen und dem Kirchenlied kann der Praktischen Theologie wesentliche Formen gelebter Frömmigkeit und Religiosität erschließen. Im Singen zeigt sich von Anfang der jüdischen wie christlichen Religionsgeschichte an ein verdichtetes Modell des geistlichen Lebens. Es ist heute so lebendig wie vor 2000 Jahren. Die Aszetik als praktisch-theologische Teilsdiziplin ist daher gut beraten, wenn sie die Brücken zur Hymnologie nutzt[30] und das geistliche Singen als Modell des spirituellen Lebens ernst nimmt.

---

[26] Vgl. SILKE HARMS, Glauben üben. Grundlinien einer evangelischen Theologie der geistlichen Übung und ihre praktische Entfaltung am Beispiel der »Exerzitien im Alltag« (Arbeiten zur Pastoraltheologie, Liturgik und Hymnologie; 67), Göttingen 2011, 101-103.

[27] Vgl. a.a.O., 152.

[28] Vgl. a.a.O., 218-228: die Spannung zwischen Individualität und Sozialität, zwischen Aktivität und Passivität und zwischen Alltag und besonderen Zeiten und Orten.

[29] BEATRICE KUNZ PFEIFFER, Verzaubertes Hören. Das Zusammenwirken von Musik und Wortsprache als Zeichen gottesdienstlicher Polyphonie (Praktische Theologie im Wissenschaftsdiskurs; 8), Berlin - New York 2009, 301.

[30] Die Hymnologie dürfte sich dann allerdings auch nicht vorrangig als geschichtliches Fach verstehen, sondern als kulturanthropologisch informierte Disziplin, die sich allen Formen des gegenwärtigen Singens und Musikhörens im Kontext der Kirche zuwendet.

Veni creator

Veni creator
Veni sancte spiritus

Als Taube
wirst du oft
abgebildet
und als Flamme
über den Häuptern
von Menschen

Und doch geschiehst du
im Inneren
im Aufschrei der Trauer
im Jubel der Sonne und
in der Sehnsucht
nach Leben
wenn der Atem fehlt
und das Licht
und der Trost

Dann ist es Zeit
dass du kommst
vom Vater
dem Schöpfer
und vom Sohn
dem Zeichen
des Lebens
über den Gräbern
der Erde

Dann ist es Zeit
dass du kommst
heute und morgen
und alle Zeit

Alexander Deeg

Von der Torheit des evangelischen Pfarramts oder: Der Narr als pastorales Modell

1. Die Praktische Theologie und das Modell

Modelle sind reduzierte Abbilder, die eine Funktion erfüllen. Mit einem Modell zeigen Architekten, wie ein geplantes Gebäude aussehen könnte. Mit einem Modell stellen Sozialwissenschaftler dar, wie die Gesellschaft oder einer ihrer Teilbereiche funktioniert. Mit einem Modell erläutern Physiker, wie Materie aufgebaut sein könnte, und mit einem Modell reduzieren Mathematiker die Wirklichkeit auf eine Formel, so dass sie berechenbar wird.

Modelle sind keine Kunstwerke (mit denen sich der mit dieser Festschrift Geehrte über Jahre auf ebenso tiefsinnige wie anregende Weise beschäftigt hat). Diese nämlich lassen sich nicht pragmatisch reduzieren und setzen auch dann noch Bedeutungen frei, wenn niemand mehr mit ihnen etwas (im operationalen Sinn) anfangen kann (ja, vielleicht gerade dann!). Dennoch aber verbindet das Modell und das Kunstwerk, dass sie entworfen werden und – wenn es gut geht – Neues zeigen. Immer ist ein Modell »die Repräsentation von etwas anderem als sich selbst«[1] und steht zwischen Realität und Vision.

In den vergangenen Jahrzehnten hat das Modelldenken auch in der Theologie Raum gewonnen – abzulesen daran, dass TRE und RGG[3] noch

---

[1] Ulf Görmann, Art. Modell I. Naturwissenschaftlich, in: RGG[4] 5 (2002), 1374f, 1374.

keinen Artikel »Modell« kennen, dieser aber in der vierten Auflage der RGG und auch in der dritten Auflage des Lexikons für Theologie und Kirche erscheint.[2] Ich denke, es ist (wie im Titel dieser Festschrift angedeutet) möglich, die Praktische Theologie Klaus Raschzoks als Beispiel für einen gelungenen Ansatz theologischer Modellbildung zu lesen. Raschzok sieht Praktische Theologie auf einen »ästhetischen Wahrnehmungsvorgang« bezogen,[3] der es möglich macht, Einzelbeobachtungen zu verdichten und so zu einer Theorie (im Sinne einer Gesamtanschauung) zu führen. Gleichzeitig führt die Praktische Theologie von dort aus zu einer »kritisch-reflexiv[en]« Begleitung kirchlichen und individuellen Handelns zurück.[4] Mit anderen Worten: Praktische Theologie ist eine Modell-generierende und Modell-applizierende wissenschaftliche Disziplin und versteht sich so als »Kunstlehre der Gestaltung des Glaubens«.[5]

Praktische Theologie nimmt genau wahr, bleibt aber nicht bei der Feststellung der ›Realität‹ stehen. (Dies war ja die Befürchtung von Rudolf Bohren gegenüber dem empirischen Arbeiten in der Praktischen Theologie: »Wer mit der ›Wirklichkeit‹ beginnt, kommt in ihr um [...].«[6]) Sie trägt aber auch nicht zur kirchlichen Inflation von ›Visionen‹ bei, sondern imaginiert Neues auf der Basis der ›Realität‹, mit Rücksicht auf die Tradition und in kritischer theologischer und kulturwissenschaftlicher Reflexion.[7]

---

[2] Vgl. für die RGG[4] den unter Anm. 1 zitierten Artikel von Ulf Görmann sowie Markus Mühling-Schlapkohl, Art. Modell II. Religionsphilosophisch, in: RGG[4] 5 (2002), 1375f. In LThK[2] begegnet lediglich ein Artikel »Modelldenken« von J. Auer (LThK[2] 7 [1962], 508), in LThK[3] wird das Modell philosophisch (Ulrich Nortmann, LThK[3] 7 [1998], 358f), naturwissenschaftlich (Lothar Schäfer, a.a.O., 359), systematisch-theologisch (Armin Kreiner, a.a.O., 359f), theologisch-ethisch (Walter Lesch, a.a.O., 360) und praktisch-theologisch (Hans-Georg Ziebertz, a.a.O., 360f) beleuchtet.

[3] Klaus Raschzok, Kunstlehre der Gestaltung des Glaubens, in: Georg Lämmlin/Stefan Scholpp (Hg.), Praktische Theologie der Gegenwart in Selbstdarstellungen, Tübingen/Basel 2001, 297–315, 307.

[4] Ebd.

[5] A.a.O., 297.

[6] Rudolf Bohren, Die Differenz zwischen Meinen und Sagen. Anmerkungen zu Ernst Lange, Predigen als Beruf, in: PTh 70 (1981), 416–430, 430.

[7] Vgl. ähnlich auch Alexander Deeg, Praktische Theologie als eschatologische Ästhetik oder: eine Schule des Staunens, in: EvTh 72 (2012), 118–134; vgl. auch Albrecht Grözinger, Wahrnehmung als theologische Aufgabe. Die Bedeutung der Ästhetik für Theologie und Kirche, in: Jörg Herrmann/Andreas Mertin/Eveline Valtink (Hg.), Die Gegenwart der Kunst. Ästhetische und religiöse Erfahrung heute, München 1998, 309–319.

Blickt man auf die gegenwärtige Entwicklung der Praktischen Theologie, so kann freilich kritisch gefragt werden, ob unser Fach derzeit noch mehrheitlich in einer solchen Richtung unterwegs ist. Der Landesbischof der Hannoverschen Kirche Ralf Meister diagnostiziert eine »Empiriegläubigkeit« in der Praktischen Theologie, die in der Gefahr stehe, den Konnex zum Ganzen der Theologie einerseits, zur vielfältigen kirchlichen Realität andererseits zu verlieren. In einem 2013 in Marburg gehaltenen Vortrag mit dem Titel »Was erwartet die Kirche von der Praktischen Theologie?« sagte er: »Schaut man in die Promotionen und Habilitationen der PT der letzten Jahre, so kann man den Eindruck bekommen, die PT verstehe sich nur noch als empirische Wissenschaft. Als müsste sie ihr wissenschaftliches Daseinsrecht allein durch den Rekurs auf Empirie rechtfertigen. Manchmal auch: als würde aus dem empirischen Sein unmittelbar ein normierendes Sollen erfolgen.«[8] Meister erkennt die Bedeutung empirischen Arbeitens ausdrücklich an, betont aber zugleich: »Problematisch wird der Rekurs auf die Empirie dann, wenn die Empirie das theologische Denken ersetzen soll.«[9] Und er fügt hinzu: »Es wäre vielleicht auch einmal Zeit für eine ideologiekritische Studie über die Funktion des Rekurses auf Empirie gerade in der Praktischen Theologie. Und es wäre vielleicht an der Zeit, Empirie von einem theologischen Auftrag her zu denken und nicht die Theologie der Empirie nur noch als deutendes Sahnehäubchen nachzuordnen.«[10]

In diesem Beitrag nehme ich – dem Desiderat Meisters und dem Verständnis Praktischer Theologie bei Klaus Raschzok folgend – einen aktuellen Diskussionsanstoß aus den USA und aus Südafrika auf, der sich als genuin theologischer Entwurf zur Homiletik versteht und den Titel »Preaching Fools« trägt,[11] und verbinde ihn mit pastoraltheologischen Überlegungen in unserem Kontext.

---

[8] Ralf Meister, Was erwartet die Kirche von der Praktischen Theologie?, unveröffentlichtes Manuskript, 2.

[9] Ebd.

[10] Ebd.

[11] Charles Campbell/Johan Cilliers, Preaching Fools. The Gospel as a Rhetoric of Folly, Waco (TX) 2012. Dietrich Eichenberg hat eine deutsche Übersetzung erstellt, die voraussichtlich 2014 im Verlag Vandenhoeck&Ruprecht erscheinen wird.

2. PAULINISCHE BERUFSPERSPEKTIVEN

Das Pfarrbild hat (nach einer Zeit intensiver Diskussion im Kontext der empirischen Wende[12]) vor rund zehn bis fünfzehn Jahren neue praktisch-theologische Aufmerksamkeit erlangt – und ist seit etwa dieser Zeit ein Dauerthema in kirchlichen und theologischen Überlegungen. Notgedrungen – denn angesichts sinkender Mitgliederzahlen, schwindender Finanzressourcen und zunehmender Frustrationserfahrungen vieler Pfarrerinnen und Pfarrer in überbordenden Gemeindestellen sind die Kirchen genötigt, sich darüber Gedanken zu machen, wie das »Pfarrbild« der Zukunft aussehen kann. Dabei wird teilweise aus der puren Addition dessen, was alles zum pfarramtlichen Dienst gehört, ein »Pfarrbild« entworfen.[13] Teilweise fragen Kirchenleitungen kritisch (wie gegenwärtig die der Evangelisch-lutherischen Landeskirche in Sachsen), was ein Pfarrer/eine Pfarrerin eigentlich leisten kann, wie viele freie Sonntage und Wochenenden es geben sollte und wie das Miteinander mit den anderen Berufsgruppen im Verkündigungsdienst Gestalt gewinnen kann.

Zwei Modellbilder aus der praktisch-theologischen Diskussion scheinen mir kirchlich besonders weit rezipiert, die bei vergleichbarer Analyse der Problemlagen zu sehr unterschiedlichen Schlussfolgerungen kommen. Sowohl Isolde Karle als auch Manfred Josuttis suchen in der Situation einer zunehmenden Diffusion des Pfarrbildes nach dem Eigentlichen pastoraler Aufgabe und Identität. Isolde Karle entwickelt ihr Bild vom Pfarrberuf in Aufnahme und Weiterentwicklung des soziologischen Professionsmodells von Rudolf Stichweh.[14] Der Pfarrer als »Professioneller« ist in einer bestimmten Sachthematik zuhause und hat die Aufgabe der Kommunikation und Interaktion an der Schlüsselstelle eines gesellschaftlichen Funktionsbereichs (wie analog ein Lehrer im Bildungsbereich, ein Richter bzw. Anwalt im Kontext der Jurisprudenz oder ein Arzt im Bereich der Medizin). Dieses Modell macht es hervorragend möglich, Charakteristika des Pfarrberufs (wie z.B. den »package deal« zwischen Dienstherr und Pfarrer) zu

---

[12] Vgl. nur KARL-WILHELM DAHM, Beruf: Pfarrer. Empirische Aspekte zur Funktion von Kirche und Religion in unserer Gesellschaft, München 1974.

[13] Vgl. das Leitbild Pfarrerinnen und Pfarrer in der Gemeinde. Leitbild mit Erläuterungen und Konsequenzen, hg. v. Verband der Vereine Evangelischer Pfarrerinnen und Pfarrer in Deutschland, o.O. 2002.

[14] Vgl. grundlegend ISOLDE KARLE, Der Pfarrberuf als Profession. Eine Berufstheorie im Kontext der modernen Gesellschaft (PThK 3), Gütersloh 2001; DIES., Pfarrerinnen und Pfarrer in der Spannung zwischen Professionalisierung und Professionalität, in: DtPfrBl 103 (2003), 629–634.

beschreiben, zu erklären, inwiefern das Pfarramt nach wie vor als Schlüsselberuf für die Kirche wahrgenommen wird, und gleichzeitig Perspektiven für eine theologische Konzentration des Pfarramts zu bieten.

Manfred Josuttis stellt den evangelischen Pfarrer pointiert als »Geistlichen« vor. Der »Führer ins Heilige« soll Kundiger des geistlichen Handwerkszeugs sein, um so den Grenzverkehr zwischen Erde und Himmel zu gestalten und der Gemeinde Einlass in diese Wirklichkeit zu vermitteln.[15] Phänomenologische Beobachtungen verbinden sich mit biblisch-theologischen Rekursen und haben sowohl den Charme, Verschüttetes in der eigenen Tradition neu zu entdecken, als auch das Problem, einer verunsicherten und an Einfluss, Ansehen und Bedeutung verlierenden Pfarrerschaft[16] ein ›Berufsbild‹ vorzulegen, das die Besonderheit des Geistlichen auf eine m.E. recht unevangelische Weise begründet.

Wenn ich auf diesem Hintergrund ein anderes Modell ins Spiel bringe, so mag das auf den ersten Blick wenig ernsthaft klingen. Ich schlage vor, den Pfarrer im Modell des *Narren* neu wahrzunehmen. Der Basis-Satz dieser Modellbildung lautet dann: »Der Pfarrer ist ein Narr.«

Mit Markus Mühling-Schlapkohl gilt grundlegend für Modelle: »M. beruhen auf einer Basis- oder Wurzelmetpaher (z.B. ›Gott ist Liebe‹) und bestehen aus zwei Modellrelaten, dem Explikandum, d.h. dem Gegenstand, der mit dem M. erklärt werden soll (›Gott‹), und dem Modellobjekt, das aus unterschiedlichen Sprachkontexten stammen kann (›Liebe‹), sowie der Explikation als begrifflicher Ausarbeitung.«[17] Damit bedeutet die Aussage: »Der Pfarrer ist ein Narr« im Modelldenken: Das Modellobjekt (Pfarrer) wird durch das Explikandum (Narr) neu sichtbar, weil sich ein metaphorischer Prozess wechselseitiger Beleuchtung ergibt, der (wie immer bei einer Metapher) nur dann funktioniert, wenn die beiden Seiten der Metapher nicht identitätslogisch ineinander aufgehen, sondern ihre Differenz bewahren.

---

[15] So bereits Manfred Josuttis, Die Einführung in das Leben. Pastoraltheologie zwischen Phänomenologie und Spiritualität, Gütersloh 1996.

[16] In der neuesten Allensbacher Befragung zum Berufsprestige (2013) rangiert der »Pfarrer/Geistliche« mit 29% an sechster Stelle (nach »Arzt« [76%], »Krankenschwester« [63%], »Polizist« [49%], »Lehrer« [41%] und »Handwerker« [38%]), damit immer noch vor dem »Hochschulprofessor« an siebter Stelle (26%). Beim »Pfarrer/Geistlichen« gibt es nochmals eine kaum überraschende Ost-West-Differenz (West: 30 %; Ost: 22%). Interessant ist aber, dass noch in den 1990er das Berufsprestige des »Pfarrers/Geistlichen« bei über 40% (!) lag (vgl. zu diesen Angaben http://www.ifd-allensbach.de/uploads/tx_reportsndocs/PD_2013_05.pdf).

[17] Mühling-Schlapkohl (Anm. 2), 1375.

Das Buch »Preaching Fools«, das den Prediger in die Rolle des »Narren« einzeichnet, bietet die Vorlage für meinen ›närrischen‹ pastoraltheologischen Vorschlag. Es entstand in einer internationalen Kooperation von Charles Campbell, Homiletiker an der Duke Divinity School (North Carolina), und Johan Cilliers, Homiletiker aus Stellenbosch (Südafrika). Der Titel »Preaching Fools« ist doppeldeutig und im Deutschen kaum übersetzbar. »Preaching Fools« kann als Satz mit Subjekt und Prädikat verstanden werden (»Das Predigen narrt ...«), aber auch als Substantiv mit partizipialem Adjektiv (»Predigende Narren«).

Das Leitmotiv des Buches lautet: »The gospel is foolishness. Preaching is folly. Preachers are fools.«[18] Die beiden Homiletiker machen dabei Ernst mit dem Zusammenhang von Inhalt und Form: Die Botschaft von einem Gekreuzigten, der sich als stärker erweist als alle Mächte und Gewalten, ist ebenso närrisch wie die Vorstellung, in einer Welt der Waffen und der Gewalt, der mächtigen Unternehmen und globalisierten Finanzströme durch das Wort auf der Kanzel etwas verändern und bewegen zu können. Aber bereits Paulus gibt Zeugnis von der Verbindung der Torheit des Wortes vom Kreuz (1Kor 1,18) mit der eigenen Existenz als »Narr um Christi willen« (1Kor 4,11).[19]

Campbell und Cilliers beschreiben einen Habitus, den sie für das Leben als Prediger (und eigentlich auch für das Christsein!) für grundlegend halten und der die Bindung an die Hoffnungs- und Befreiungsgeschichte der Bibel mit einer theologischen *und* politischen Existenz in der Gegenwart verbindet. Zur Charakterisierung dieser Existenz greifen sie u.a. auf das vor allem in der Ritualtheorie Victor Turners entwickelte Modell der »Liminalität« zurück: Der predigende Narr lebt eine liminale Existenz, unterbricht seine Zuhörer in ihrem Alltag und führt auch sie durch seine Rede an die Grenze(n) zwischen der alten und der neuen Zeit: »[...] the folly of the gospel interrupts the presuppositions and myths of the old age and creates a liminal, threshold space at the juncture of the ages – a space

---

[18] Campbell/Cilliers (Anm. 11), 1 u.ö.

[19] Vgl. a.a.O., 17f. »Paul's words have haunted us over the past few years. They have haunted us as we teach preaching in the midst of a world shaped by almost overwhelming powers of domination, violence and death. And the apostle's words have haunted us whenever we stand up to preach with nothing but a word in the midst of a world shaped by armies and weapons of mass destruction, by global technology and economy, by principalities and powers that overwhelm both by their seductiveness and their threat. Up against all of that, preachers speak for a few minutes from the pulpit [...]« (18).

in which change [...] can take place.«[20] Auf dieser Grundlage beschreiben die beiden Homiletiker Fragmentarität als verheißungsvolle Existenzform.[21] Sie kann die vermeintliche Starre dieser Welt zum Schmelzen bringen (»melting the solidity oft he world«[22]) und sich gegen jede Form einer dogmatischen Fixierung der Theologie (»iron theology«[23]) wehren, durch die die Hoffnung auf Neues und die Dynamik des Handelns Gottes verloren gingen. Die predigenden Narren der Gegenwart, wie Campbell und Cilliers sie visionär vor Augen stellen, haben ›Kolleginnen und Kollegen‹ durch die Geschichte hindurch, z.B. Abba Simeon (genannt: der heilige Narr)[24], Till Eulenspiegel[25] oder Claus Narr (ein Zeitgenosse Luthers[26]). Sie zeigen, wie sich Lachen und bitteres (An-)Klagen verbinden, »Laughter and Lament« Hand in Hand gehen.[27]

Freilich: die Überschrift meines Kapitels (»paulinische Berufsperspektiven«) geht zu weit. Paulus beschreibt seine eigene apostolische Existenz, und es wäre aberwitzig, in einer völlig anderen Situation und angesichts einer 500-jährigen Entwicklung des evangelischen Pfarramts eine Kopie dieses Bildes für die Gegenwart zu empfehlen. Das wollen auch Campbell und Cilliers nicht. Sie nehmen aber einen häufig übersehenen Strang der Tradition neu wahr und bringen ihn ins Gespräch mit gegenwärtigen homiletischen und pastoralen Erfahrungen. Mit anderen Worten: Sie arbeiten genau das heraus, was ein *Modell* leisten kann.[28] Nicht eine Kopie des predigenden Narren Paulus sollten Pfarrerinnen und Pfarrer werden, sich aber im Modellbild des predigenden Narren Paulus (und der anderen pre-

---

[20] A.a.O., 39.

[21] Campbell und Cilliers greifen hier u.a. auf Henning Luthers Überlegungen zurück (vgl. a.a.O., 45–48); vgl. auch Alexander Deeg, Leben auf der Grenze. Die Externität christlicher Identität und die Sprachgestalt kirchlicher Gottesrede, in: ders./Stefan Heuser/Arne Manzeschke (Hg.), Identität. Biblische und theologische Erkundungen (BThS 30), Göttingen 2007, 277–300.

[22] Campbell/Cilliers (Anm. 11), 67–102.

[23] Vgl. a.a.O., 63–66.

[24] Vgl. a.a.O., 93–102.

[25] Vgl. a.a.O., 81f.

[26] Vgl. a.a.O., 80 Anm. 52.

[27] Vgl. a.a.O., 127–151 [Laughter and Lament].

[28] Vgl. zur Unterscheidung von Modell und Kopie John McClure, Other-wise Preaching. A Post-modern Ethic for Homiletics, St. Louis (MO) 2001, 36.

digenden Narren durch die Geschichte hindurch) wiedererkennen und in ihrem eigenen Berufs- und Amtsverständnis kritisch befragen lassen.

M.E. wird es dadurch möglich, das, was »Pfarr-Amt« im reformatorischen Sinn meint, gegenwärtig neu zu entdecken. Es ist in vieler Hinsicht ›närrisch‹, was ein Pfarrer im Kernbereich seines Amtes (vgl. CA V) tut: Er sucht beständig nach Sprache für das, worüber man nicht reden kann; er bewegt sich dauerhaft an der Grenze dessen, was verständigen Menschen noch einleuchtet, und dessen, was »höher ist als alle Vernunft« (Phil 4,7); er praktiziert ritualisierte Handlungsformen, deren Funktionalität sich nicht in einem kausallogischen Zusammenhang ergründen lässt (er tauft und vertraut darauf, dass sich durch das Wasser der Taufe und den Glauben des Menschen die Existenz grundlegend verwandelt, er bezeichnet eine Oblate bzw. ein Stück Brot und einen Schluck Wein als Leib und Blut Christi ...); er vertraut darauf, dass die Worte, Bilder und Geschichten der Bibel trotz ihres Alters und ihrer Menschlichkeit das Potential haben, immer neu zu Gottes Wort zu werden; ja, dass sogar seine eigenen Worte als Wort der Predigt zu diesem göttlichen Wort werden können und so die Welt verändern.

3. Das evangelische Pfarramt zwischen Bildungsbürgerlichkeit und gebildeter Freiheit

An dieser Stelle ist eine Zäsur unvermeidlich – und mit ihr die Frage, ob es legitim und sinnvoll ist, ausgerechnet das evangelische Pfarramt, wie es sich seit dem 16. Jahrhundert entwickelt hat, in das Bild des »Narren um Christi willen« einzuzeichnen. Ist das evangelische Pfarramt nicht geradezu exemplarisch das Amt des Weisen und Gelehrten und so in seiner Geschichte das bildungsbürgerliche Gegenüber zu jeder närrischen Existenz?

Liest man pastoraltheologische Werke aus dem 19. Jahrhundert – wie etwa Johann Christian Friedrich Burks »Evangelische Pastoral-Theologie in Beispielen. Aus den Erfahrungen treuer Diener Gottes zusammengestellt«[29] – so wird darin ein Bild des Pfarrers und seiner »Pastoralklugheit«[30] sichtbar, das kulturell und gesellschaftlich von großer Bedeutung war,[31] sich

[29] Bd. 1, Stuttgart 1838.

[30] Vgl. a.a.O., III u.ö.

[31] Vgl. nur Thomas A. Seidel (Hg.), Das evangelische Pfarrhaus. Mythos und Wirklichkeit, Leipzig 2013.

aber von der närrischen Existenz an der Grenze, wie Campbell und Cilliers sie beschreiben, deutlich entfernt.

Andererseits aber forderten Luther und Melanchthon nicht deshalb eine universitäre pfarramtliche Ausbildung, um die Pfarrer in einer bestimmten Form bildungsbürgerlicher Selbstzufriedenheit zu stabilisieren (was im 16. Jahrhundert ohnehin ein Anachronismus gewesen wäre), sondern sie im Gegenteil durch eigene Bildung und Schriftgelehrsamkeit von den Vorgaben einer externen Instanz oder kirchlichen Hierarchie zu befreien. Die Fähigkeit, die Bibel selbst zu studieren, existentiell anzueignen (»oratio, meditatio, tentatio«[32]) und so an das Wort der Schrift und das eigene Gewissen gebunden zu sein (und zur Not mit nichts anderem vor Kaiser und Papst zu stehen), nötigt zu einer akademisch-theologischen Ausbildung.

Dass das universitäre Studium, das sich erst im 18. Jahrhundert flächendeckend für den Weg zum Pfarramt durchsetzte,[33] im 19. Jahrhundert zu einer spezifischen Verbindung von pastoraler Bildung und Bürgerlichkeit führte, erwies sich als Chance und Problem zugleich. Pfarrer waren führende Intellektuelle ihrer Tage und herausragende Bildungsmittler; aber »Gelehrsamkeit« konnte auch »in einer pastoral untauglichen Weise« demonstriert werden,[34] und die Herausforderungen angesichts neuer gesellschaftlicher und sozialer Frage wurden zu spät und nur von wenigen erkannt.[35]

Ein Gegenmodell gegen die kulturprotestantisch-bildungsbürgerlichen Pfarrerbilder haben dann Eduard Thurneysen und Karl Barth in ihren Safenwiler und Leutwiler Jahren erstritten und gelebt. »Als Dorfweise oder Stadtweise [...] sind wir im Grunde unerwünscht, überflüssig und lächerlich«, so Karl Barth.[36] Anstatt Weise sein zu wollen, sollten sich die Pfarrer als Prediger lieber die – nein: nicht Narren, sondern – Propheten zum Vorbild nehmen und sich fragen: »Was tust du, du Mensch, mit Gottes Wort auf deinen Lippen? Wie kommst du zu dieser Rolle des Mittlers zwi-

---

[32] Vgl. WA 50,658ff.

[33] Vgl. Christian Grethlein, Pfarrer – ein theologischer Beruf!, Frankfurt/Main 2009, 45–54, bes. 46f.

[34] So Eberhard Winkler, Art. Pfarrer II. Evangelisch, in: TRE 26 (2000), 360–374, 362 [hier generell auf die Entwicklung in Folge der Reformation bezogen].

[35] Vgl. a.a.O., 365.

[36] Karl Barth, Das Wort Gottes als Aufgabe der Theologie, in: Jürgen Moltmann (Hg.), Anfänge der Dialektischen Theologie, Bd. 1: Karl Barth, Heinrich Barth, Emil Brunner, München 1962, 197–218, 201.

schen Himmel und Erde? Wer hat dich befugt, dich dahin zu stellen und religiöse Stimmung zu erzeugen? ... Mose und Jesaja, Jeremia und Jona haben wahrhaftig gewußt, warum sie sich in diese Situation des Predigers *nicht* begeben wollten. Kirche ist eigentlich eine Unmöglichkeit. Pfarrer kann man eigentlich nicht sein.«[37] Und wenn man doch Pfarrer ist? Dann müsse man bei allem pastoralen Reden wissen, dass man nur auf einem »schmalen Felsgrat« unterwegs sein könne, so schmal, dass man darauf nur gehen, nicht aber stehen könne. Auf der einen Seite des Grats liegt der dogmatische Weg eines naiv-unkritischen Supranaturalismus, auf der anderen Seite liegt der kritische Weg, auf dem immer nur in Negationen von Gott geredet oder geschwiegen werde. Der dialektische Weg auf dem Grat bedeutet »ein grauenerregendes Schauspiel für alle nicht Schwindelfreien [...].«[38]

Der Grat bei Barth erinnert durchaus an die Grenze in der närrischen Liminalität bei Campbell und Cilliers; die Notwendigkeit des ständigen Unterwegsseins entspricht der Abkehr von jeder festgefügten theologischen Gewissheit (»iron theology«). Allerdings fehlt den Barthschen Äußerungen aus seiner dialektischen Phase die spätere Einsicht in den Humor, der notwendig zum Sein des Christenmenschen (und Theologen!) gehört.[39] Eine im Sinne des späten Barth humorvoll modifizierte Gratwanderung – das wäre wohl ein Weg, der dem nahe käme, was Campbell und Cilliers als pastoraltheologischer Habitus vorschwebt.

Das Pfarrerbild der Dialektischen Theologie erwies sich zwar für viele als faszinierend, war aber in der Praxis augenscheinlich kaum durchzuhalten. So wurden aus den dialektisch auf dem Grat Balancierenden in der Zeit nach dem Zweiten Weltkrieg erneut dogmatisch Kundige. Der Weise zog wieder ein – nun freilich nicht als Lebensweiser, sondern als Experte der dogmatischen Tradition und Exegese (mit den bekannten Konsequenzen der Leblosigkeit, Langeweile und »gespenstische[n] Monotonie« auf den Kanzeln[40]).

Ernst Langes Pastoraltheologie ließe sich im Kontext des hier Vorgestellten im Rückblick als ›närrische‹ Neubestimmung pastoraler Existenz beschreiben. Der Pfarrer verlässt das, was ihm traditionell Sicherheit bietet: die dogmatische Korrektheit, das Kirchengebäude, den Talar. Er begibt

---

[37] KARL BARTH, Not und Verheißung der christlichen Verkündigung, in: ders., Das Wort Gottes und die Theologie, München 1924, 99–124, 118f.

[38] BARTH, Das Wort Gottes als Aufgabe (Anm. 36), 212.

[39] Vgl. nur KARL BARTH, KD III/4, 765f.

[40] MARTIN DOERNE, Art. Homiletik, in: RGG^3 3 (1959), 438–440, 440.

sich an liminale Orte (die »Ladenkirche«), sucht das Gespräch mit denen ›am Rand‹ und wird selbst zu einer transgressiven Figur, die nach der Weltwirklichkeit Gottes in der Gesellschaft der Gegenwart fragt.

Es scheint mir fruchtbar, an dieser Stelle gegenwärtig weiterzudenken und so einen Ausweg aus der pastoralen Alternative zu weisen, entweder ein funktionierendes Rädchen im Getriebe der Organisation Kirche zu sein oder ein »Geistlicher« im Sinne von Manfred Josuttis zu werden. Entscheidend scheint mir eine pastorale Reflexion des Pfarr-Amtes auf dem Hintergrund eines Habitus pastoraler Torheit. Dass dies alles andere bedeutet als eine Absage an die Intellektualität des evangelischen Pfarramts, versteht sich hoffentlich von selbst. Erst die geistig-intellektuelle Freiheit und Distanz ermöglicht eine närrische Existenz,[41] eine pastorale Unangepasstheit und Frechheit,[42] die gerade in einer sich mehr und mehr als »Organisation« verstehenden Kirche m.E. unerlässlich ist.[43] Eine »Organisation«, die es sich leistet, an der nach außen am intensivsten wahrgenommenen Schaltstelle »Narren« zu beschäftigen, wäre in vieler Hinsicht eine betriebswirtschaftliche Unmöglichkeit, ist theologisch aber eine kirchliche Notwendigkeit. Es braucht den Narren in der kirchlichen Organisation, damit diese nicht sich selbst dient, sondern offen bleibt und auf der Grenze lebt.

An die oberste Stelle in der katholischen Hierarchie hat das Konklave im Frühjahr 2013 einen »Narren« (in dem hier vorgestellten Sinn!) gewählt. Einen, der die Wartenden auf dem Balkon mit einem »Buona sera« begrüßt und dann darum bittet, dass die für ihn beten, die doch eigentlich gekommen sind, um seine Worte zu hören und seinen Segen zu empfangen. Einen, der sich in Lampedusa an die Grenzen wagt und Protokolle sowie Sicherheitsbestimmungen über den Haufen wirft. Einen, der durch Worte und vor allem auch durch Gesten eine radikale Hinwendung zu denen ›am Rand‹ zeigt. Einen, der sich selbst verletzlich macht und auf das

---

[41] Insofern stehe ich – trotz der hier vorgenommenen Modifikation – durchaus zu meinem ersten Beitrag zur Pastoraltheologie: Alexander Deeg, Pastor legens. Das Rabbinat als Impulsgeber für ein Leitbild evangelischen Pfarramts, in: PTh 93 (2004), 411–427.

[42] Vgl. dazu den m.E. immer noch lesenswerten und im Blick auf die Pastoraltheologie bislang nicht zitierten Roman von Sten Nadolny, Ein Gott der Frechheit, München 1994.

[43] Vgl. dazu Eberhard Hauschildt/Uta Pohl-Patalong, Kirche, Lehrbuch Praktische Theologie 4, Gütersloh 2013, 181–215; Henning Theissen, Die berufene Zeugin des Kreuzes Christi. Studien zur Grundlegung einer evangelischen Theorie der Kirche, Arbeiten zur Systematischen Theologie 5, Leipzig 2013, 82–84.

gepanzerte Fahrzeug verzichtet. In dem großen Interview mit »La Civiltà Cattolica« vom August 2013 zeichnet er das Bild einer offenen Kirche, die sich auf die Grenzen zubewegt, einer Kirche, »die neue Wege findet, die fähig ist, aus sich heraus und zu denen zu gehen, die nicht zu ihr kommen, die ganz weggegangen oder die gleichgültig sind«. Und er beschreibt die prophetische Rolle der Kirche als närrische Rolle: »Prophet zu sein, bedeutet manchmal, laut zu sein – ich weiß nicht, wie ich mich ausdrücken soll. Die Prophetie macht Lärm, Krach – manche meinen ›Zirkus‹. Aber in Wirklichkeit ist es ihr Charisma, Sauerteig zu sein [...].« Mit seinen ›närrischen‹ Worten und Gesten hat er in wenigen Monaten die Kirche verändert, ich denke nicht nur die katholische.

4. Der Praktische Theologe als Narr – eine Schlussbemerkung

Ob auch der Beruf des Praktischen Theologen im akademischen Kontext ein närrischer Beruf ist? Hoffentlich! Es ist ein Beruf an der Grenze und auf der Grenze: zwischen kirchlichem Engagement und theologischer Akribie, ein Beruf, der mit Neugier erkundet, was ist, dabei aber nicht stehenbliebt, sondern Neues denken und sehen lässt (auch durch die »Modelle«, die er entwirft und ggf. wieder verwirft). Ein Beruf, der sich – mit Schleiermacher – gerade darin auf das »Kirchenregiment« bezogen erweist, dass er nicht in den pragmatischen Zwängen eingefangen ist. Auch in einer Theologischen Fakultät sind die Praktischen Theologen wohl immer auch die Unruhe verbreitenden Hausgeister, die die Theologie insgesamt an ihre Aufgabe erinnern und auf Trab halten.

In dieser Hinsicht beste Wünsche für weitere närrische Zeiten in Forschung und Lehre!

Christian Eyselein

Heimat: Kulturelles Phänomen in theologischer Perspektive

1. Zum Thema

»Manchmal frage ich mich: Wo gehöre ich eigentlich hin?«
Viele Menschen müssen im Lauf des Lebens aus beruflichen Gründen wiederholt den Wohnort wechseln; längst nicht jeder empfindet die zunehmende Mobilisierung des Lebens nur als Freiheitsgewinn. Wo gehöre ich hin? Die Frage meint nicht nur einen Ort, an dem sich gut arbeiten und leben lässt; sie betrifft die dauerhafte Verankerung der Person. »Wo ziehen wir einmal hin im Ruhestand?« heißt auch: Wo gehören wir hin, wenn das berufliche Umziehen aufhört? Wo sind wir dann daheim?

Durch das Ende der West-Ost-Konfrontation kamen solche Fragen auf die gesamtgesellschaftliche Tagesordnung und besetzen dort alle Sparten von Unterhaltung bis Hochkultur: »Fremde Heimat Kirche« war die vorletzte Mitgliedschaftsumfrage der Evangelischen Kirche in Deutschland betitelt.[1] Eines ihrer Ergebnisse war: Kirche ist selbst für viele der ihr eher fern stehenden Mitglieder als beheimatender Bezugspunkt wichtig.

Im weiten Feld der Kunst, musikalisch oder bildend, begegnen Bezeichnungen wie »Heimatflimmern«, bisweilen mit augenzwinkerndem Unterton[2]. Heimat ist seit Jahren ein Thema für Filme. Anders aber als in

---

[1] Klaus Engelhardt u. a. (Hg.), Fremde Heimat Kirche. Die dritte EKD-Erhebung über Kirchenmitgliedschaft, Gütersloh 1997.

[2] Vgl. z. B.: musikalisches Projekt (Josef Brustmann, 2012): http://www.josef-brustmann.de/ projekte/hf-programm.htm; Brandenburger Kunstverein (2006): http://www.bkv-potsdam.de/ heimatflimmern-potsdam.

den 50er Jahren, in denen die Menschen nach den Katastrophen von Diktatur und Krieg das Bild einer heilen Gegenwelt ersehnten, Heimat eher problematisierend[3] oder gegen den Strich gebürstet[4].

Was ist »Heimat«? Gibt es sie überhaupt oder ist sie genauer besehen doch nichts anderes als die regressive Verklärung der eigenen Kindheit, als die Welt noch klein war und warm und behütet? Die überschaubare Welt mit dem Zaun herum; die Sehnsucht »nach dem letzten gallischen Dorf«[5], wo alle Rollen zuverlässig und Sicherheit garantierend vergeben sind?

2. »HEIMAT« IM ZEITLICHEN KONTEXT

Lange Zeit herrschte in Deutschland weithin betretenes Schweigen über den Begriff »Heimat«. Auch theologisch war er kein Thema mehr, auch nicht für die großen theologischen Lexika.

Dieses Schweigen hatte seinen Grund. Heimat war bis in die 60er Jahre hinein in Erinnerung als »Phase großer räumlicher Enge und relativ geschlossener Horizonte«; Einpassung wurde als Entfremdung erlebt[6]. Sich davon befreit zu haben, steigerte den Kurswert des Begriffs seit dem Bruch mit der Gehorsamstradition am Ende der Sechzigerjahre gewiss nicht.

Dahinter stand die nachhaltige Diskreditierung des Begriffs durch den Nationalsozialismus. Je brüchiger »Heimat« unter diesem System und seinem Krieg wurde, desto mehr schuf eine propagandistische Kulturindustrie Bilder und Melodien von Heimat als vermeintlich heiler Welt.[7]

Allerdings reicht diese Brüchigkeit schon ins 19. Jahrhundert zurück. Das Aufkommen einer Heimatbewegung und die Gründung von Heimatvereinen, -museen, Trachtenvereinen, das Erscheinen heimatgeschichtlicher Publikationen korrespondieren einem damals gegenteiligen Erleben: Industrialisierung bewirkte Mobilisierung und Abwanderung in die Städte,

---

[3] Vgl. z. B. Edgar Reitz (2013), »Die andere Heimat«.

[4] Vgl. MARCUS H. ROSENMÜLLER (2006), »Wer früher stirbt ist länger tot«.

[5] Vgl. die Comicserie von ALBERT UDERZO U. RENÉ GOSCINNY, Asterix, 33 Bde., Berlin u.a. 1961 ff.

[6] HERMANN BAUSINGER, Identität, in: ders. u. a., Grundzüge der Volkskunde, Darmstadt [3]1993, 204-263, 210 f.

[7] HERMANN BAUSINGER, Auf dem Wege zu einem neuen, aktiven Heimatverständnis. Begriffsgeschichte als Problemgeschichte, in: Landeszentrale für politische Bildung (Hg.): Heimat heute, Stuttgart u. a. 1984, 7-27, 10.

verbunden mit dem Verlust von Heimat – auch für die Daheimgebliebenen, deren Welt sich durch den Aufbruch der andern ebenso veränderte.[8] Der Volkskundler Hermann Bausinger nennt die damals aufkommende bürgerliche Heimatvorstellung eine »ausgeglichene, schöne Spazierwelt«, eine »Besänftigungslandschaft«[9]. Aus philosophischer Perspektive notiert Bernhard Waldenfels: »Heimat ... gehört zu den sentimental aufgeladenen Vokabeln, mit denen das 19. Jahrhundert uns reichlich beschert hat.«[10]

Hinzu kam die noch immer virulente Debatte um das »Recht auf Heimat« nach den großen Vertreibungen während und nach dem Zweiten Weltkrieg.[11] An ihr schieden und scheiden sich die Geister. Sie wirkt bis hinein in die jeweiligen politische Positionen im Blick auf die ca. 2,5 Millionen seit 1988 nach Deutschland eingewanderten Aussiedler.[12] Und sie macht es auch fast siebzig Jahre nach Kriegsende schwer, über Flucht und Vertreibung[13] zu sprechen, ohne sofort mit Ängsten und Unterstellungen konfrontiert zu werden. Dies ist innerhalb der politischen Diskurse in Deutschland der Fall und erst recht im Gespräch mit den östlichen Nachbarn, das seit erst einem Vierteljahrhundert öffentlich stattfinden kann.

Um den Begriff Heimat hat sich somit im Lauf von zwei Jahrhunderten ein Bedeutungsfeld angelagert, das von »kitschig-sentimentaler Verklärung« bis zu »chauvinistischen Mobilisierungspotentialen« in der »rechten« Ecke reicht.[14]

---

[8] KLAUS VOGEL, Heimat – Vaterland – Nation – Staat. Vor dem Hintergrund alter und neuer Wanderbewegungen, in: Hans-Jürgen Schmidt (Hg.): Heimat und Fremde, Leipzig 2006, 67-86, 74 f.

[9] BAUSINGER, Auf dem Wege, 8 f.

[10] BERNHARD WALDENFELS, Heimat in der Fremde, in: ders.: In den Netzen der Lebenswelt, Frankfurt [2]1994, 194-211, 194.

[11] Vgl. Was sagt die Kirche zum Recht auf Heimat? Kirche im Volk, 26, Stuttgart 1961.

[12] Vgl. CHRISTIAN EYSELEIN, Rußlanddeutsche Aussiedler. Praktisch-theologische Zugänge, Leipzig [3]2006, 313 f.; LOTHAR WEISS (Hg.), Russlanddeutsche Migration und evangelische Kirchen, Göttingen 2013.

[13] Vgl. allg.: DETLEF BRANDES u.a. (Hg.), Lexikon der Vertreibungen. Deportation, Zwangsaussiedlung und ethnische Säuberung im Europa des 20. Jahrhunderts, Wien u.a. 2010.

[14] BIRGIT KLOSTERMEIER, Wo bin ich zu Hause? O.O. (Loccum) 2006, 3: Zit. aus: MARCEL RAABE; Heimat's Coming Home, o. O., o. S.; WALDENFELS, Heimat, 204 f.: »Projektionsfläche regressiver Triebentladungen«.

3. »Heimat« – Der Begriff

Ursprünglich meint »Heimat« nichts Gefühliges; es geht um »handfeste ökonomische und rechtliche Bedeutungen«: seit dem 15. Jh. um den Besitz von Haus und Hof, um die materiellen Lebensgrundlagen also.[15] »Heim« ist das begrenzte Zuhause im Gegensatz zur »Fremde«. Das Synonym dafür ist »Elend«[16] (»wenn wir heimfahrn aus diesem Elende ...«[17]); es erzeugt »Heimweh« (Schweiz, 16. Jh.).[18]

Grimms Deutsches Wörterbuch (1877) definiert: »das land oder nur der landstrich, in dem man geboren ist oder bleibenden Aufenthalt hat«; »der geburtsort oder ständige wohnort«[19]. Hier erhält Heimat räumliche Bedeutung, Identität staffelt sich nach Nähe und Distanz; durch den Ort werden Menschen und Dinge bedeutend.[20]

Unsere moderne Mobilität dagegen kennt den ständigen Wohnort nicht mehr. Viele Berufe erfordern mehrfache Lebensortwechsel, manchmal weltweit. Manche suchen sich einen urwüchsigen Gegenpol (das Ruhestandshaus, an dem jahrelang am freien Tag gearbeitet wird); manche versuchen sich in kosmopolitischem Verzicht auf »Heimat«, was aber in dauerndes Fremdheitsempfinden umschlagen kann[21]; anderen werden Beziehungsnetze persönlicher, kultureller und landschaftlicher Art zu einer Art interregionaler Beheimatung.[22] Und heute: Heimat wurde im Sinne von Kleinräumigkeit zur interessanten Kategorie in den Diskursen der ökologischen Bewegung. In der gegenwärtigen interkulturellen Debatte ist sie verstanden als Gegenbegriff zum Fremden.[23]

---

[15] Bausinger, Auf dem Wege, 7 f.

[16] Peter Biehl, Heimat in theologischer und religionspädagogischer Perspektive. Plädoyer für ein eschatologisch gebrochenes Heimatverständnis, JRP 14 (1997), 29-64, 31.

[17] Evangelisches Gesangbuch, 124,1.

[18] Biehl, Heimat (1997), 32.

[19] Zit. bei Klostermeier, 6.

[20] Waldenfels, Heimat, 195-198: Die Szenerie steigert oder verflacht die Bedeutung; z.B. ob jemand eine Frei- oder eine Wendeltreppe heraufkommt.

[21] Waldenfels, Heimat, 205 f.

[22] Biehl, Heimat (1997), 35-37.

[23] Peter Biehl, Art. Heimat und regionales Lernen, Lexikon der Religionspädagogik, hrsg. v. Norbert Mette u. Folkert Rickers, Bd. 1, Neukirchen 2001, 811; ders., Heimat (1997), 30.

4. HEIMATERLEBEN

Fulbert Steffensky umschreibt Heimat als »Ort der ... gehäuften Erinnerung«.[24] Er »wird nicht von Meldeämtern verwaltet«, sagt Waldenfels; das *solum natale,* das Land, auf dem ein Mensch geboren wurde, ist im Gegensatz zum Lebensort nicht austauschbar.[25]

»Ein Jude besucht einen anderen während der NS-Zeit im amerikanischen Exil in seiner Wohnung und sieht zu seinem Schrecken an einer Wand ein Hitlerbild hängen. ›Sag mal, du gehörst doch nicht etwa zu diesen jüdischen Nazis, nein, das kann doch nicht sein – aber, warum um alles in der Welt hast du dieses Bild an der Wand?‹ – ›Gegen das Heimweh.‹«[26]

Die Schriftstellerin Christa Wolf unterstreicht: »Ich denke, wie kostbar ein Heimatgefühl ist und wie schwer man es aufgeben würde ... Und ich frage mich, wie hoch der Preis unter Umständen wäre, den ich für dieses Heimatgefühl zu zahlen bereit wäre.«[27] Ernst Boesch, Saarbrückener Kulturpsychologe, bezeichnet Heimat als den »Bereich, in dem das ›innerlich Eigene‹, also das Selbst wurzelt.«[28] Gemeint ist der Ort, an dem ein Mensch die für sein Leben Orientierung gebenden Grunderfahrungen gesammelt hat.

Ein »gelebter Raum« also ist heute damit bezeichnet, der starke Anteile an »Gemütswerten« besitzt[29]: Es ist die Landschaft, die vertraut ist, die Architektur der Häuser, die regionale Kultur, das spezielle Kolorit der Muttersprache, die Gemeinschaft mit bestimmten Menschen oder die Erinnerung an sie, es sind die symbolischen Handlungen, Klänge, Gerüche und Gegenstände, die Heimat erzeugen.[30] »Heimat ist da, wo man Freunde hat«,

---

[24] Zit.: INFRIT TÖGEL, Psychotherapeutische Betrachtungen zum Spannungsverhältnis zwischen Heimat und Fremdem, in: Hans-Jürgen Schmidt (Hg.), Heimat und Fremde, Leipzig 2006, 45-66, 46 f.

[25] WALDENFELS, Heimat, 199.

[26] JÜRGEN EBACH, Über Freiheit und Heimat. Aspekte der jüdischen Tradition, in: ders.: »und behutsam mitgehen mit deinem Gott«. Theologische Reden 3, Bochum 1995, 142-156, 145.

[27] CHRISTA WOLF, Ein Tag im Jahr, o.O., o.J., o. S., zit.: Tögel, 63.

[28] Zit.: PHILIPP HAUENSTEIN, Mittendrin – und doch am Rand. Überlegungen zu einem interkulturellen Leben und Arbeiten in Mission und kirchlicher Entwicklungshilfe, Neuendettelsau 2002, 37.

[29] BIEHL, Heimat (2001), 811.

[30] Vgl. VOGEL, Heimat, 73

so die Erfahrung Jugendlicher.[31] Und wenn man die Heimat verliert? Jean Amery berichtet: »Man wusste nicht mehr, wer man war ... Ich war kein Ich mehr. ... Man muss Heimat haben, um sie nicht nötig zu haben«[32].

5. Heimat biblisch

Die aktuelle Situation des Staates Israel ist geprägt vom »Recht auf Heimat«, das gegen andere durchgesetzt wird oder werden soll: Gegen die Palästinenser oder *vice versa* von diesen gegen die sog. »Zionisten«.

Die Urberufung an Abraham, den Stammvater des Volkes Israel, dagegen heißt: »Geh aus deinem Vaterland und von deiner Verwandtschaft und aus deines Vaters Hause in ein Land, das ich dir zeigen will.« (Gen 12,1) Heimat wird verlassen, und neue Heimat ist noch unbekannt, bleibt Verheißung.

Auch das Mose versprochene Land des Segens, in dem Milch und Honig fließt (Ex 3,8) ist nicht Besitz, sondern Verheißung.

Und das Land bleibt Erbteil Jahwes für Israel (Dtn 12,10). Es kann finster werden (Jes 9,1) oder auch verwüstet (Jes 1,7), denn es steht unter dem Anspruch: »O Land, Land, Land, höre des Herrn Wort!« (Jer 22,29) Und auch der Fremde hat Platz im Land und genießt besonderen Schutz (Ex 22,20; 23,9; Dtn 19,19; Lev 19,34).

Wohnen im Land ist doch lebenslanges Unterwegssein, in Wallfahrten rituell gestaltet und unter Gottes Segen gestellt: »Der Herr behüte deinen Ausgang und Eingang von nun an bis in Ewigkeit« (Ps 121,3.7.8). So ist Leben beheimatet im Kommen und Gehen.[33]

Aber »Heimat« wird das Land nirgends genannt. Von Heimat spricht Abraham im Blick auf Ur in Chaldäa, seine ursprüngliche Herkunft. Und das neue Testament verortet nach Luther »Heimat ... im Himmel« (Phil 3,20), wörtlich: Bürgerrecht/*politeuma*. Hier auf Erden gilt: »Die Füchse haben Gruben, und die Vögel unter dem Himmel haben Nester; aber der Menschsohn hat nichts, wo er sein Haupt hinlege« (Mt 8,20). Und: »Wir haben hier keine bleibende Stadt, sondern die zukünftige suchen wir« (Hbr

---

[31] Heimat ist da, wo man Freunde hat. Mitarbeiterbrief der Jugendkammer der Evangelischen Kirche im Rheinland und der Jugendkammer der Evangelischen Kirche von Westfalen, Nr. 178, Düsseldorf/Villigst 1986, 1.

[32] Jean Amery, »Wieviel Heimat braucht der Mensch?«: zit.: Biehl, Heimat (1997), 63.

[33] Vgl. Eyselein, Aussiedler, 415 f. 418.

13,14). »..führt euer Leben, so lange ihr hier in der Fremde weilt, in Gottesfurcht«, mahnt der 1. Petrusbrief (1,17).

Heimat im biblischen Sinne hat einen extraterritorialen Zug: Sie ist zugesprochene Heimat und wird im Unterwegssein erfahren.[34] Neutestamentlich hat sie ihren irdischen Bezugspunkt im Kreuz Christi, das aller Heimatlosigkeit gilt und über alle irdischen Eingrenzungen hinausweist.[35] Nicht mehr nach Orts- oder Gruppenzugehörigkeit wird selektiert, sondern »ihr seid allesamt einer in Christus.« (Gal 3,28)

Als solche sind wir »Mitbürger der Heiligen und Gottes Hausgenossen« (Eph 2,19): Da ist schon Heimat, und sie hat einen Ort, der aber noch vor uns liegt, lebenslang: »Wo ist der Freuden Ort? Nirgends mehr denn dort, da die Engel singen mit den Heilgen all ... Eia, wär'n wir da!«, heißt es im Weihnachtslied[36]. Und doch: »So *seid* ihr ... Gottes Hausgenossen.«[37]

Es gibt also eine Heimat *dort*, der wir schon angehören. Und doch haben wir – Gott sei Dank! – ein Zuhause auch *hier*. Anthropologisch gesehen brauchen wir diese Art Heimat. Entspricht sie ihrer Zuordnung zur Heimat *dort*, ist sie ökumenisch, offen für die, die zur *oikea* Gottes gehören; und eschatologisch, vorläufig und voll Hoffnung auf die kommende Heimat. »Herberge« wurde als Begriff für die angemessene Gestalt der christlichen Gemeinde vorgeschlagen[38]. – »Ich bin auf der Durchreise«, sagte der Mönch, als er gefragt wurde, warum er so kärglich lebe: Eine Bleibe, Bezugspunkte, Biotope brauchen wir. Aber sie haben immer Zukunft, denn sie weisen über sich hinaus auf Gottes Zukunft. Hier weht die frische Luft des Heiligen Geistes, nicht die dumpfe Atmosphäre der Abgrenzung.

»Nächstes Jahr in Jerusalem!«, wünschen sich Juden: Ein Land, in dem man nicht schon immer war; ein Land, das kommt.[39] Von Rabbi Levi Jitzchak aus Berditschew (Ukraine, 18. Jh.) wird erzählt: »Als man den Hochzeitskontrakt für den Sohn des Rabbis aufsetzte, schrieb man, wie es Brauch ist, hinein, die Hochzeit werde an dem und dem Tag in Berditschew

[34] DANIEL BEROS, Heimat für Heimatlose. Die Sprache des Glaubens und die Suche nach Bodenständigkeit bei russlanddeutschen Migranten in der La Plata-Region zwischen 1925 und 1955, MWF NF 22, Neuendettelsau 2007, 289.

[35] BEROS, Heimat, 311 f.

[36] EVANGELISCHES GESANGBUCH, 35,4.

[37] EYSELEIN, Aussiedler, 446-448.

[38] JAN HENDRIKS, Gemeinde als Herberge. Kirche im 21. Jahrhundert – eine konkrete Utopie, Gütersloh 2001.

[39] EBACH, Freiheit, 145: »›nichtautochthoner‹ Heimatbegriff«.

sein. Da zerriss der Berditschewer wütend den Kontrakt und rief: ›Wieso in Berditschew? Schreibt: Die Hochzeit wird an dem und dem Tag in Jerusalem sein. Nur für den Fall, dass der Messias an diesem Tag noch nicht gekommen ist, wird die Hochzeit in Berditschew sein!‹«[40]

6. Mönche und Migranten

Kirchengeschichtlich hat sich aus der fundamentalen Hoffnungsbeheimatung das Motiv der Xeniteia oder Peregrinatio, der Fremdlingschaft verbreitet. Erst im Osten, dann im Westen wird sie zur Mönchstugend neben Demut, Armut und Schweigen. Hans von Campenhausen hat das in einer kleinen Schrift unter dem Titel »Asketische Heimatlosigkeit« herausgearbeitet.[41] Die irischen Mönche verlassen als geistliche Übung die Heimat, teilweise als Jüngergruppen mit einem Abt; die angelsächsischen Missionare verbinden im 8. Jh. damit einen ausgeprägten Missionswillen an den germanischen Stammesverwandten. »Wen Gott sucht, der wird heimatlos«, folgert Campenhausen als »religionspsychologisches Gesetz«[42]. Während Peregrinatio in unserer kirchlichen Kultur in der Regel allenfalls in vergeistigter Form existiert, erlebt die Wallfahrt, besonders auf dem Jakobsweg, seit Jahren konfessionsübergreifend großen Zuspruch: Heimatlosigkeit auf Zeit als geistliche Übung.

Anderswo aber ist Unterwegssein nicht auf Zeit und ohne Wiederkehr. Für sog. »Migranten«[43], (Spät-)Aussiedler, Asylbewerber, Arbeitsmigranten ist es zutiefst krisenhaft. Migration bedeutet, einerseits Heimat zu verlassen, andererseits neue Beheimatung finden zu müssen. Wie anstrengend das sein kann, zeigt schon mancher Pfarrstellenwechsel innerhalb einer Landeskirche.

Umzüge von Deutschen aus den GUS-Staaten, z. B. aus Kasachstan, nach Deutschland in den letzten 25 Jahren sind erheblich schwieriger zu verkraften. Denn dabei ist ein tiefgreifender Kulturwechsel zu bestehen, der so gut wie alle Lebensbereiche betrifft. Die mit »Heimat« gegebenen Grundorientierungen funktionieren nun weithin nicht mehr. So hat sich das Deutsche im heutigen Deutschland weiterentwickelt und ist völlig

---

[40] A.a.O., 156.

[41] Hans von Campenhausen, Asketische Heimatlosigkeit, Tübingen 1930, hier: 8-12.

[42] A.a.O., 30: Conclusio für ein spiritualisiertes Verständnis, das Askese gegenüber Hingabe an den Nächsten abwertet.

[43] Klaus J. Bade, Art. Migration, in: Brandes, Lexikon, 422-425.

anders als die konservierte Mundart älterer Aussiedler. Die gesellschaftlichen Umgangsformen unterscheiden sich, Berufsbilder sind inkompatibel, und hiesige familiäre Rollenvorstellungen sind unbekannt … .

»Je weniger Heimat man hat, desto mehr muss man in sich tragen«, formulierte es ein Aussiedler. Hier brauchen Menschen Heimat im Sinne mobiler Herbergen, kulturelle Übergangsräume, die das eine nicht abschneiden und das neue schon eröffnen. Unverständnis und Missverständnisse auf beiden Seiten sind dabei fast vorprogrammiert. Treffen sich beispielsweise jugendliche Russlanddeutsche auf freien Plätzen, so wie sie es zwischen den großen Wohnblocks im Herkunftsland immer getan hatten, so erleben sie untereinander Heimat, auch sprachlich. Schnell vorbeieilende autochthone Deutsche jedoch wittern Bedrohung, weil sie das Lachen über russisch erzählte Witze als aggressiv deuten. Und wie wiederum werden die verunsicherten oder missbilligenden Blicke der Einheimischen gedeutet?

Heimat hat mit Wurzeln zu tun, Heimatverlust mit Entwurzelung. Das ist schmerzlich, aber auch gefährlich: »Die Verwurzelung ist vielleicht das wichtigste und meistverkannte Bedürfnis der menschlichen Seele ... Die Entwurzelung ist bei weitem die gefährlichste Krankheit der menschlichen Gesellschaften, weil sie sich selbst vervielfältigt ... Wer entwurzelt ist, entwurzelt. Wer verwurzelt ist, entwurzelt nicht.«[44]

Verena Kast hat darauf hingewiesen, dass Aufbruchs- immer Trauersituationen sind, deren Bewältigung auch von der Tragfähigkeit der persönlichen Wurzeln abhängt. Deshalb gehen wir »normalerweise ... sehr sorgsam mit unseren Einwurzelungen um: Wir kappen nicht alle Wurzeln auf einmal, sondern versuchen herauszufinden, wieviel wir uns zumuten können.«[45]

Häufig wird dies Migranten von Einheimischen als Integrationsunwilligkeit vorgeworfen, doch wer die Heimat komplett verloren hat, muss sich auf das Stückchen Heimat in sich selbst zurückziehen, bevor er probeweise und dann immer mehr die Exkursionen in das unbekannte Land wagen kann, das einmal die neue Heimat werden soll. So gesehen wären mehr Interesse, mehr Verständnis und mehr Geduld der Einheimischen die wichtigsten Integrationshilfen.

Genau besehen bleibt das Heimischwerden keinem erspart, denn die

---

[44] Simone Weil, Die Einwurzelung. Einführung in die Pflichten dem menschlichen Wesen gegenüber (Paris 1949), München 1956, 71. 77.

[45] Verena Kast, Entwurzeln – Verwurzeln: Trauerprozeß bei Umbrüchen, in: Pflüger, Peter Michael (Hg.), Abschiedlich leben. Umsiedeln – Entwurzeln – Identität suchen, Olten u.a. 1991, 155-173, 156 f.

Urheimat muss jeder verlassen: Durch die Ablösung von den Eltern liegt Heimat immer hinter uns; und sie liegt vor uns als dauernde Aufgabe, denn dauernd verändert sich unsere Welt und wir bleiben nicht in ihr. »Wir haben immer noch Heimat vor uns.«[46] Wir sind nicht ein für allemal sozialisiert. Christlich verstanden bleibt die Sozialisation in die Gemeinschaft der Heiligen eine lebenslange Aufgabe. Sie ist das Einleben in die Gemeinschaft derer, die nach der starken bildhaften Formulierung des Hebräerbriefes als das »wandernde Gottesvolk« auf dem Weg sind (Hbr. 13,13 f.).

7. Heimat auf dem Weg

Wo aber lebt dann unsere Seele unter einem zunehmenden »gesellschaftlichen Mobilitätsdruck«[47], im modernen Multilokalismus[48]? Ist Heimat doch nur U-Topie, d. h. ein Nicht-Ort? Heimat als »... der am früh verlassenen Geburtsort gerochene ›Duft von Zimt, Ingwer und Pfeffer‹ oder der ... vertraute ›Geruch von trockenem Straßenstaub ... nach einem Sommergewitter, wenn die Amseln zwitschern.‹ Immer wieder ist Heimat ein Geruch, diese flüchtigste aller Sensationen ... Und immer wieder klingt, was die Befragten über Heimat sagen, als sagten sie es voller Heimweh ...«[49] Wird der ersehnte »Umbau unserer Welt zur Heimat«, von dem Ernst Bloch schreibt[50], nie *mehr* sein können als eine Erinnerung? Ein verklärter Blick zurück in die nicht mehr zugängliche Kindheit; »... etwas, das allen in die Kindheit scheint und worin noch niemand war«[51]? Oder doch auch ein Schutzraum und eine Gestaltungsaufgabe, die uns für das Leben in unserer Alltagswelt mehr Verhaltenssicherheit gibt?[52]

Wer die Jugenderinnerungen des in München geborenen und im Dritten Reich nach Israel geflohenen jüdischen Theologen Shalom Ben-Chorin

---

[46] WALDENFELS, 201.

[47] INGRID SCHOBERT, Art. Heimat. Sozialgeschichtlich, soziologisch, sozialethisch, RGG[4], Bd. 3, 2000, 1594.

[48] WALDENFELS, 204.

[49] BERNHARD SCHLINK, Heimat als Utopie (anl. einer Spiegel-Umfrage), o.O., o.J., o. S., zit.: Kostermeier, 23.

[50] ERNST BLOCH, Das Prinzip Hoffnung, GA 5, Frankfurt 1977, 334, zit.: Bausinger, Identität, 262.

[51] BLOCH, Hoffnung, 1628.

[52] BAUSINGER, Auf dem Wege, 215.

liest, spürt, welche Bedeutung für ihn, der den größten Teil seines Lebens nicht in Deutschland lebte, die deutsche Sprache dennoch behalten hat.[53]

Sprache und Heimat funktionieren wie ein eng geschlossener Regelkreis, weil Sprache so aufgeladen ist mit Kultur: Wer anders spricht, verfehlt die neue Heimat. Wer aber die Sprache wechselt, verliert die mitgebrachte Heimat. Elias Canetti, spricht deshalb von der »geretteten Zunge«[54], die die Kraft hat, Identität zu erhalten. Ein Gedicht der aus Czernowitz in Galizien stammenden Rose Ausländer drückt den Zusammenhang von Heimatverlust und Sprachheimat aus:[55]

Mutterland
Mein Vaterland ist tot / sie haben es begraben / im Feuer
Ich lebe / in meinem Mutterland / Wort

Von daher erschließt sich die Unzulänglichkeit einer Politik der Assimilation: Sie beraubt Menschen ihrer Seelenheimat, entwurzelt sie und macht sie haltlos. Letztlich wird versucht, sie auf selbstsüchtige Weise zu absorbieren. Heimatrecht heißt dagegen, verschieden sein zu können und gegenseitige Verträglichkeit zu erfahren.[56]

Wir brauchen Heimat auf dem Weg – wie eine Herberge –, um den Weg zur Heimat zu bestehen.[57]

Peter Biehl versteht das Leben als Weg zwischen »Heimat 1« und »Heimat 2«:[58] Heimat 1 ist die aus der Kindheit gespeiste Geborgenheitssehnsucht, Heimat 2 ist die erhoffte und verheißene eschatologische Heimat. Zwischen beiden besteht eine Polarität aus Regression und Progression, die für Biehl auch religiös zusammengehören: Eine mythisch rückwärtsgewandte Seite des Glaubens und eine messianisch vorwärtsgewandte, die den Vorrang haben sollte. »Heimat 1 [wird] in Heimat 2 ›aufgehoben‹ und zur Wahrheit gebracht.«

---

[53] SCHALOM BEN-CHORIN, Jugend an der Isar, Werke 1, Gütersloh 2001.

[54] Vgl. EYSELEIN, Aussiedler, 342.

[55] ROSE AUSLÄNDER, Sieben neue Tage, Berlin 1990, 188; vgl. EYSELEIN, Aussiedler, 342.

[56] Vgl. ROEL KUIPER, Fremdheit und Toleranz, in: SCHMIDT, Heimat, 19-21 (Rekurs auf Levinas).

[57] Vgl. BEATE STRÄTER, Fremde Heimat – Heimat in der Fremde? Menschen mit Migrationshintergrund in Kirchengemeinden, in: Claudia Schulz u.a. (Hg.): Milieus praktisch II. Konkretionen für helfendes Handeln in Kirche und Diakonie, Göttingen 2010, 215-239.

[58] Im Folgenden: BIEHL, Heimat, 52-54.

»Wir haben hier keine bleibende Stadt (– ich füge ein: Eine vergängliche jedoch schon![59] –), aber die zukünftige suchen wir« (Hebr. 13,14). Heimat ist mehr als die »Sehnsucht nach dem letzten gallischen Dorf«, viel mehr.

---

[59] Ben-Chorin beschließt seine Erinnerungen: »Die zwei Städte meines Zweistromlandes blieben München und Jerusalem, aber über beiden leuchtet die Schrift auf: Denn wir haben hier keine bleibende Stadt, sondern die zukünftige suchen wir«: Jugend, 146.

Christian Grethlein

Kommunikation als Modell der praktisch-theologischen Theoriebildung

Klaus Raschzok folgt in seinen Forschungen auf unterschiedlichen Gebieten der Praktischen Theologie deren Verständnis als »Gestaltlehre des christlichen Glaubens«. In seiner 2001 veröffentlichten Selbstdarstellung als Praktischer Theologe weist er dafür eindrücklich und überzeugend sowohl auf biographische (Hinter-)Gründe als auch Impulse durch vorausgehende Praktische Theologen, allen voran Hans Asmussen und Manfred Seitz, hin.[1]

Mit dem Jubilar verbinden mich das Geburtsjahr, der Geburtsort, die Heimatkirche sowie eine berufliche Wanderung zwischen West- und Ostdeutschland. So regt mich dessen autobiographische Reflexion dazu an, mir Rechenschaft zu geben, warum im letzten Jahrzehnt der Begriff der »Kommunikation« in den Vordergrund meiner praktisch-theologischen Arbeit getreten ist. Er unterscheidet sich zweifellos von »Gestalt«, hat aber doch damit gewisse Berührungen, insofern in beiden Begriffen die sinnliche Wahrnehmung eine wichtige Rolle spielt.

Entsprechend der Gattung einer akademischen Festschrift versuche ich in einem ersten Schritt den wissenschaftlichen Kontext zu skizzieren, innerhalb dessen »Kommunikation« als Modell praktisch-theologischer Theoriebildung attraktiv erscheint. Darauf aufbauend skizziere ich knapp wichtige Einsichten für Praktische Theologie, die durch das Modell »Kommunikation« gewonnen werden können. Abschließend weise ich auf den Paradigmenwechsel hin, den die inhaltliche Bestimmung von Kommunikation durch die Wendung »Kommunikation des Evangeliums« für Praktische

---

[1] KLAUS RASCHZOK: Kunstlehre der Gestaltung des Glaubens, in: Goerg Lämmlin/Stefan Scholpp (Hg.): Praktische Theologie der Gegenwart in Selbstdarstellungen, Tübingen 2001.

Theologie – und vielleicht langfristig für Theologie überhaupt – bedeuten könnte.

I. »Kommunikation« als Zentralbegriff soziologischer Forschung

Wie für den Studienanfänger Klaus Raschzok in Erlangen das Türschild »Lehrstuhl für Christliche Archäologie und Kunstgeschichte« eine gewisse Faszination ausübte[2] – und dann zu einer deutlichen Prägung führte –, war dies für das Münchener Erstsemester Christian Grethlein das Schild der dortigen »Hochschule für Philosophie« der Societas Iesu. Entsprechend der damaligen Diskurslage führte mich das Studium der Philosophie – vermittelt durch die Frankfurter Sozialphilosophie – schnell in die Gefilde der Soziologie und deren empirische Forschung. In dieser Wissenschaft bahnte sich damals eine Umstellung ihres Forschungsparadigmas vom Handlungs- auf den Kommunikationsbegriff an. Ich weiß noch heute, wie mir die Lektüre von Peter Bergers und Thomas Luckmanns wissenssoziologischen Analysen[3] völlig neue Horizonte eröffnete. Damit war die Bahn zu einem Forschungsansatz geöffnet, der heute unter dem Begriff des »Kommunikativen Konstruktivismus«[4] theoretisch und methodisch ausgearbeitet wird. Diese Forschungsperspektive greift eine grundlegende Veränderung in den gegenwärtigen modernen (westlichen) Gesellschaften auf, die Manfred Fassler prägnant benennt: »Der subjektive und soziale Bedarf, durch ›Kommunikation‹ Zusammenhänge herzustellen und einigermaßen stabil zu halten, ist unübersehbar. Dieser Bedarf ist vor dem Hintergrund zu verstehen, daß der vielfältig begründete soziale Unterschiedsreichtum (Ausdifferenzierung), die vielfältigen Positionen (Pluralisierung) und die Ablösung des einzelnen Menschen von dauerhaft festen sozialen Institutionen (Individualisierung) neue Regelungen der Vermittlung und der Integration erfordern.«[5]

---

[2] A.a.O. 299.

[3] Siehe vor allem Peter Berger/Thomas Luckmann, Die gesellschaftliche Konstruktion der Wirklichkeit. Eine Theorie der Wissenssoziologie, Frankfurt 1969 (zuerst: The Social Construction of Realitiy, New York 1966).

[4] Reiner Keller/Hubert Knoblauch/Jo Reichertz (Hg.), Kommunikativer Konstruktivismus. Theoretische und empirische Arbeiten zu einem neuen wissenssoziologischen Ansatz, Wiesbaden 2013.

[5] Manfred Fassler, Was ist Kommunikation?, München ²2003, 27.

Und diese Vermittlungsnotwendigkeit gilt nicht zuletzt für die Kirchen. Der lange Zeit (anscheinend) tragende Rekurs auf Lehre und Amt weicht einem offenen Diskurs in rebus religionis. Armin Nassehi konstatiert wohl zu Recht die Authentizität, und damit eine kommunikative Form, als die entscheidende Währung gegenwärtiger religiöser Kommunikation.[6]

Von daher empfiehlt sich für eine an der gegenwärtigen Lebenswelt interessierte Praktische Theologie, den Kommunikationsbegriff in den Mittelpunkt ihrer Überlegungen zu stellen.

2. »KOMMUNIKATION« ALS MULTIPERSPEKTIVISCHES MODELL[7]

Mittlerweile liegen aus unterschiedlichen Disziplinen mannigfaltige Beiträge vor, die eine differenzierte Erfassung von Kommunikation ermöglichen:

Für die psychologische Beratungspraxis, also durchaus praxisorientiert, entwickelte Friedemann Schulz v. Thun das Modell des sog. Kommunikationsquadrats. Jede Kommunikation umfasst demnach vier Dimensionen: einen Sachgehalt, eine Selbstkundgabe (Ich-Botschaft), die Beziehung der Kommunizierenden sowie einen Appell, und zwar auf beiden Seiten der Kommunikation. Klar tritt dabei die hohe Komplexität von Kommunikation hervor,[8] angesichts derer sich die lange Zeit die Theologie bestimmenden Sender- und Empfängermodelle (etwa: Gottes Wort - der Mensch als Hörer) schlicht als unterkomplex erweisen. Vor allem in die Seelsorge hat der Vorschlag Schulz von Thuns Eingang gefunden.[9]

Semiotisch arbeitete u.a. Umberto Eco die Bedeutung der Codes für die Kommunikation heraus.[10] Sie prägen jede Kommunikation. Karl-Heinrich

---

[6] ARMIN NASSEHI, Religiöse Kommunikation, in: Bertelsmann Stiftung (Hg.): Woran glaubt die Welt? Analysen und Kommentare zum Religionsmonitor 2008, Gütersloh 2009, 188-190.

[7] Zum Modellbegriff in der Praktischen Theologie s. ALBRECHT GRÖZINGER, Praktische Theologie und Ästhetik. Ein Beitrag zur Grundlegung der Praktischen Theologie, München 1987, 221f.

[8] Siehe FRIEDEMANN SCHULZ V. THUN, Miteinander reden, Bd.1, Reinbek 1981.

[9] Siehe CHRISTOPH MORGENTHALER, Seelsorge, Gütersloh 2009, 242.

[10] Siehe UMBERTO ECO, Zeichen. Einführung in einen Begriff und seine Geschichte, Frankfurt 1977, 184.

Bieritz nahm diesen Ansatz für die Liturgik auf. Mit der Unterscheidung von Sprach-, Sprech-, Schrift-Codes, kinetischen, hodologischen, proxemischen, taktilen, textilen und Geruchs-Codes, akustischen und musikalischen Codes, Raum- und ikonischen Codes sowie heortologischen, hierarchischen und szenischen Codes[11] gewinnt er ein Instrumentarium, um die komplexe Kommunikation im Gottesdienst differenziert zu erfassen. Dazu macht sein Schüler Wilfried Engemann – entgegen nachrichtentechnischen Bestrebungen – auf die Bedeutung von Störungen in der Kommunikation aufmerksam. Denn sie ermöglichen Innovation.[12]

Auf die Prägekraft sozialer Schichten für Kommunikation weist soziolinguistisch die Unterscheidung zwischen restringiertem und elaboriertem Code hin, wie sie Basil Bernstein ausarbeitete.[13] Er zeigte die Bedeutung sozialer Schichten (in neuerer Terminologie Milieu- bzw. Lebensstilprägung) für die Kommunikation. Wilfried Engemann integriert diese Einsicht in sein homiletisches Konzept.[14]

Einen wieder anderen Einblick in Kommunikationsprozesse gibt die Systemtheorie Niklas Luhmanns. Sie ermöglicht die Analyse von Kommunikation als einem eigenen System: »Zwei black boxes bekommen es, aufgrund welcher Zufälle auch immer, miteinander zu tun. Jede bestimmt ihr eigenes Verhalten durch komplexe selbstreferentielle Operationen innerhalb ihrer Grenzen. Das, was von ihr sichtbar wird, ist deshalb notwendig Reduktion. Jede unterstellt das gleiche der anderen.«[15] Daraus resultiert die Einsicht in die »Unwahrscheinlichkeit« von Verständigung.[16] Denn tatsächlich sind die Absichten, Ziele, Bedeutungen und der Sinn, die die einzelnen Kommunizierenden leiten, verborgen. Diese Perspektive zieht Isolde Karle

---

[11] Siehe die Zusammenstellung bei Karl-Heinrich Bieritz, Liturgik, Berlin 2004, 45f.

[12] Siehe Wilfried Engemann, Kommunikation der Teilhabe. Die Herausforderung der Informationsmaschinen, in: Ders.: Personen, Zeichen und das Evangelium. Argumentationsmuster der Praktischen Theologie, Leipzig 2003, 155-169, 166.

[13] Basil Bernstein, Studien zur sprachlichen Sozialisation, Düsseldorf 1972.

[14] Wilfried Engemann, Einführung in die Homiletik, Tübingen ^{2}2011, 251f.

[15] Niklas Luhmann, Soziale Systeme. Grundriß einer allgemeinen Theorie, Frankfurt 1984, 156.

[16] Niklas Luhmann, Die Unwahrscheinlichkeit der Kommunikation, in: Ders.. Soziologische Aufklärung 3. Soziales System, Gesellschaft, Organisation, Opladen 1981, 25-34.

für ihre kritische Analyse der Probleme bei der Organisation von Kirchenreform und den dabei projektierten Entscheidungen heran.[17]

Noch einmal anders setzt die von Jürgen Habermas entwickelte Handlungstheorie an. Er arbeitet die Besonderheit kommunikativen Handelns – gegenüber instrumentellem und strategischem Handeln – durch dessen grundsätzliche Ergebnisoffenheit heraus.[18] Norbert Mette nimmt – vermittelt über Helmut Peukert – diese Theorie in der Grundlegung seiner Praktischen Theologien auf, insofern Gott den Menschen einen solchen kommunikativen Raum eröffnet.[19]

Demgegenüber weisen Poststrukturalisten wie Michel Foucault kritisch auf die dabei leitende Voraussetzung symmetrischer Kommunikation hin. Denn sie läuft Gefahr, deren Machtförmigkeit zu verschleiern[20] und damit gegen ihren Willen Machtpositionen zu stabilisieren. Und tatsächlich ergibt schon ein kurzer Blick in die Christentumsgeschichte, dass wesentliche Entscheidungen zu grundlegenden Dogmen auch als Resultate machtpolitischer Kalküle und Erfolge gelesen werden können.

Schließlich bilden sich im Zuge medientechnischer Innovationen neue Kommunikationsformen heraus, die bereits deutlich das Verhalten jüngerer Menschen (»digital natives«) prägen, ohne dass aber deren zukünftige Entwicklung und Folgen schon in vollem Umfang absehbar wären.[21] Vor allem in der Religionspädagogik,[22] aber auch in der Arbeit an den Grundlagen Praktischer Theologie[23] finden diese Veränderungen zunehmend Beachtung.

Dieser knappe, unschwer um weitere Ansätze ergänzbare Durchgang zeigt zum einen nachdrücklich die Bedeutung des Kommunikationsthemas in der gegenwärtigen wissenschaftlichen Diskussion und ergibt zum anderen thematisch und methodisch eine weit gefächerte Multiperspektivität.

---

[17] ISOLDE KARLE, Kirche im Reformstress, Gütersloh 2010.

[18] JÜRGEN HABERMAS, Theorie der Kommunikation des Handelns, Bd. 1. Handlungsrationalität und gesellschaftliche Rationalisierung, Frankfurt 1981, 385.

[19] Siehe NORBERT METTE, Einführung in die katholische Praktische Theologie, Darmstadt 2005, 19.

[20] MICHEL FOUCAULT, Die Ordnung des Diskurses, Frankfurt [10]2007, 10f.

[21] Siehe z.B. GERHARD FRANZ, Digital Natives und Digital Immigrants: Social Media als Treffpunkt von zwei Generationen, in: Media Perspektiven 2010, 399-409.

[22] Siehe z.B. MANFRED PIRNER: Religiöse Mediensozialisation? Empirische Studien, München 2004.

[23] Siehe z.B. ILONA NORD, Realitäten des Glaubens. Zur virtuellen Dimension christlicher Religiosität, Berlin 2008.

Sie ermöglicht, wie exemplarisch durch den Hinweis auf einige diesbezügliche Rezeptionen durch Praktische Theolog/innen angedeutet, einen neuen Zugang zu den Themen der traditionellen praktisch-theologischen Disziplinen. Er zeichnet sich gegenüber dem früheren am Modell des Herolds orientierten Verkündigungsparadigma[24] nicht nur durch größeres Differenzierungspotenzial aus, sondern ermöglicht durch den Anschluss an interdisziplinäre Diskurse einen neuen Zugang zur Lebenswelt der Menschen.

3. Kommunikation des Evangeliums als praktisch-theologische Adaption des Modells Kommunikation

Legt es sich von der skizzierten Gesprächslage in verschiedenen wissenschaftlichen Diskursen her nahe, auch in der Praktischen Theologie auf das Modell »Kommunikation« zu rekurrieren, so bedarf es dazu aber noch dessen theologischer Qualifizierung. Darauf zielt die Wendung »Kommunikation des Evangeliums«.

Ihr Ursprung geht, soweit ich sehen kann, auf eine 1956 von dem niederländischen »Orientalist, Missionswissenschaftler und Laientheologe(n)«[25] Hendrik Kraemer publizierte Schrift mit dem Titel »The Communication of the Christian Faith« (deutsch 1958: »Die Kommunikation des christlichen Glaubens«) zurück. Sie reicht also noch in die Zeit vor dem genannten wissenssoziologischen Aufbruch zurück. Grundlegend ist für den ökumenisch erfahrenen Kraemer folgende Einsicht: »Die Kirche von heute lebt in einer säkularisierten und in Desintegration begriffenen Massengesellschaft, welche ungewöhnlich dynamisch ist. Die Kirche führt sich aber in vielen Beziehungen so auf, als lebte sie immer noch in der alten, stabilen, begrenzten Welt.«[26]

Allerdings war Kraemers Kommunikationsverständnis noch der exklusiv christozentrischen Wort-Gottes-Theologie verhaftet. So galt ihm die »Kommunikation des Evangeliums« als »eine Kategorie sui generis«, weil

---

[24] Siehe die schon frühzeitige Kritik aus religionspädagogischer Perspektive von Reinhard Dross, Religionsunterricht und Verkündigung. Systematische Begründungen der katechetischen Praxis seit der Dialektischen Theologie, Hamburg 1964.

[25] Nikolaas van Oosterzee, Kraemer, Hendrik, in: [4]RGG Bd. 4 (2001), 1716f., 1716.

[26] Hendrik Kraemer, Die Kommunikation des christlichen Glaubens, Zürich 1958, 91.

bei ihr neben den Menschen vor allem der Heilige Geist beteiligt sei. Ihr Ziel sei allein die »Bekehrung« der Menschen.[27] Durch diese Extraposition verspielte Kraemer aber wissenschaftstheoretisch den Gewinn, den die interdisziplinäre Struktur des Kommunikationsbegriffs eröffnet.

Doch bereits einige Jahre später modifizierte der deutsche Ökumeniker und später einige Jahre an der Kirchlichen Hochschule Berlin Praktische Theologie lehrende Ernst Lange diese dogmatische Engführung: »Wir sprechen von Kommunikation des Evangeliums und nicht von ›Verkündigung‹ oder gar ›Predigt‹, weil der Begriff das prinzipiell Dialogische des gemeinten Vorgangs akzentuiert und außerdem alle Funktionen der Gemeinde, in denen es um die Interpretation des biblischen Zeugnisses geht – von der Predigt bis zur Seelsorge und zum Konfirmandenunterricht – als Phasen und Aspekte ein- und desselben Prozesses sichtbar macht.«[28] Dabei ging es ihm nicht zuletzt um die Integration erfahrungswissenschaftlicher Einsichten in die praktisch-theologische Arbeit. Allerdings war damals noch nicht abzusehen, wie differenziert das Verständnis von Kommunikation in den folgenden Jahren ausgearbeitet werden würde. Nachdem dies bereits im vorhergehenden Abschnitt skizziert wurde, gilt jetzt mein Augenmerk der theologischen Qualifizierung von »Kommunikation« durch »Evangelium«.

Ein schneller Blick in die Konkordanz zeigt: Bereits im Neuen Testament, vor allem bei Paulus und den Synoptikern, bezeichnet »Evangelium« das, was Jesus und im Anschluss an sein Geschick seine Anhänger kommunizierten. Dabei verdient der philologische Befund sachliches Interesse, dass das Verb »euangelizesthai« im Genus des Mediums vorkommt (und das – wohl von Jesus verwendete – hebräische »bisar« eine Piel-Form ist). Schon dadurch wird eine statische Sender- und Empfänger-Modelle überschreitende Dynamik signalisiert. Beim »Evangelium« geht es um eine dynamische Interaktion, keinen Transport von vorweg schon Feststehendem. Deutlich tritt dies z.B. in der Auseinandersetzung Jesu mit der Kanaanäerin (Mt 15,21-28) zu Tage.

Inhaltlich steht im Zentrum von »Evangelium« bei Jesus die Botschaft von der anbrechenden Gottesherrschaft. Deren Konturen hat zugleich prägnant und differenziert der Neutestamentler Jürgen Becker herausgearbeitet. Nach ihm ist die Botschaft von der Nähe der Gottesherrschaft von

---

[27] A.a.O. 21.

[28] ERNST LANGE, Aus der »Bilanz 65«, in: Ders.: Kirche für die Welt. Aufsätze zur Theorie kirchlichen Handelns, hg. v. Rüdiger Schloz, München 1981, 63-160, 101.

Anfang an als ein Vermittlungsgeschehen konzipiert[29] – und damit praktisch-theologisch gut anschlussfähig, insofern sich Vermittlung in der Form von Kommunikation vollzieht. In Jesu Wirken wird die Gottesherrschaft in dreifacher Hinsicht erfahrbar:

Sie kann sich in verbaler Kommunikation vollziehen. Jesus eröffnete vorzüglich in der Kommunikationsform der Erzählung, konkret in Gleichnissen, seinen Zuhörer/innen die Perspektive der nahen Gottesherrschaft. Die von ihm hierbei verwendeten Bilder lassen Raum für vielfältige Deutungen. Die Zuhörenden können so Jesu Worte auf ihr eigenes Leben beziehen und dieses neu, eben in der Perspektive der Gottesherrschaft verstehen. Häufig begegnen in den Gleichnissen als Motive Mahlzeiten und Hilfeleistungen.

Tatsächlich spielen auch im Wirken Jesu selbst Mahlgemeinschaften eine große Rolle.[30] Er feierte sie mit Anderen in grundsätzlicher Offenheit. Auch und gerade sonst aus rituellen oder moralischen Gründen Ausgeschlossene wurden eingeladen und konnten mitfeiern.

Schließlich gehören zu Jesu Wirken seine Heilungen. Mit ihnen erregte er viel Aufsehen. Sie sind »analog zur Gleichnisrede und zu den Mahlzeiten Jesu der dritte Erfahrungsbereich für die seit der Heilswende sich durchsetzende Gottesherrschaft«.[31]

Kommunikationstheoretisch gesehen agierte Jesus demnach in verbalen Lehr- und Lernprozessen, in gemeinschaftlichem Feiern und im Helfen zum Leben.[32] Doch berichtet das Neue Testament nicht nur von einer erfolgreichen, also zum Wahrnehmen und Verstehen der anbrechenden Gottesherrschaft führenden Kommunikation. Es kam auch zu Missverständnissen. Dies scheint hinter den etwas rätselhaften Hinweisen Jesu zu stehen, die exegetisch als sog. markinische Geheimnistheorie (Mk 4,10-12) bezeichnet werden. Auch die überlieferten Attacken auf Jesus als »Fresser und Weinsäufer« (Mt 11,19) sowie das Ausbleiben von Heilungen in bestimmten Situationen (z.B. Mk 6,5f.) können als missglückte Formen von Kommunikation verstanden werden.

---

[29] Jürgen Becker, Jesus von Nazaret, Berlin 1996, 176 (materialiter ausgeführt in 176-233).

[30] Siehe die Zusammenstellung solcher Texte a.a.O. 201.

[31] A.a.O. 220.

[32] Die praktisch-theologische Bedeutung dieser kommunikationstheoretischen Rekonstruktion von Jesu Wirken habe ich materialiter ausgeführt in: Christian Grethlein, Praktische Theologie, Berlin 2012, 253ff.

Von daher ist also »Kommunikation« nicht nur ein von außen an die biblischen Texte herangetragenes Modell. Vielmehr impliziert »Evangelium« als ein neutestamentlicher Schlüsselbegriff selbst ein kommunikatives Geschehen. Dies legt schon die philologische Beobachtung zur medialen Verbform nahe und wird durch die skizzierte inhaltliche Rekonstruktion vertieft.

So koinzidieren in diesem Modell Einsichten gegenwärtiger wissenschaftlicher Diskurse und die aus den neutestamentlichen Texten sich ergebende sachliche Struktur des Wirkens und Geschicks Jesu Christi. Der Kreuzestod Jesu kann dann als der Höhepunkt misslungener Kommunikation gelten. Er führt – wie auch bei alltäglicher Kommunikation beobachtbar – nicht nur zur Katastrophe, sondern eröffnet zugleich den Raum für etwas Neues, das die Christen seitdem an Ostern feiern.

»Kommunikation des Evangeliums« stellt so einen durch das Modell »Kommunikation«[33] konturierten Forschungsgegenstand dar, der gleichermaßen der erfahrungswissenschaftlichen und der theologischen Bearbeitung bedarf. Mit »Kommunikation« tritt die Unabgeschlossenheit und auf neuere Entwicklungen angelegte Besonderheit von »Evangelium« zu Tage. Umgekehrt verhindert »Evangelium« eine konturenlose Ausdehnung der Forschung, indem auf drei bestimmte, in der Christentumsgeschichte vielfältig kontextuell transformierte Kommunikationsmodi fokussiert wird.

Allerdings ist abschließend daran zu erinnern, dass sich auch ein kommunikationstheoretisch orientierter Ansatz Praktischer Theologie einem konkreten Kontext und dessen Analyse verdankt: einer durch Pluralismus, Individualisierung und damit vielfältige Optionen der Daseins- und Wertorientierung geprägten gesellschaftlichen und kulturellen Formation. Sie erfordert ein hohes Maß an Bereitschaft, sich zu verständigen, also zu kommunizieren. Dass bei der damit gegebenen Dynamik die Bedeutung von Beständigem zurücktritt, ist wohl der Preis für das Modell »Kommunikation«. Von daher ist es wichtig, dass Praktische Theologie auch als »Gestaltlehre des christlichen Glaubens« betrieben wird.

[33] Vgl. dazu die zu ähnlichen Einsichten kommenden Überlegungen zur »Ereignishermeneutik« bei INGOLF DALFERTH, Radikale Theologie (ThLZ.F 23), 51-58.

Der Weise

Zu Lebzeiten schon
galt er als Weiser
weit über die Grenzen
des Landes hinaus

Nicht weil er kluge Sprüche
von sich gab
Nicht weil er
das Kind vor den Augen
der Mütter
mit einem Schwerhieb
halbieren wollte
Und auch nicht
weil er an seinem Hof
berühmte Helden
aus aller Herren Länder
versammelt hat

Sondern
weil seine Welt
nicht einfach in
Schwarz oder Weiß
Richtig oder Falsch
Nützlich oder Unnütz
aufging

Er wog die Welt
in seinem Herzen
und traute dem Himmel
trotzdem die letzte
Entscheidung zu
jener Weise aus Jerusalem
dessen Name Gamaliel war
Was soviel heißt wie
Es ist doch Gott
der für dich
sorgt

Andreas von Heyl

Modelle des Wirklichen

»Modellhaft denken in der praktischen Theologie« haben wir als Titel und Thema unserer Festschrift für Klaus Raschzok gewählt. Ich möchte in meinem Beitrag darauf eingehen, dass wir Menschen uns fortwährend in selbst geschaffenen Modellen der Wirklichkeit bewegen und einige sich daraus ergebende Konsequenzen für die Theologie, insbesondere die Praktische Theologie, ansprechen.

»Wie wirklich ist die Wirklichkeit?« lautet der Titel eines Buches von Paul Watzlawick, in dem er anhand vieler zum Teil amüsanter Beispielen aufzeigt, dass es eine »objektive«, jenseits unserer Wahrnehmungen vorhandene Wirklichkeit gar nicht gibt.[1] Diese Erkenntnis ist nicht neu. Bereits unter den Vorsokratikern vertraten einige den Standpunkt, dass kein Mensch das, was ggf. jenseits seiner sinnlichen Erfahrung existieren sollte, jemals erkennen kann, da ihm das Gegebene von vornherein und ausschließlich durch seine Sinne vermittelt wird. Protagoras, der erste der Sophisten, hielt fest: »Aller Dinge Maß ist der Mensch, der seienden, wie sie sind, der nichtseienden, wie sie nicht sind.« Gegen Ende des 4. Jahrhunderts v. Chr. gründete Pyrrhon von Elis (geb. um 360) die Schule der Skeptiker. Er und seine Anhänger sammelten unzählige Belege dafür, dass uns nicht nur die Welt jenseits unserer sinnlichen Erfahrung verschlossen

[1] Paul Watzlawick, Wie wirklich ist die Wirklichkeit? Wahn – Täuschung – Verstehen, München 1977.

ist, sondern dass sogar unsere Sinneswahrnehmungen selbst unzuverlässig und leicht zu täuschen sind.[2]

Am Beginn der Neuzeit entlarvten Kopernikus, Kepler und Galilei die bislang als unumstößlich und »wahr« angesehene geozentrische »Wirklichkeit« als Trugbild. Kant zeigte auf, dass Raum und Zeit lediglich Kategorien sind, die wir bei unseren Erkenntnisakten in die Natur hineinlegen. Dass es sich selbst mit diesen Kategorien »in Wirklichkeit« nicht so verhält, wie wir meinen, machte Einstein mit seinen Berechnungen zum gekrümten Raum und der Zeit als einer Funktion des Raumes deutlich.

Aus dem Bereich der modernen Naturwissenschaften kamen weitere Erschütterungen unseres Verständnisses der »normalen Wirklichkeit«: Der Biologe Jakob von Uexküll wies darauf hin, dass jedes Lebewesen nur den Ausschnitt aus seiner Umwelt wahrnimmt, den seine »Merk- und Wirkorgane« erfassen können, dass für unterschiedliche Spezies die Welt also verschieden strukturiert ist.[3] Als in den frühen Jahren des 20. Jahrhunderts Heisenberg, Planck, Bohr und andere begannen, ihre Forschungen auf die subatomare Sphäre auszudehnen, stellten sie überrascht fest, dass die vertrauten physikalischen Gesetze dort nicht mehr durchgängig in Geltung sind. Im Quantenbereich verschwimmen die Objektgrenzen, viele Phänomene sind paradox, die Kausalgesetze zum Teil außer Kraft gesetzt. Materie ist keine Zusammenballung von festen Teilchen, sondern eher ein Netzwerk von gegenseitigen Einwirkungen, sozusagen »verdickte« Energie. Je nach Versuchsanordnung offenbahrte sich die Struktur des Lichts entweder in Wellen- oder in Korpuskelform. Heisenberg schrieb – und schließt damit den Kreis zur Erkenntnis des Protagoras: »Am schärfsten aber tritt uns diese neue Situation eben in der modernen Naturwissenschaft vor Augen, in der sich [...] herausstellt, dass wir die Bausteine der Materie, die ursprünglich als die letzte objektive Realität gedacht waren, überhaupt nicht mehr ›an sich‹ betrachten können, dass sie sich irgendeiner objektiven Festlegung in Raum und Zeit entziehen und dass wir im Grunde immer nur unsere Kenntnis dieser Teilchen zum Gegenstand der Wissenschaft machen können. Das Ziel der Forschung ist also nicht mehr die Erkenntnis der Atome und ihrer Bewegung ›an sich‹, d.h. abgelöst von unserer experimentellen Fragestellung, [...] so dass die landläufigen Eintei-

---

[2] Vgl. ERNST VON GLASERSFELD, Radikaler Konstruktivismus – Ideen, Ergebnisse, Probleme, Frankfurt 1996, 59. Zitat Protagoras ebd. 60. Vgl. den Abriss der Geschichte des epistemologischen Skeptizismus ebd. 56-97.

[3] Vgl. THURE VON UEXKÜLL / WOLFGANG WESIACK, Theorie der Humanmedizin. Grundlagen ärztlichen Denkens und Handelns, München/Wien/Baltimore 1991², 63 ff. und 318ff.

lungen der Welt in Subjekt und Objekt, Innenwelt und Außenwelt, Körper und Seele nicht mehr passen wollen und zu Schwierigkeiten führen. Auch in der Naturwissenschaft ist also der Gegenstand der Forschung nicht mehr die Natur an sich, sondern die der menschlichen Fragestellung ausgesetzte Natur, und insofern begegnet der Mensch auch hier wieder sich selbst.«[4]

Und doch ist, ungeachtet dieser Einsichten, vor allem im abendländischen Kulturkreis die Vorstellung verankert, dass es »jenseits« unseres Erkennens und Erlebens eine »objektive«, »wahre« Wirklichkeit gibt, und dass es die Aufgabe der Wissenschaft ist, diese fortschreitend aufzudecken, auf den Begriff zu bringen und die in Erscheinung tretenden Entitäten zu identifizieren sowie zu katalogisieren. Auch dieser Auffassung wurde der Weg bereits in der Antike bereitet. So folgert Sokrates in Platons »Theaithetos«: »Wenn ich wahrnehme, nehme ich Etwas wahr – es ist unmöglich, wahrzunehmen, ohne dass da etwas wäre ...«.[5] Ernst von Glasersfeld, mit Heinz von Foerster der Begründer des »Radikalen Konstruktivismus«, einer in siebziger Jahren entstandenen Denkrichtung, die die traditionelle Epistemologie besonders heftig kritisiert, bemerkt dazu: »Damit ist das grundlegende Schema geschaffen, nach dem alle Wahrnehmung stattzufinden hat, und es erscheint so natürlich, so selbstverständlich, dass es beinahe unangefochten bis in unsere Tage überlebt. Hier die Welt der ›ontischen‹ Dinge, die Kant ›noumena‹ nannte, dort der Erlebende, der sie dank seiner Sinnesorgane ›wahrnimmt‹. Die Sinne werden als eine Art Nachrichtensystem betrachtet, das unterschiedliche Aspekte der ontischen Welt in das Bewusstsein des Erlebenden leitet.«[6]

So verbreitet dieses naive Wirklichkeitsverständnis auch sein mag, Glasersfeld und seine Mitstreiter bestehen – ganz in der Tradition der Skeptiker – darauf, dass es falsch ist. Tatsächlich verhalte es sich gerade umgekehrt: Wir nehmen die Welt nicht wahr, wir »konstruieren« sie. Die Gegenstände und Verhältnisse der Welt in der wir leben, sind keine objektiven Gegebenheiten, keine »Daten« (datum, das Gegebene), sondern »Fakten«, Tatsachen im Wortsinn (factum, das Geschaffene). Wahrnehmen und

---

[4] WERNER HEISENBERG, Das Naturbild der heutigen Physik, Hamburg 1955, 18.

[5] Zit. nach ERNST VON GLASERSFELD, Konstruktion der Wirklichkeit und des Begriffs der Objektivität, in: Ders. u.a. (Hg.), Einführung in den Konstruktivismus, 9-40, 12.

[6] Ebd.

erkennen sind nach konstruktivistischer Auffassung, »konstruktive und nicht abbildende Tätigkeiten«.[7] Wir sind selbst die Schöpfer unserer Welt.

Der entscheidende Unterschied des konstruktivistischen Ansatzes zur herkömmlichen Erkenntnistheorie liegt in einer veränderten Bestimmung von »Wissen«, also dem Verhältnis von Erkanntem und Wirklichkeit. Traditionell wird dieses »Verhältnis stets als eine mehr oder weniger bildhafte (ikonische) Übereinstimmung oder Korrespondenz betrachtet«, etwas ist dann »wahr«, wenn es mit einer als unabhängig konzipierten ›objektiven‹ Wirklichkeit übereinstimmt. Der radikale Konstruktivismus hingegen sieht dieses Verhältnis als »Anpassung im funktionalen Sinn«.[8] Der Begriff der »Passung« spielt für Glasersfeld eine herausragende Rolle. Entscheidend ist nicht, ob unser Wissen »stimmt«, also »richtig« ist, sondern ob es »passt«, ob es den Dienst leistet, den wir erwarten. Ein Schlüssel »passt« ins Schloss, wenn er das Schloss aufsperrt. Ob der Schlüssel, der passt, auch der »Originalschlüssel« ist, wissen wir nicht. Es kann auch ein »Nachschlüssel« sein. Entscheidend ist, dass er das Schloss aufsperrt. »Vom Gesichtspunkt des radikalen Konstruktivismus aus stehen wir alle [...] unserer Umwelt gegenüber wie ein Einbrecher dem Schloss, das er aufsperren muss, um Beute zu machen.«[9] Glasersfeld verwendet in diesem Zusammenhang auch den vom Englischen abgeleiteten Begriff der »Viabilität«, was so viel wie »Gangbarkeit« bedeutet. Man könnte sagen, wenn eine Einsicht (oder eine Methode) funktioniert bzw. einen weiterbringt, dann muss sie darum nicht »wahr« sein, aber sie ist »tragfähig«.

Offen gestanden: Es klingt schon sehr abenteuerlich, was die Skeptiker und Konstruktivisten uns da erzählen. Niemand wird doch im Ernst bestreiten können, dass es Dinge und Sachverhalte gibt, die »objektiv« vorhanden sind und feststehen. Der Stuhl, den ich sehe und anfasse, wird von jedem Anderen als derselbe Stuhl mit der gleichen Form und Farbe wie ich ihn sehe, identifiziert. Wir konstruieren die Steine doch nicht, an die wir stoßen und auch nicht die Krokodile, die nach uns schnappen. Es mag ja sein, dass die Naturgesetze im subatomaren Bereich verschwimmen, aber

---

[7] Glasersfeld, Radikaler Konstruktivismus, a.a.O., 30. Auch Watzlawick, der sich ebenfall als Konstruktivist versteht, hebt in seinem eingangs erwähnten Buch dieses aktive Verhältnis des Individuums zur Wirklichkeit in vielerlei Weise hervor. Vgl. auch Ders. (Hg.), Die erfundene Wirklichkeit. Wie wissen wir, was wir zu wissen glauben? Beiträge zum Konstruktivismus, München (Neuausgabe) 1988[5]. Vgl. auch den Aufsatzband: Paul Watzlawick / Giorgio Nardone (Hg.), Kurzzeittherapie und Wirklichkeit. Eine Einführung, München 2008.

[8] Glasersfeld, Einführung, a.a.O. 18 u. 19, Zitat 20.

[9] Ebd. 19f.

im »normalen« Leben gelten sie und lassen sich berechnen. Die Erde dreht sich intersubjektiv überprüfbar stets mit der gleichen Geschwindigkeit um die Sonne, was fallengelassen wird, fällt nach unten etc.

Klärend ist in diesem Zusammenhang eine von Watzlawick eingeführte Unterscheidung (die von Glasersfeld und anderen Konstruktivisten in dieser Deutlichkeit nicht getroffen wird). Watzlawick betont, dass es zwei Begriffe der Wirklichkeit gibt, die es auseinander zu halten gilt (wobei sie de facto häufig vermischt werden): »Der erste bezieht sich auf die rein physischen und daher weitgehend objektiv feststellbaren Eigenschaften von Dingen und damit entweder auf Fragen des so genannten gesunden Menschenverstands oder des objektiven wissenschaftlichen Vorgehens. Der zweite beruht ausschließlich auf der Zuschreibung von Sinn und Wert an diese Dinge und daher auf Kommunikation. [...] Wir wollen also jene Wirklichkeitsaspekte, die sich auf den Konsensus der Wahrnehmung und vor allem auf experimentelle, wiederholbare und daher verifizierbare Nachweise beziehen, der *Wirklichkeit erster Ordnung* zuteilen. Im Bereich dieser Wirklichkeit ist aber nichts darüber ausgesagt, was diese Tatsachen *bedeuten* oder welchen *Wert* [...] sie haben.«[10] Alles andere, das in unserer Welt vorhanden ist, unsere Beziehungen, die Bedeutungen, die wir Dingen, Lebewesen und Sachverhalten zumessen, unser Verhalten, unsere Ängste und Hoffnungen etc. gehört der »Wirklichkeit zweiter Ordnung« an. Die Regeln dieser Wirklichkeit sind »subjektiv, arbiträr und keineswegs der Ausdruck ewiger, platonischer Wahrheiten. Im Bereich dieser *Wirklichkeit zweiter Ordnung* ist es also absurd, darüber zu streiten, was ›wirklich‹ wirklich ist.«[11]

Dass nicht nur einzelne Individuen ihre Wirklichkeit selbst konstruieren, dass vielmehr auch das gesamte Gesellschaftsgefüge nichts anderes ist als ein gigantisches »Konstrukt«, haben unabhängig von den Konstruktivisten bereits in den zwanziger Jahren die Begründer der sog. »Wissensoziologie«, Karl Mannheim und Max Scheler aufgezeigt. Die Wissenssoziologie untersucht den Zusammenhang zwischen dem, was Menschen denken, bzw. »wissen« (= abrufbare Erkenntnisbestände und Fertigkeiten) und ihren Existenzbedingungen bzw. ihrer Lebensweise. Vor allem Mannheim war daran gelegen, die »Seinsverbundenheit« allen gesellschaftlichen Wissens

---

[10] WATZLAWICK, Wirklichkeit, a.a.O. 142f. Auf die oben angesprochenen Erkenntnisse Kants und anderer Naturwissenschaftler, denen zufolge es im Grunde auch in der Wirklichkeit erster Ordnung, wenn man es genau nimmt, keinen »objektiven«, »festen« Tatsachenbestand gibt, geht Watzlawick allerdings nicht ein.

[11] Ebd.

aufzuzeigen.[12] Wegbereiter dieser Spezialrichtung der Soziologie war Marx mit seiner These, dass das Sein das Bewusstsein bestimmt. Scheler und Mannheim, die sich allerdings nicht als Marxisten verstanden, erweiterten die marxsche Konzeption, indem sie neben ökonomischen Bedingungen auch psychologische, biologische, soziogeographische, religiöse und andere Faktoren als bewußtseinsprägend einführten.

Neuere Entwürfe der Wissenssoziologie, wie sie vor allem durch die Arbeiten von Peter L. Berger und Thomas Luckmann repräsentiert werden, fokussieren auf das von der klassischen Wissenssoziologie vernachlässigte »Alltagswissen«. In einer programmatischen Schrift entfalteten Berger und Luckmann ihre Thesen, deren Reiz und Relevanz bis heute ungebrochen ist.[13] Auch sie halten fest, dass die von uns vorgefundene Wirklichkeit in Wahrheit keine ontische, »objektive« Seinsgegebenheit ist, sondern ein *soziales* Phänomen, das konstruiert, aufrechterhalten und modifiziert wird durch Prozesse, in denen Menschen die Agierenden waren und sind. Eine entscheidende Rolle spielt dabei, was »jedermann« in seinem alltäglichen Leben »weiß«.[14] Dieses »Alltags- bzw. Allerweltswissen« wird nicht nur von allen Angehörigen der jeweiligen Gesellschaft geteilt, an seinem Zustandekommen und Weiterbestehen wirken auch alle Gesellschaftsmitglieder mit.[15] Auch die bereits Verstorbenen waren an diesem Konstruktionsprozess beteiligt. Allerdings ist dem einzelnen seine aktive Mitwirkung bei der Konstruktion der gesellschaftlichen Wirklichkeit nur selten bewusst. »Ich erfahre die Alltagswelt als eine Wirklichkeitsordnung. Ihre Phänomene sind vor-arrangiert, nach Mustern, die unabhängig davon zu sein scheinen, wie ich sie erfahre, und die sich gewissermaßen über meine Erfahrung von ihnen legen. Die Wirklichkeit der Alltagswelt erscheint bereits objektiviert, das heißt konstituiert durch eine Anordnung der Objekte, die schon zu Objekten deklariert worden waren, längst bevor ich auf der Bühne erschien. Die Sprache, die im alltäglichen Leben gebraucht wird, versorgt mich unaufhörlich mit den notwendigen Objektivationen

---

[12] KARL MANNHEIM, Artikel »Wissenssoziologie« in Alfred Vierkandt, Handwörterbuch der Soziologie, Stuttgart 1959, 659-680, 659. Vgl. die komprimierte Darstellung seiner Theorie ebd. Vgl. auch: Wissenssoziologie. Auswahl aus dem Werk, hg. von Kurt H. Wolff, Neuwied/Berlin 1964.

[13] PETER L. BERGER / THOMAS LUCKMANN, Die gesellschaftliche Konstruktion der Wirklichkeit. Eine Theorie der Wissenssoziologie, Frankfurt 1986, Original New York 1966.

[14] Ebd. 16.

[15] Ebd. 21f.

und setzt mir die Ordnung, in welcher diese Objektivationen Sinn haben und in der die Alltagswelt mir sinnhaft erscheint [...]«.[16] Natürlich nimmt jeder Mensch nur einen Ausschnitt aus der Totalität menschlicher Erfahrung bewusst wahr. Und auch von der Fülle des jeweils Wahrgenommenen behält das Bewusstsein nur einen Bruchteil. »Was es behält, wird als Sediment abgelagert, das heißt: die Erfahrung erstarrt zur Erinnerung und wird zu einer erkennbaren und erinnerbaren Entität. Ohne solche Sedimentablagerungen könnte das Individuum sich keinen Vers auf seinen Lebenslauf machen.« Das wichtigste dieser Zeichensysteme ist die Sprache. »Sprache wird zum Depot einer gigantischen Häufung gemeinsamer Sedimente. ... Sie vergegenständlicht gemeinsame Erfahrung und macht sie allen zugänglich, die einer Sprachgemeinschaft angehören. Sie wird so zugleich Fundament und Instrument eines kollektiven Wissensbestandes.«[17]

Wie aber geschieht nun diese gesellschaftliche Konstruktion der Wirklichkeit? Menschen haben im Gegensatz zu Tieren kein biologisches Instrumentarium für die Stabilisierung ihrer Lebensweise (Instinkte). Das heißt, sie müssen diese Stabiliserung selbst leisten und hervorbringen. Dies geschieht im Zuge verschiedener interaktiver Prozesse. 1) Durch *Habitualisierung*: Unter Menschen haben Handlungen, die häufig wiederholt werden, eine Tendenz sich durch Gewöhnung zu »Modellen« zu verfestigen, die unter Einsparung von Kraft reproduziert werden können. 2) Durch *Institutionalisierung*: Die Habitualisierungsprozesse sind wiederum Vorläufer der Institutionalisierung von Verhaltenssequenzen. Im Laufe der Zeit werden bestimmte dieser habitualisierten Handlungen Allgemeingut und erlangen allgemeine Verbindlichkeit, d.h. sie wandeln sie sich zu *Institutionen*. Sie sind nun für alle Mitglieder der jeweiligen Gemeinschaft erreichbar (dies macht man bei uns Buschmännern, Norwegern etc. so). »Institutionalisierung findet statt, sobald habitualisierte Handlungen durch Typen von Handelnden reziprok typisiert werden. ... Die Institution ihrerseits macht aus individuellen Akteuren und individuellen Akten Typen. Institution postuliert, dass Handlungen des Typus X von Handelnden des Typus X ausgeführt werden. Die Institution ›Gesetz‹ kann zum Beispiel postulieren, dass das Köpfen nur auf bestimmte Weise und unter bestimmten Umständen vorgenommen werden darf, und ferner, dass nur bestimmte Typen köpfen dürfen – Henker, ... Leute, die ein Orakel dazu ausersehen

[16] Ebd. 24.

[17] Ebd. 73 f. u. 72 f.

hat und so weiter.«[18] Freilich muss immer bedacht werden: die institutionale Welt hat keinen ontischen Status. Sie ist nicht mehr und nicht weniger als »... vergegenständlichte menschliche Tätigkeit«.[19] Im Zuge der Weitervererbung einer institutionalen Ordnung verfestigt sich diese immer mehr, ihre Wirklichkeitsdichte nimmt zu (je mehr Generationen sagen: »das war schon immer bei uns so«, desto schwerer wiegt es). Der Prozess der Aneignung der elterlichen Welt, die »Sozialisation«, ist dabei von elementarer Bedeutung. Wem sie misslingt, der wird ›asozial‹, fällt aus dem bergenden Raum der Gemeinschaft heraus.[20] 3) Durch *Legitimierung*: Im Zuge der Weitergabe der institutionalen Ordnung an die Nachkommen bedarf es nun aber auch ihrer Legitimation: Kinder wollen erklärt bekommen oder sollen verstehen »warum man das schon immer so bei uns macht«. Das umfassendste Legitimationssystem ist wiederum die Sprache. Die Legitimierung vollzieht sich aber auch über Märchen, Sagen, Erzählungen, Sprichwörter bis hin zu elaborierten philosophischen, psychologischen, ideologischen oder auch naturwissenschaftlichen Legitimations-theorien (Kritik der reinen Vernunft, Menschenbild der Psychoanalyse etc.). Die kompakteste Form der Legitimation wird durch den Aufbau einer »symbolischen Sinnwelt« geleistet. Symbolische Sinnwelten sind »... synoptische Traditionsgesamtheiten, die verschiedene Sinnprovinzen integrieren und die institutionale Ordnung als symbolische Totalität überhöhen«.[21] Also: mythische und religiöse Systeme oder Weltanschauungen und Ideologien. Ein Beispiel in diesem Zusammenhang wäre die nationalsozialistische Rassenideologie. Solche Denkgebäude integrieren das Gesamte der Erfahrung zu einer Totalität, zu einer Welt (vgl. die »Welt des Mittelalters«, die »islamische Welt« oder eben auch die »Welt der deutschen Herrenrasse«). Um den Bestand dieser Sinnwelten zu garantieren, entwickeln sich diverse theoretische Stützkonzeptionen, die von eigens dafür vorgesehenen Berufsgruppen gepflegt und geschützt werden, z.B. von Priestern und/oder Psychiatern oder auch durch die Gestapo. »Ein Hauptanlass zur Entstehung von Stützkonzeptionen für Sinnwelten ergibt sich, wenn eine Gesellschaft auf eine andere stößt, die eine ganz andere Geschichte hat. ... Das Auftauchen einer alternativen symbolischen Sinnwelt ist eine Gefahr, weil ihr bloßes Vorhandensein empirisch demonstriert, dass die eigene Sinn-

---

[18] Ebd. 58.

[19] Ebd 65.

[20] Zum Prozeß der Sozialisation vgl. ebd. 139ff.

[21] Ebd. 102.

welt nicht wirklich zwingend ist.«[22] Grundsätzlich wird der Bestand der Sinnwelt durch den Erziehungsapparat gewährleistet. Falls das nicht ausreicht, tritt der Justizapparat mit all seinen Sanktionsmöglichkeiten in Aktion (Polizei, Strafvollzug, Folter, Psychiatrisierung). Eine besondere Machtfülle zur Erhaltung der Ordnung und zu ihrer Verteidigung gegenüber Feinden wird der Politikerkaste übertragen (Diplomatie, Sanktionen, Kriegführung, Atombombe). Besonders gängige Verfahren zur Welterhaltung sind die Abwehr des Fremden, seine Negierung oder seine Therapie.

Eine Wirklichkeit hat nur so lange Bestand, wie ihre »Plausibilitätsstruktur« gewahrt bleibt. Warum akzeptieren Menschen ihre gesellschaftliche Wirklichkeit? Eben weil sie ihnen plausibel erscheint. Wie aber wird erreicht, dass es einleuchtet, dass die Dinge so sind, wie sie sind? Die Plausibilität der Welt resultiert vor allem aus der Beobachtung, dass *alle* so denken und empfinden. Dies wird durch die erwähnten Stütz- und Erklärungskonzeptionen erreicht. Das elementare Medium über das diese Übereinstimmung erreicht und laufend vergegenwärtigt wird, ist die regelmäßige Kommunikation der Mitglieder einer Gesellschaft untereinander.[23]

Nach diesem kleinen Spaziergang durch erkenntnistheoretische und sozialpsychologische Gefilde ist es nun an der Zeit, einige der (praktisch-)theologischen Implikationen des Beschriebenen in den Blick zu nehmen. Zunächst einmal: Diese Gedanken haben – bei aller Fremdheit – etwas Befreiendes. Wenn die jeweilige Lebenswirklichkeit keine ontische Qualität besitzt, sondern lediglich ein durch Menschen hervorgebrachtes »Konstrukt« darstellt, dann hat sie keinen statischen Charakter. Diese Einsicht kann diejenigen stärken, die die Welt zum Besseren verändern wollen. Die »*totalitäre Herrschaft des Schlechten*«[24], also die weltweite Verbreitung von Unterdrückung, Ausbeutung und Gewalt, der wir uns gegenwärtig immer noch ausgesetzt sehen, ist kein Schicksal, sondern »Machsal«, gemacht von denen, die davon profitieren. Befreiungstheologen, Friedenstifterinnen und Umweltaktivisten sind keine Phantasten und Traumtänzerinnen, wenn sie auch oft als solche diffamiert werden. Sie sind Realisten, die ihre Kraft für den Aufbau einer neuen und gerechteren Wirklichkeit einsetzen. Die Lebenswirklichkeit, die ein Assad, ein Nasarbajew oder ein Kim Jong Un

---

[22] Ebd. 115f.

[23] Vgl. ebd. 163.

[24] Vgl. Max Horkheimer, Traditionelle und kritische Theorie, Nachtrag, in: Ders. Gesammelte Schriften, hg. von Alfred Schmidt, Bd. 4, Frankfurt 1988, 225.

ihren Völkern geschaffen haben, ist keine göttliche Ordnung. Könige und Fürsten, die herrschende Klasse, die Partei, aber auch multinationale Konzerne und Medienmonopole können entmachtet werden. Die Revolutionen vergangener und gegenwärtiger Zeiten geben genügend Beispiele dafür, wenngleich sowohl die französische Revolution als auch der »arabische Frühling« zunächst andere Folgen als die gewünschten gezeitigt haben. Es lohnt, sich einzusetzen für Gerechtigkeit, Frieden und Bewahrung der Schöpfung, weil sie sich schrittweise verwirklichen lassen.[25]

Auch im individuellen Bereich können die beschriebenen Erkenntnisse nachhaltige Veränderungen bewirken. Die kleine Welt, in der ich lebe, ist nicht die einzig mögliche. Ihre Gegebenheiten und Gesetze, ihre vielleicht neurotischen, zwanghaften Strukturen sind nicht für immer fest geschrieben. Sie können aus den Angeln gehoben und neu geordnet werden. Auch durch mich selbst, denn ich bin nicht nur Opfer, sondern ebenso Gestalter dieser meiner Lebenswirklichkeit. Das Familiensystem, in dem ich verankert bin, ist nicht mein Schicksal, sondern ein Arrangement, das sich verändern lässt. Die moderne Kommunikationsforschung, vor allem aber die in den letzten zwanzig Jahren zunehmend bedeutsamer gewordene systemische Therapie haben in beeindruckender Weise gezeigt, wie mit geringen Interventionen bereits verblüffende Änderungen in der Psyche eines Individuums und innerhalb seiner Bezugsgruppe hervorgerufen werden können.[26] Was für den individuellen Bereich gilt, gilt natürlich auch für Gruppen, die sich in eine beengende oder von Vorurteilen geprägte Welt- und Wirklichkeitssicht eingesponnen haben (Sekten, Geheimbünde, manche Ordensgemeinschaften, politische und wirtschaftliche Zirkel etc.). Die »Wirklichkeit«, in der sie leben, ist – wenn auch oft nur gegen heftige Widerstände – veränderbar.

Wenn sich die Erkenntnis durchsetzt, dass die (jeweilige) Wirklichkeit nur ein Konstrukt darstellt, könnte das auch die Idee der Toleranz stärken. Die Geltungsansprüche der einzelnen Sozialsysteme, Kulturen und Religionsgemeinschaften relativieren sich. Absolutheitsansprüchen wird der Boden entzogen. Zwar wird es so schnell nicht zu vermeiden sein, dass

---

[25] Zur »konziliaren Bewegung für Gerechtigkeit, Frieden und Bewahrung der Schöpfung« und ihrer theologischen Bedeutung vgl. ANDREAS VON HEYL, Praktische Theologie und Kritische Theorie. Impulse für eine praktisch-theologische Theoriebildung, Stuttgart 1994, 52-63.

[26] Vgl. exemplarisch: STEVE DE SHAZER / YVONNE DOLAN, Mehr als ein Wunder. Lösungsfokussierte Kurztherapie heute, Heidelberg 2008; MANFRED PRIOR, MiniMax-Interventionen. 15 minimale Interventionen mit maximaler Wirkung, Heidelberg 2009[8].

einzelne Personen oder Gruppierungen anderen ihre Wirklichkeit aufzuzwingen versuchen, aber deren Legitimation wird brüchig. Die mit Gewalt durchgesetzte Wirklichkeit ist erst recht nicht die »wahre« Wirklichkeit. Bis zu einem gewissen Grad kommt diese Toleranz bereits im Pluralismus der Lebensformen und -anschauungen in den westlichen postmodernen Gesellschaften zum Tragen.

Die Einsicht in die Pluralität der Wirklichkeiten könnte auch in der Seelsorge noch einmal das Bewusstsein und Bestreben stärken, dass der andere in seiner je eigenen Wirklichkeit wahr- und anzunehmen ist. Carl Rogers sprach hier vom »frame of reference«, dem Bezugrahmen des Gegenübers, den es erst einmal wahrzunehmen und zu verstehen gilt, wenn man hilfreich mit ihm kommunizieren will. Gerade in der Seelsorge haben wir es oft mit Menschen zu tun, die sich als Ausgelieferte verstehen. Sie in einer Weise zu begleiten, dass sie wieder zu Subjekten ihres Lebenswirklichkeit werden, ist eine vordringliche seelsorgliche Aufgabe. So ließe sich z.B. der Blick einer schwer krebskranken und auf ihr Leid fixierten Patientin behutsam auf die Dinge lenken, die weiterhin möglich sind, auf die Menschen, die sie liebevoll umgeben – und letztlich auch auf Gott, den Herrn über Leben und Tod. So könnte vielleicht das Vertrauen in ihr wachsen, dass ihr Leiden und Sterben nicht die »letzte«, sondern nur die vorletzte Wirklichkeit für sie darstellt. Auch ließe sich evtl. gerade dadurch auch ihr Selbstbewußtsein gegenüber dem Pflegepersonal, der Ärzteschaft und gegenüber ihren Angehörigen stärken.

Im Religionsunterricht könnte man die Schüler/innen für das Phänomen der Wirklichkeitskonstruktion sensibilisieren, mit ihnen darüber nachdenken, welche Elemente zu einer wünschenswerten Wirklichkeit gehören und sie ermutigen, sich eine Wirklichkeit zu schaffen, die zu ihnen passt. Auch könnte man sie motivieren, sich für eine gesellschaftliche Wirklichkeit einzusetzen, in der Gerechtigkeit, Frieden und Bewahrung der Schöpfung verwirklicht werden.

In der Diakonie könnten sich, folgte man den skizzierten Einsichten, die Aktivitäten stärker von einem symptombezogenen zu einem ursachenbezogenen Engagement verändern. Bei der Bekämpfung der Armut kämen z.B. neben einer Abmilderung der Folgen durch Essenstafeln, Kleiderkammern, Bahnhofsmissionen etc. noch viel stärker die Gründe für die Armut in den Blick. Welche Gruppierungen sind für eine Wirklichkeit verantwortlich, in der die Zahl der Hartz IV-Empfänger stetig steigt? Was haben sie davon? Wie lässt sich ihr Einfluss verändern? Die Diakonie würde so ein wesentlich stärkeres politisches Profil bekomen.

Die Liste der Beispiele ließe sich fortsetzen. Dafür fehlt hier der Raum. Etwas anderes soll noch angesprochen werden: Nach wie vor sind die Gläubigen aller Religionen – entgegen den oben angesprochenen Argumenten – überzeugt, dass es jenseits der Erscheinungen und Gegebenheiten dieser Welt eine weitere, tatsächlich »wahre« Wirklichkeit gibt: Die Wirklichkeit des Göttlichen, aus der der Kosmos hervorgegangen ist. Diese Wirklichkeit ist nach religiöser Auffassung die eigentliche Heimat des Menschen, Ursprung und Zielpunkt seines Lebens. Sie ist »transzendent«, leuchtet aber ab und an schon einmal auf. Paulus spricht vom »Vollkommenen«, das wir manchmal wie ein »dunkles Bild durch einen Spiegel« wahrnehmen (1Kor 13,10.12). In der jüdisch-christlichen Tradition sind die entscheidenden Kräfte, die diese Wirklichkeit kennzeichnen und durchwalten: der göttliche Frieden (Schalom), die göttliche Ruhe, die Gott seinem Volk am Ende schenkt (Menucha[27]), Glaube, Hoffnung und Liebe. Sie werden für den zu Ressourcen, der sein Leben auf Gott bzw. auf Christus hin orientiert. Je mehr sich der Mensch seiner Heimat bewusst wird, je »heimatverbundener« er sozusagen ist, desto gelassener und zuversichtlicher kann er leben, egal in welcher räumlichen und zeitlichen irdischen Wirklichkeit er sich gerade befindet. Und desto mehr werden ihm Glaube, Liebe und Hoffnung zu Kräften werden, mit denen er die Welt zum besseren verändern kann – seine eigene und die der anderen. Die biblische Verheißung gipfelt in der Aussage, dass diese letzte, göttliche Wirklichkeit am Ende den ganzen Erdball umfassen wird.

Bis das geschieht, wird es unter den theologischen Disziplinen vor allem die Aufgabe der Praktischen Theologie sein, Menschen, die sich auf den pastoralen Dienst vorbereiten zuzurüsten, dass sie später in der Lage sind, einerseits Gelegenheiten und Situationen den Weg zu bereiten, bei denen diese letzte Wirklichkeit – wie bruchstückhaft auch immer – modellhaft aufscheinen und gelebt werden kann. Und andererseits Menschen zu verlocken und zu befähigen, die »herrliche Freiheit der Kinder Gottes« (Rö 8,21) in ihrem Leben und in ihren Sozialbeziehungen immer öfter und immer nachhaltiger Wirklichkeit werden zu lassen. Hierzu bieten sich vielfältige Möglichkeiten in den einzelnen Handlungsfeldern, in Seelsorge, Diakonie und Aszetik, im kirchlichen Unterricht, in der Gestaltung des gottesdienstlichen Feierns sowie in Gemeindeleitung und -aufbau.

Klaus Raschzok, der Jubilar, stellt seit über dreißig Jahren, dokumentiert durch eine wahrhaft beeindruckende Fülle von Veröffentlichungen, Vorträgen, Lehrveranstaltungen und betreuten wissenschaftlichen Arbeiten, seine Kräfte für diese Aufgabe zur Verfügung. Dafür sei ihm herzlich gedankt.

---

[27] Vgl. Jos 21,43-45; Dtn 25,19; Mt 11,28; Hebr. 4.

Christel Keller-Wentorf

»Das Leben bleibt nur durch das Sterben wach«

Entfaltung einer religionswissenschaftlichen These Carl Heinz Ratschows mit theologischen Impulsen für eine evangelische Aszetik

Vorbemerkung:

Die folgende Skizze versucht religionswissenschaftliches und theologisches Denken Carl Heinz Ratschows für die evangelische Aszetik fruchtbar zu machen. Dabei handelt es sich um einen ersten Versuch, der natürlich der Fortsetzung bedarf.

Den durch diese Festschrift Geehrten sei diese kleine Studie in Dankbarkeit und Verehrung gewidmet, in der Hoffnung, dass wir in gemeinsamer Forschungsarbeit in unserem Institut für ev. Aszetik an der Augustana Hochschule die hier vorgelegten Impulse für den Ausbau der akademischen Disziplin einer evangelischen Aszetik nutzen können.

I. Einleitung

1. Einsicht der Religionen und moderne Lebenssicht

Allen Religionen ist die tiefe Einsicht in das Leben eigen, die der Religionswissenschaftler und systematische Theologe Carl Heinz Ratschow in dem Satz fasst: »Das Leben bleibt nur durch das Sterben wach«[1]. Das »ei-

[1] Carl Heinz Ratschow, Von der Religion in der Gegenwart. Kirche zwischen Hoffen und Planen, Kassel 1972, 14, u.ö.

gentliche Wissen der Religion in den Religionen«[2] drückt sich in diesem Satz aus und dieser zeigt damit den »innersten Kern«[3] der Religionen an.

Mit unserer heutigen Lebenswahrnehmung und -einstellung lässt sich diese Lebenssicht kaum in Einklang bringen. Denn nicht Sterben wird als Weg zum Leben angesehen, sondern es gilt gerade unser Leben vor dem Sterben zu bewahren. Lebensoptimierung ist das Ziel, und zwar nicht durch Sterben, sondern durch die Entfaltung vorhandener Lebensmöglichkeiten, durch Befriedigung der Bedürfnisse und Verwirklichung eigener Wünsche, durch Streben nach Wohlergehen im privaten und gesellschaftlichen Bereich.

Mit dieser Ausrichtung auf ein gutes, glückliches Leben stellt sich die wesentliche Aufgabe, Hindernisse und Blockaden, die sich einer solchen Lebensverwirklichung entgegenstellen, zu beseitigen oder zu überwinden. So verhindern im kleinen persönlichen Lebenskreis z.B. schmerzlich erfahrene Grenzen, soziale, seelisch und körperliche Defizite, Fehlverhalten, Schuld, Not und Krankheit die Entfaltung eines freien, glücklichen Lebens, während im größeren Zusammenhang unser Leben z.B. Klima- und Umweltkatastrophen, falsch gelenkte Wirtschaftssysteme, Krieg und Terror fortgesetzt bedrohen. Die Ursachen solcher Lebensbehinderung und Weltbedrohung zeigen sich uns deutlich. Zum einen liegen sie im Verhalten und im Handeln des einzelnen Menschen, zum anderen aber außerhalb der Verantwortung des einzelnen Menschen z.B. in großen unpersönlichen Systemen oder in autonomen Naturprozessen.

Will der Mensch ein gutes, heiles Leben in einer umfassend guten, lebensfrohen Welt führen, dann bedarf es, so liegt es auf der Hand, der Veränderung menschlichen Verhaltens und Weltgeschehens. Ein großer Teil der Menschheit ist nun davon überzeugt, dass der Mensch durch fortschreitendes naturwissenschaftlich-technisches Knowhow , durch Einsicht, durch psychologisches, pädagogisches oder soziales Training, durch weitgehende Bedürfnisbefriedigung und vielleicht auch durch Bewusstseinserweiterung fähig ist, im Laufe der Zeit jegliche Not und Lebensbedrohung bewältigen und überwinden zu können, d.h. die notwendige Veränderungen von Mensch und Welt zu einer besseren Welt selbst herbeiführen zu können. Tatkräftig wird an dieser Aufgabe gearbeitet.

Ein solches lebensförderndes Tun an Mensch und Welt ist zunächst nicht verwerflich. Allerdings warnen die Religionen die Menschheit vor dem Trugschluss, dass sie befähigt ist, Mensch und Welt selbst, aus eige-

---

[2] Ebd.

[3] Ebd.

ner Kraft zu sanieren. Denn der Mensch, allein auf sich gestellt und mit seinem Selbst befasst, weiß nicht, was es um das Leben in seinen Tiefen ist. Die Religionen ermöglichen uns einen tieferen Blick in die wahren Lebenszusammenhänge. Sie zeigen, dass nicht Lebenssteigerung und Sterbensverhinderung zum heilen, guten Leben führen, sondern, wie schon zitiert, nur durch Sterben dem Menschen das wahre, gute Leben zuteil wird. Jeder andere Weg führt Mensch und Welt letztlich in den Tod, weil er in Unkenntnis und Blindheit des wahren Lebens dieses verfehlen muss.

Im Folgenden will ich diese Einsicht der Religionen, dass das Leben nur durch Sterben zu gewinnen ist, in Aufnahme der Überlegungen von Carl Heinz Ratschow entfalten, um daraus Impulse für die Aufgabe einer evangelischen Aszetik zu gewinnen.

2. Das Christentum und die Religionen

Wenn Ratschow von Religionen spricht, dann bezieht er das Christentum mit ein. Damit widerspricht er den Konzeptionen Karl Barths, Friedrich Gogartens und in ihrem Gefolge Dietrich Bonhoeffers, die Christentum und Religionen in einen Gegensatz setzen und so die Bestimmung des Christentums als Religion grundsätzlich ablehnen[4]. Denn, so Ratschow, die »Strukturen, in denen die Religionen sich als Religion verstehen und in denen sie geschehen, umfassen das Christentum vollinhaltlich mit«[5]. Das zentrale Geschehen von Religion bildet das Eintreten der Gottheit oder ihrer Äquivalente in den Lebens- und Weltzusammenhang als die heilvolle Präsenz des Gottes. D.h. die Epiphanie setzt die Religion in Gang. Insofern in diesem Vorgang die Gottheit sich dem Menschen »eindrücklich« macht[6], entspricht der Mensch, der sich der impressio dei nicht entziehen kann, in Lebensvollzug und Handeln diesem Hervortreten Gottes. Sowohl die Religionen als auch das Christentum prägt diese Grundstruktur von Epiphanie und menschlichem Reflex.

Diese Gemeinsamkeit der Grundstruktur der Religionen und des Christentums schließt nicht aus, dass zwischen dem Christentum und den Religionen wie auch zwischen den einzelnen Religionen grundlegende Unterschiede bestehen. Denn das Eintreten einer Gottheit in einen Lebens- und Weltzusammenhang ist stets konkret, d.h. geschieht in einer bestimm-

---

[4] Ebd., 33-39.

[5] Ebd., 38.

[6] u.a. CARL HEINZ RATSCHOW, Die Religionen und das Christentum, in: NZSyTh 9,1967, 107.

ten raumzeitlichen Situation und gilt bestimmtem Menschengruppen oder einzelnen Menschen, denen sich die Gottheit in Wort und Tat präsent macht. Dieses Eintreten eines Gottes in dieser Konkretion macht die Gottheit erst zu dem bestimmten Gott, der er ist. Dieses Materiale Gottes bleibt das Eigenste jeder einzelnen Religion[7]. »Zu dem Materialen gehört das Finale. Wohin der in eine bestimmte Situation eintretende Gott das betroffene Volk oder den Einzelnen aus dieser Situation entlässt, anweist, sendet oder bestimmt, das ist ebenfalls absolut vielfältig, unvergleichbar und verschieden«[8]. So sind die Religionen und das Christentum in formaler Hinsicht, in dem »Dass« des Hervortretens der Gottheit als das Letztbedingende analogisierbar, in materialer und finaler Hinsicht aber, in der inhaltlichen Eigenart der einzelnen Götter und ihres jeweiligen Telos völlig unterschieden[9].

Die heute des Öfteren zu hörende Rede, dass letztlich alle Götter gleich seien, weist sich von dieser Wahrnehmung der Religionen ab. Ja, dieses um so mehr, als Ratschow im Aufrechterhalten der formalen Konvergenz der Religionen, die tiefere Begründung ihrer Divergenz in der Tatsache gegeben sieht, dass Götter sich stets dem Menschen präsent machen und nicht der Mensch sich seine Götter macht. Das aber bedeutet, dass eine Gottheit den Menschen uneinsichtig bleibt, denen diese Gottheit ihr gottheitliches Wesen nicht »eindrücklich« macht. »In dieser Unzugänglichkeit der Götter, an die man glauben, die man aber nicht einsehen kann, liegt die letzte Unvergleichbarkeit der Religionen begründet«[10].

Da das Christentum in dem skizzierten Zusammenhang mit den Religionen steht, ist es geboten, in die theologische Überlegung religionswissenschaftliches Material miteinzubeziehen. Denn zum einen profiliert und spezifiziert sich der christliche Gegenstand im Vergleich mit analogen Vorstellungen außerchristlicher Religionen. Zum anderen mischen sich in unserer Zeit der Religionsvielfalt die Inhalte der Religionen für viele Menschen. Theologisches Arbeiten, das außerchristliche Religionen in den

---

[7] Vgl. Carl Heinz Ratschow, Die eine christliche Taufe, [2]1979, 113.

[8] Ebd.

[9] Konvergenz und Divergenz der Religionen erläutert Ratschow hilfreich in dem aristotelischen Denkmodell der vier Causae, cf. Die eine christliche Taufe, 113.

[10] Die Religionen und das Christentum, 116.

Blick nimmt, schützt uns vor synkretistischen Tendenzen, wie sie heute in unserer Gesellschaft zu erkennen sind[11]

Entsprechend dieser Überlegungen wollen wir die These Ratschows, dass das Leben nur durch Sterben wach bleibt, in ihrer Wahrnehmung in den Religionen beschreiben, und im Anschluss diesen Sachverhalt im christlichen Kontext betrachten. Mit der Nennung von Konsequenzen, die wir für die Aufgabe einer ev. Aszetik aus dem Dargelegten meinen ziehen zu müssen, wollen wir unsere Skizze beenden.

II. Darstellung der zentralen Erkenntnis der Religionen: »Das Leben bleibt nur durch das Sterben wach«

1. Die Epiphanie

Alle Religionen beginnen mit dem Eintreten eines Gottes in den Welt- und Lebenszusammenhang einer Gruppe von Menschen, wie z.B. eines Stammes, eines Volkes, oder eines einzelnen Menschen. Dieser Eintritt erfolgt nicht unbestimmt, allgemein, sondern geschieht an einem bestimmten Ort zu einer bestimmten Zeit. Der Gott kommt auf den Menschen zu und macht sich diesem »eindrücklich«. Auf diese Präsenz des Gottes kommt es in der Religion an! Dem Menschen leuchtet in dieser impressio dei der Sinngrund von Welt und Leben auf, das ewige Ziel allen Daseins wird erkennbar[12]. Für den Menschen heißt der Eintritt der Gottheit, die ihr Gottsein in dem Bringen von Sein und Lebensmöglichkeit erweist, Eröffnung von Leben, ja, noch umfassender, die Grundvoraussetzung von Leben überhaupt wird ihm sichtbar. Das Gottsein des Gottes konkretisiert sich dem Menschen in des Gottes machtvollem Erscheinen, in dem ihm Geborgenheit, Rettung aus Verlorenheit, Befreiung von Verstrickungen und Hilfe in Daseinsnot zuteil werden. Präsenz Gottes heißt für den Menschen in dem Kreis von »Leben, Heil, Gesundheit« zu stehen, wie Ratschow es häufig zusammenfassend mit der altägyptischen Formel ausdrückt[13].

---

[11] Vgl. u.a. ebd., 97-99. Siehe auch zum weiteren Umkreis dieser Überlegungen: Carl Heinz Ratschow, Jesus Christus. Handbuch Systematischer Theologie Bd. 5, 1982, 222-230.

[12] Vgl. Ratschow, Die Religionen und das Christentum, 108.

[13] Vgl. Carl Heinz Ratschow, Vom Verständnis des Menschen in den Religionen und im Christentum, in: Ders.: Von der Gestaltwerdung des Menschen. Beiträge zu

Der Gottheit erstes Hervortreten, in dem zugleich »Wille und Eigenart«[14] dieser Gottheit erkennbar werden, wird dem Menschen zum heilvollen Einmal. Dieses Ereignis, das durch Zeit und Ort fixiert ist, bildet den festen Bezugspunkt, auf den die Anhänger dieses Gottes sich stets als Grund ihrer Lebensmöglichkeit verwiesen wissen. Mit diesem Fixpunkt der Epiphanie bleibt die Gottheit ihren Anhängern auffindbar und darüber hinaus ansprechbar, ein Wesen, zu dem man beten kann, im Unterschied zu Dämonen, die zeit- und ortlos wie namenlos sind.

So gilt es, im Kontakt mit diesem heilvollen Einmal zu bleiben. In den Religionen geschieht dieses durch kultische Wiederholung und Erneuerung der Epiphanie. Juden und Christen bleibt dieser Weg versperrt. Denn sie können die heilvollen Ereignisse wie Exodus oder »die Ereignisse um Jesus von Nazareth«[15], wie sie u.a. mit dem letzten Abendmahl Jesu geschehen, nicht kultisch wiederholen, da diese Ereignisse historische Geschehen sind, d.h. sie »hängen gleichsam fest an der Zeit- und Raumstelle, an der sie geschahen«[16]. Judentum und Christentum sind »angewiesen auf den Modus des ›Gedächtnisses‹ (das zikkaron)«[17]. Im Erinnern des Ereignisses aber ist das heilvolle Geschehen gegenwärtig und der Mensch Gott darin verbunden. – Auf den Gott und seine Präsenz kommt es in beiden unterschiedlichen Weisen des Bezugs auf das heilvolle Einmal der Epiphanie an.

Das Hervortreten der Gottheit wird dem Menschen zum Bezugspunkt, unter dem sich ihm Leben und Welt zu einem sinnvollen Gefüge ordnen. Denn zu dem Gott gehört die »Konstellation« des Lebens[18]. An seiner Eindrücklichkeit baut sich eine ganze Welt als seine, d.h. die von ihm ermöglichte und bestimmte Welt auf[19]. Mit seinem Hervortreten schafft er eine »Konstellation« von bestimmten Verhalten, bestimmter Ordnung, bestimm-

---

Anthropologie und Ethik. Hrsg. von Christel Keller-Wentorf und Martin Repp, Berlin 1987, 138.

[14] RATSCHOW, Die Religionen und das Christentum, 107.

[15] CARL HEINZ RATSCHOW, Von den Wandlungen Gottes, in: Ders., Von den Wandlungen Gottes. Beiträge zur Systematischen Theologie. Hrsg. von Christel Keller-Wentorf und Martin Repp, 1986, 125.

[16] Ebd.

[17] Ebd.

[18] Vgl. CARL HEINZ RATSCHOW, Was ist Religion? In: Absolutheit des Christentums? Hrsg. im Auftrag der Pfarrer-Gebets-Bruderschaft von Helmut Burkhardt , 1974, 25.

[19] Vgl. RATSCHOW, Die Religionen und das Christentum, 108.

ten sozialen Gefüges[20]. In ihr tritt der Mensch in Konstellation mit anderen Menschen, den Tieren, Bäumen, Bergen, etc.[21]. - Die Epiphanie gibt dem Menschen die Mitte von Zeit und Raum. Damit aber ist »das ›Ich‹ aus seinem Mittelpunkt gebracht«[22].

Allerdings geht der Gott in seiner Epiphanie nicht auf. »Die Götter sind stets viel weiter oder größer als menschliche, eindeutige und sachbeziehbare Kennzeichnungen es zu lassen«[23]. So gewiss sich die Götter als »schöpferische Kraft oder Sinn und Möglichkeit des Lebens« kundtun und darin ihr Gottsein erweisen, so gewiss gehört ebenso zu ihrem Gottsein, dass sie diese Kennzeichnung transzendieren und als Negation von Leben und Welt eindrücklich werden. Als ein Beispiel nennt Ratschow die Gestalt des Zeus, zu der die helle olympischen Vatertums und die düstere Tiefe chthonischen Waltens gehören. Auch in der Epiphanie bleibt die Gottheit unfassbar doppeldeutig[24]. Ja, in der Unüberschaubarkeit seines Wesens spielt das Bild des Gottes immer auch hinüber ins Dämonische. Die religiöse Menschheit weiß vom listigen Trug der Götter zu sagen[25].

Gleichwohl bedeutet das Erscheinen der Gottheit für den Menschen Eröffnung von Lebensmöglichkeit und Lebenssinn. Allein in der Verbundenheit mit dem Gott, dem Schöpfer und Spender des Lebens, wird dem Menschen wahres Leben zuteil, steht er im Bereich von »Leben, Heil, Gesundheit«.

2. Die Selbsterkenntnis des Menschen

Obwohl das Hervortreten der Gottheit dem Menschen wahres Leben, Heil, Gesundheit eröffnet, ergreift den Menschen dennoch zunächst und vor allem angesichts der Epiphanie des Gottes ein tiefer Schrecken wie diesen der Prophet Jesaja in seinem Ruf »Weh mir ich vergehe« zum Ausdruck

---

[20] Vgl. ebd.

[21] Vgl. RATSCHOW, Vom Verständnis des Menschen in den Religionen und im Christentum, 138.

[22] Ebd., 141.

[23] RATSCHOW, Die Religionen und das Christentum, 108.

[24] Vgl. CARL HEINZ RATSCHOW, Heilbringer und sterbender Gott. In: Antike und Universalgeschichte. FS für Hans Erich Stier. Zum 70. Geb., hrsg. von Ruth Stiel u.a. Münster 1972, 407.

[25] Vgl. ebd., 410. In diesen Zusammenhang gehört auch die kurze Szene, die Exodus 4, 24 beschreibt.

brachte[26]. Denn im göttlichen Licht erkennt der Mensch, wer er ist. Er nimmt wahr, dass er weder heilig noch rein noch ewig ist, dass er nicht Gott, sondern Mensch ist. Er wird der Trennung von seinem Lebensgrund, Gott, inne und darin das ihn und seine Welt bedrohende Chaos. Die Epiphanie entdeckt dem Menschen sein und seiner Welt wahre Situation, die vornehmlich von Leiden an sich selbst und der Welt, von innerer Zerrissenheit des Menschen und von seinem Scheitern, entgegen guter Absicht, z.B. in der eigenen Lebensgestaltung wie im Handeln in und an der Welt, bestimmt ist. Doch die Einsicht der Religionen in das Leben von Mensch und Welt reicht noch tiefer: Für die Gefährdung von Leben und Welt des Menschen sind weder äußere Einflüsse wie z.B. Umwelt, Gesellschaftssysteme oder Erziehungsmodelle, verantwortlich, sondern die Wurzel dieser Bedrohung liegt im Wesen des Menschen selbst[27].

Erzählungen der Mythen verschiedener Kulturen lassen dieses anschaulich werden. Sie richten den Blick über die biologische Bestimmung des Menschen (wie z.B. seine Abstammung) und über das äußere Erscheinungsbild hinaus in das »Geheimnis seines Ursprungs«[28], der als Ursprung stets im Dasein des Menschen anwesend bleibt[29].

So erzählt der Mythos von Dionysos Zagreus, das Zeus durch einen Blitzschlag die Titanen verbrannte, nachdem diese auf Anweisung von Hera den kleinen Dionysos ermordeten und verschlangen. Zeus nun bildete aus der Asche der Titanen den Menschen[30]. D.h. vom Ursprung her vereinen sich Göttliches, Dionysisches und Titanisches im Menschen. Der Mensch ist kein einheitliches Wesen, sondern Göttliches und Titanisches widerstreiten in ihm.

---

[26] Vgl. RATSCHOW, Heilbringer und sterbende Gottheit, S. 406; Siehe RATSCHOW, Von der Religion in der Gegenwart, 12.

[27] Vergleiche zum gesamten Zusammenhang: RATSCHOW, Heilbringer und sterbender Gott, 407-409; RATSCHOW, Vom Verständnis des Menschen in den Religionen und im Christentum, 142ff.

[28] RATSCHOW, Vom Verständnis des Menschen in den Religionen und im Christentum, 143.

[29] Der Mythos hebt das Geheimnis des Ursprungs in die Gegenwart. Siehe: RATSCHOW, Vom Verständnis des Menschen in den Religionen und im Christentum, 143: »Er tut es nicht rational erklärend. Er tut es bewirkend und erhebend. Der Ursprung wird anwesend. Er kann nun wirken. Darum geht es im sog. aitiologischen Mythos, der die aitia des Geschehens bloß legt und darin zur Wirkung entbindet«.

[30] Cf. Ebd.; cf. O. KERN, Die Religionen der Griechen. I. Bd. Berlin 1926, 68f.

Diese Bestimmung des Menschen als eines von seinem Ursprung her tief gespaltenen Wesens finden sich in einer Reihe von Mythen wieder[31]. Sie alle formulieren die Erkenntnis der Religionen, dass der Mensch Anteil an den düsteren Mächten des Chaos und des Titanischen hat. Des Menschen mit sich selbst zerfallene Wesen bedroht sich und seine Umwelt mit Chaos und Vernichtung.

Zudem gibt es Mythen, die das wahre Wesen des Menschen noch in einer anderen Weise zum Ausdruck bringen. Ein besonders typisches und eindrückliches Beispiel zeigt der Mythos von Hainuwele[32]. Das Mädchen Hainuwele erweckt durch seine Zauberkraft den Neid der Dorfleute. Diese drängen bei einem Heiligen Tanz in einer Tanznacht Hainuwele in die Grube, tanzen die Erde in die Grube und stampfen diese über Hainuwele fest. Als der Ziehvater Hainuweles dieses erfährt, gräbt er die Tote aus, zerschneidet ihren Leichnam in viele Teile und vergräbt diese Stücke. Aus diesen Teilen des Leichnams wachsen Knollfrüchte, von denen die Menschen sich dort im Wesentlichen ernähren[33].

»Dieser Mythos zeigt«, so erläutert Ratschow, »wie ›der‹ Mensch in der Frühzeit aus Neid zum Mörder wird und wie er nun täglich seine Untat in sich hineinfrisst. Der Mensch lebt von seiner Untat. Ähnlich tiefgreifend wird in anderen Kulturen die Bestimmung des Menschen durch seine Untat am Anfang der Dinge gesehen«[34]. In diese Gruppe der Vorstellungen gehört auch die biblische Erzählung von Adam und Eva, die durch ihren Ungehorsam gegenüber dem Gottesgebot aus dem Paradies verwiesen und damit dem todverfallenen Dasein preisgegeben werden. Auch hier kommt durch die Untat des Menschen am Anfang die Sünde, die nun das Wesen des Menschen und seine Beziehung zur Umwelt prägt, in die Welt.

Wir sehen, wie die beiden Vorstellungskomplexe der Mythen dieselbe Einsicht in das Wesen des Menschen zum Ausdruck bringen: Der Mensch ist das mit sich selbst und aus sich selbst bedrohte Wesen, »das mit dieser seiner eigenen Bedrohtheit seine Welt um ihn herum mit Chaos bedroht«[35]. Damit aber wird deutlich, dass der Mensch weder die ihn bedrängende

---

[31] Ratschow nennt Beispiele, cf. Ratschow, Vom Verständnis des Menschenin den Religionen und im Christentum, 143f.

[32] Dieser Mythos wurde bei den Inlandstämmen Mittelcerams gefunden. Cf. A.E. Jensen, Hainuwele, Frankfurt/Main 1939. Cf. Ratschow, Vom Verständnis des Menschen in den Religionen und im Christentum, 144f.

[33] Ebd.

[34] Ebd. 145.

[35] Ratschow, Von der Religion in der Gegenwart, 13.

innere Zerrissenheit, seine Unruhe und sein Getriebensein noch seinen Hang zur Selbstsucht, Untreue, Täuschung wie auch seine Fähigkeit zu Verbrechen und Mord mit therapeutischen Mitteln aller Art beheben kann. Der Mensch kann mit sich selbst und seiner Welt nicht fertig werden. Er kann weder sich selbst noch seine Welt heilen.

Diese schonungslose Selbsterkenntnis ist dem Menschen aber nicht aus sich selbst eigen. Erst, wie wir sahen, im Angesicht der Gottheit wird der Mensch dessen inne, dass er eben nicht gut, sondern in seinem Wesen tief gestört und zum Bösen neigend ist[36]. Im Lichte der Gottheit erkennt er aber auch, dass die Ursache seines unheilvollen Wesens in seiner Trennung von dem Lebensgrund, von der Gottheit liegt. Diese seine gestörte und zerrissene Gottesbeziehung bringt »all das Elend und den Tod in die Welt«[37].

Diese Wesenskennzeichnung betrifft den Menschen in tiefster und ernster Weise, denn er kann aus seinem Wesen nicht »aussteigen«, er kann es nicht hinter sich lassen. Dieses, sein Wesen führt ihn unweigerlich in den Tod als Konsequenz seiner Verlorenheit. Anders gesagt, so Ratschow, die Gottheit sieht nicht großzügig über das von Unheil und Verderben geprägte Tun des Menschen hinweg, sondern sie behaftet den Menschen bei seinem Wesen. Sie sagt: »Ich, der Gott, behafte dich dabei und du musst sterben«[38]. »Der Tod ist das Fanal dieser ... Verfallenheit« des menschlichen Wesens«[39].

3. Der Weg zum Leben

Der Mensch will nicht den Tod, sondern das Leben, und zwar das Leben, das nicht wie das vitale Leben von Tod bedroht ist, sondern das Leben, das wirklich als Leben bezeichnet werden kann, das wahre, ewige Leben. Aus sich selbst kann der Mensch dieses Leben nicht erlangen. Es bleibt ihm verschlossen. Auch ein Bemühen des Menschen, sich aus der Todesbindung durch angemessenes moralisches Handeln zu befreien, muss schei-

---

[36] Dass der Mensch dieses nur coram deo erkennt, wird in dem bekannten Gedicht »Prometheus« von J.W. v. Goethe negativ anschaulich. Vgl. dazu die Interpretation von Ulrich Wilckens, Kritik der Bibelkritik, 2012, 117ff. Ebd., 118: »Was die Bibel als Adams Sünde beschreibt ... wird positiv umgekehrt: Dem Verbot Gottes zuwiderhandeln, ist Heldentat der Emanzipation, die zum Leben führt, statt mit dem Tod bestraft zu werden«.

[37] Ratschow, Jesus Christus, 264.

[38] Ratschow, Was ist Religion?, 27. Cf. zu diesem Zusammenhang u.a. Ratschow, Von der Religion in der Gegenwart, 13f.

[39] Ebd., 13.

tern. Denn der Grund der Trennung des Menschen vom wahren Leben liegt, wie wir sahen, tiefer, nicht im moralischen, sondern im transmoralischen Bereich. D.h. er liegt im Wesen des Menschen selbst, das sich von seinem Lebensgrund, von der Gottheit abwendet. Nicht ein »böser« Gott versperrt den Zugang zum wahren Leben, sondern der Mensch selbst hat sich im Grunde seines Wesens von Gott getrennt.

Befreiung kann nur von der Gottheit selbst kommen. Sie nur kann den Menschen erlösen, indem sie ihm den Weg zeigt, der ihn allein aus seinem Scheitern, seinem zerstörerischen Wesen, seiner Todverfallenheit herausführt. Da aber nicht dies oder das den Zugang zum wahren Leben versperrt, sondern der Mensch in seinem Wesen selbst, heißt der von Gott gewiesene Weg, dass der Mensch auf sich selbst zu verzichten hat[40]. Auf dem Hintergrund der Epiphanie Gottes gewinnt der Mensch, wie wir sahen, die Erkenntnis, wer er in Wahrheit ist, und damit die ihm von der Gottheit zuteil werdende Möglichkeit, den Verzicht auf sich selbst im Überschreiten seiner selbst auf sein Sterben hin zu vollziehen.

Dieses Sterben aber ist nicht identisch mit dem physischen Sterben zu setzen[41]. Dieses Sterben heißt, dass der Mensch sein selbstzerstörerisches, »kaputtes« Wesen hinter sich lässt, dass er alles, was das wahre ewige Leben verhindert, zugrunde gehen lässt. Dieses Sterben geschieht eben nicht, um im Sterben und im Tod zu verharren, sondern um dadurch den Weg frei für das wahre Leben zu machen. Wahres Leben aber, so verschieden dieses in den einzelnen Religionen vorgestellt wird, konvergiert stets auf die Gottheit[42]. Wahres Leben und Gott gehören zusammen, ja, sind identisch. Damit aber wird deutlich, worum es in diesem Sterben geht. In diesem Sterben wird der Weg für Gottes Handeln am Menschen frei gemacht. Gott und sein Wille können dadurch im Menschen Raum gewinnen[43].

Ohne das Sterben ist der Weg zu Gott, zum wahren Leben versperrt. Der Weg geht ausschließlich durch den Tod zum wahren Leben. Ziel dieses Sterbens ist immer das Leben.

---

[40] Cf. u.a. Ratschow, Von der Religion in der Gegenwart, 13f.

[41] Cf. u.a. Carl Heinz Ratschow, Erwarten wir noch etwas jenseits des Todes? In: Ders.: Von der Gestaltwerdung des Menschen. Beiträge zu Anthropologie und Ethik. Hrsg. von Christel Keller-Wentorf und Martin Repp, 1987, 324.

[42] Cf. Ratschow, Die Religionen und das Christentum, 124.

[43] Ratschow, Ebd. 123.

Diese tiefe Einsicht in das menschliche Leben, die sich als zentrale Erkenntnis in den Religionen findet, fassen diese, so Ratschow, in der Kurzform zusammen: »Nur durch das Sterben bleibt das Leben wach«[44].

Die Ernsthaftigkeit und Tiefe der Erkenntnis, dass das wahre Leben aus einem Sterbevorgang hervorgeht, wird vollends deutlich, wenn wir sehen, dass die Religionen auch ihre Götter dem Sterben, das auf das Leben zielt, unterwerfen[45]. Den Hintergrund dieses Göttersterbens, das Welt und Mensch Leben bringt und garantiert, bilden die Welt und Mensch ständig bedrohenden Mächte des Untergangs in Gestalt von Chaos und Dämonenandrang, in Gestalt des hereinbrechenden »Geschicks« wie z.B. des Erlahmens des natürlichen Lebens-Rhythmus, der Entfesselung der Naturkräfte, dem Nachlassen der Zeugungskraft, der bedrohten Fruchtbarkeit oder der Zersetzung der politischen wie gesellschaftlichen Ordnung und der sich ausbreitenden Anarchie. Mitnichten sind die Götter über diese Mächte des Chaos erhaben. Vielmehr umfangen die chaotischen Mächte die Gottheiten wie auch Welt und Mensch[46]. In diesem bedrohlichen Horizont vollzieht sich Leben von Welt und Mensch wie die Götterexistenz als ein ständiger Kampf gegen den Untergang.

---

[44] Cf. u.a. RATSCHOW, Was ist Religion?, 27. Auf die Einbeziehung des Kosmos in diesen Gedankenzusammenhang sollen die folgenden Zitate aus Ratschows Aufsatz »Heilbringer und sterbender Gott«, 399-415, hinweisen. Angesichts des Rahmens meiner kleinen Skizze und der Konzentration auf meine Zielsetzung verzichte ich auf die Entfaltung dieses Aspektes: »Der weiß noch nicht, was Kosmos ..., heißt, der diese Welt nur in ihrem Erscheinen, wie sie eben da ist, erfasst«(408). Die Epiphanie zeigt, dass menschliches Leben in der Welt mit der Welt zusammen »nur als in sich selbst und aus sich selbst scheiterndes Leben wahrgenommen werden kann! Das all-fällige Scheitern ist zufälliger Erweis einer im Grunde alles Welt- und Menschendaseins liegenden, wurzelhaften Bedrohtheit von Nicht-Welt oder Geschick« (409). Deshalb: »Der Zusammenbruch der Welt als Natur und Geschichte ist nur solange aufzuhalten, solange die religiöse Menschheit erkennt: ›Nur durch das Risiko von Sterben bleibt das Leben wach‹ «(410). Denn »Ohne sich in das Sterben hineinzubrechen, ist das Leben eine flache Illusion nicht nur, sondern das Heraufkommen es Chaos« (411).

[45] Cf. RATSCHOW, Heilbringer und sterbender Gott, 411; RATSCHOW, Die Religionen und das Christentum, 123.

[46] Cf. CARL HEINZ RATSCHOW, unveröffentlichter Vortrag o. Titel. In: Archiv »Carl Heinz Ratschow«, zur Zeit verwaltet von C. Keller-Wentorf, M. Repp, 16: »Nur eines ist bemerkenswert: Jene gewaltige Macht über den Göttern und im Hintergrund des Ganzen, die man Schicksal nennt und die wie ein letztes Ineffabile Götter, Welt, Zeit und Selbst umspannt ... Dass das Leben nur durch das Sterben wach bleibt, dieser Grundsatz vermag alle Götterklassen zu umspannen – das Unsagbare im Hintergrund alles Seins aber nicht«. Cf. auch ebd. 23.

Der Mensch ist in diesen Kampf um seine Welt und sein Selbst gegenüber dem Chaos und vor dem Geschick gestellt[47]. Doch um dem Untergang zu entgehen, kommt ihm der Gott zur Hilfe. Er nimmt seinen Kampf auf sich[48]. »Warum denn aber ausgerechnet der Gott?« fragt Ratschow; seine Antwort: »Weil er allein gültige Stellvertretung und vollmächtiges Eintreten üben kann. Wo es um die letzten Bewahrungswerte von Weltsein der Erde und des Himmel und Selbstsein des Ich geht, da muss der Gott sterben. Aber er stirbt nicht, um zu sterben, sondern um Leben zu erneuern«[49].

Denn in ihrem Sterben liefern die Götter sich den Welt und Mensch bedrohenden Chaos- und Schicksalsmächten aus, indem sie stellvertretend das Welt und Mensch beschiedene Geschick auf sich nehmen und darin auch untergehen[50]. Oder, wie Ratschow auch formuliert: »Der Gott opfert die Weltgestalt als bedrohte Fruchtbarkeit, erschlaffende politische Ordnung oder nachlassenden Jahres-Rhythmus in sich selbst«[51]. Aber dieses Göttersterben ist »eine vom menschlichen Sterben sehr verschiedenartige Sache, die dem Gott widerfährt, ohne dass man daraus die Konsequenz des toten Gottes gezogen hätte«[52]. Das Sterben der Gottheit führt nicht, wie wir sahen, in den Tod, sondern schenkt Leben und garantiert für Erde und Himmel Dasein, Wachstum, Staatswerdung[53]. Das Entscheidende in diesem Geschehen ist das Sterben, das Leben ermöglicht. Als dieser Sterbende trägt die Gottheit das Geschick von Welt und Selbst so aus, das neues Heil

---

[47] Cf. Ratschow, Heilbringer und sterbender Gott, 413.

[48] Cf. ebd. 412.

[49] Ratschow, Unveröffentlichter Vortrag o. Titel, 9f.

[50] Cf. Ratschow, Heilbringer und sterbender Gott, 412; Ratschow, unveröffentl. Vortrag, 12.

[51] Ratschow, Unveröffentlichter Vortrag o. Titel, 17.

[52] Ratschow, Heilbringer und sterbender Gott, 404.

[53] Cf. dazu Ratschow, unveröffentlichter Vortrag o. Titel, 17: »Der Opfertod des Gottes, der als Ur-Wesen das Sein selbst gründet und der das biologische, soziologische und spezifisch religiöse Dasein ermöglicht, kommt als Sein von Welt und Menschen in ihrem Dasein zu dem Leben, dem sein Sterben gilt«. Es sei hier darauf hingewiesen, dass die Erscheinungen des sich opfernden Gottes sehr verschiedenartig sind wie auch die des erneuerten Lebens, sei es, dass der in der Gott als neue keimende Saat lebend oder mit dem neuen Frühling da ist, sei es, dass er in dem politischen Gemeinwesen oder dem Heil des neuen Königs wieder da ist. Er lebt. Sein Leben geht in das Leben der Seinen über. Cf. dazu: Ratschow, Unveröffentl. Vortrag, 16.

wirken kann[54]. Von daher spielen in den Religionen die Auferstehungsorte der Gottheiten kaum eine Rolle. Der eigentlich verehrte Ort der Götter sind die Göttergräber, die oft wunderbare Dinge wirken[55]. Sie sind die »Kultmittelpunkte in aller Welt«[56].

In seiner ganzen Bedeutung und Tiefe erfassen wir das Geschehen des sterbenden und darin heilschaffenden Gottes, wenn wir dessen inne werden, dass diese Gottheiten sich den Chaos Mächten freiwillig ausliefern. Die gottheitlichen Wesen verzichten auf ihr eigenes Heil um das Heil der Welt willen[57]. Sehr klar und pointiert zeigt sich dieses um die Erlösung der Welt willen auf die eigene Erlösung verzichtende Handeln der Gottheit im Buddhismus[58]. D.h. der Sachverhalt »von Sterben und Wiederaufblühen von Welt- und Selbst-Leben wird in dem sterbenden Gott erhoben in das gar nicht mehr einsichtige, sich selbst opfernde Liebes-Handeln dieser hohen Wesen«[59]. In den sterbenden Gottheiten öffnet sich der religiösen Menschheit der Blick über die Gegebenheit des Sterbens und Wiederaufblühens von Welt- und Selbst-Leben hinaus »in das Unverborgene des um diese Gegebenheit und seine Not besorgten Wesens der Gottheit«[60]. Das von den Göttern vollzogene Geschehen des Sterbens, um darin der Welt Heil, Leben zu eröffnen, stellt keinen abgeschlossenen einmaligen Akt dar, sondern vollzieht sich in kultischer Erneuerung und Wiederholung.

An dieser Stelle schließen wir unsere Ausführungen zur Grundstruktur der religionswissenschaftlichen These Carl Heinz Ratschows, dass das Leben nur durch Sterben wach bleibt, ab. Das vollständige Bild dieser These aber erhalten wir erst, wenn wir die Bewährung dieser religiösen Grundeinsicht im menschlichen Leben in den Blick nehmen.

Dieses soll in einer weiteren Studie erfolgen. In ihr wird es um das Religion Üben, wie Ratschow es nennt, gehen. Dieses aber heißt, die Selbst-

---

[54] Cf. RATSCHOW, unveröffentlichter Vortrag o. Titel, 17.

[55] Ebd., 14.

[56] RATSCHOW, Heilbringer und sterbender Gott, 412. Cf. ebd. 413: »Das Grab des Osiris ... (ist) verehrungswürdig. Wieso, wenn es doch um Heil geht? Wir müssten doch erwarten, dass die sogen. Auferstehung verehrt wird. Wenn man nun aber zeigen kann, wie das geopferte Sterben imstande ist, die Heilsgewissheit zu begründen, dann ist eben das Grab wichtiger als alles andere, und die ganze sogen. Auferstehung ist ein appendix non necessarius«.

[57] Cf. RATSCHOW, Die Religionen und das Christentum. NZSTh 9, 1967, 128.

[58] Cf. RATSCHOW, Unveröffentlichter Vortrag, 15.

[59] Ebd. 18.

[60] Ebd.

transzendierung des Menschen auf die Gottheit hin, also, und das ist identisch, das Sterben, das das wahre Leben bringt, im menschlichen Leben zu vollziehen. Dieses geschieht im kultischen Bereich im Opfer, das die Mitte allen Kultes darstellt. Opfer aber heißt, dass der Mensch nicht dies oder das opfert, sondern stets sich selbst. Opfer ist Selbstopfer. Im Opfer wird der Epiphanie des Gottes Raum gegeben. »Opfernd wird der Gott präsent gemacht. Opfernd wird sein Leben empfangen«[61]. Diese Selbsttranszendierung des Menschen auf die Gottheit, die in liebender Hingabe an die Gottheit geschieht, durchdringt das gesamte Leben des religiösen Menschen. Sie geschieht u.a. auf dem Weg der Askese, der Erkenntnis, der Gebote als Handlungsanweisung der Gottheit zum Leben. Diese Selbsttranszendierung auf Gott ermöglicht es dem religiösen Mensch auch, von sich ab zu sehen und frei von der Sorge um sich selbst verantwortlich in die Weltgestaltung auf ihr Heil hin einzutreten.

III. Impulse für eine ev. Aszetik

Auf dem Hintergrund der skizzierten religionswissenschaftlichen These Ratschows sehe ich besonders vier Impulse für eine evangelische Aszetik, deren Relevanz für die Inhalte ev. Aszetik noch zu entfalten wären[62]:

1. In allen Religionen, so zeigte es sich uns, gibt es in formaler Analogie die einheitliche Grundstruktur des Sterbens, das das wahre Leben bringt[63]. Auch das Christentum, das eine Religion ist, wird von dieser Struktur geprägt. Dieses aber bedeutet für die ev. Aszetik, dass ihre Aussagen in der dem Christentum inhaltlich spezifischen Art von dieser Grundbewegung des Sterbens auf das Leben gekennzeichnet sein sollten.

2. Hinsichtlich des Todes Jesu legt sich ein Vergleich mit den sterbenden Gottheiten nahe. Doch Ratschow zeigt, dass zwischen Tod und Auferstehungsleben Jesu und den sterbenden Gottheiten ein grundlegender Unterschied besteht, so dass Jesu Tod keine Analogie zur sterbenden Gott-

---

[61] Vom Verständnis des Menschen in den Religionen und im Christentum, 160.

[62] Dieser Abschnitt arbeitet nicht, wie die vorhergehenden, religionswissenschaftlich, sondern theologisch. D.h.: »Theologische Reflektion ist nicht ein dem Christsein objektives Gegenüberstehen. Theologische Reflektion ist ein Denkvorgang unter der Voraussetzung der angenommenen Botschaft des Evangeliums« (Ratschow, Die Religionen und das Christentum, 96). Und: »Eine theologische Überlegung hat den christlichen Glauben als fides qua wie als fides quae zu ihrer Voraussetzung« (ebd. 91).

[63] Cf. Ratschow, Die Religionen und das Christentum, 124. In den Religionen sehen die Wege dieser motificatio und vivificatio inhaltlich sehr verschieden aus, cf. ebd.

heit darstellt. So ist, anders als bei den Gottheiten, Jesu Sterben einmalig und seine Auferweckung abgeschlossen. Es ist ein einmaliges unwiederholbares Ereignis in Raum und Zeit. Zudem wird Jesu Sterben und Auferweckung in unmittelbarer Einheit mit Gott, dem Schöpfer und Regierer der Welt, erfasst. Den Gottheiten überlegene und jenseitige Schicksalsmächte, wie in den Religionen, denen der Kampf der sterbenden Gottheit gilt, hat im Christentum keinen Raum. Ein weiterer wichtiger Aspekt der Unterscheidung des Todes und der Auferstehung Jesu von den sterbenden Gottheiten liegt darin, dass die Anhänger Jesu nicht zu Christussen wurden. Eine kultische Unmittelbarkeit des Todes Jesu zu seinen Anhängern, wie in den Mysterien, gibt es im Christentum nicht.

Allerdings sind kirchliche Kreise immer wieder der Versuchung erlegen, den christlichen Glauben nach dem »Schema« der Religionen zu interpretieren. Dieses trifft z.B. auf die sog. Gnosis zu. »Man suchte den Weg, mit diesem Jesus unvermittelt eins zu werden und die Frucht seines Todes unmittelbar und ganz zu erlangen. ... Bei diesem Weg löste sich Jesus, der Heilsbringer, von dem Gotte der Welt«[64]. In der Entwicklung dieses Konzeptes zeigt Ratschow, wie der Weg von Tod und Auferstehung Jesu zum präexistenten Gottwesen führte. Jesus, so Ratschow, wächst sich aus zum urgewaltigen Lichtwesen. Sein Sterben wird doketisch entleert[65]. Diesen Zusammenhang durchzuklären und scharf zu profilieren ist für die ev. Aszetik insofern wichtig, als diese selbst durch esoterische Spiritualitätsströmungen heute zunehmend gefährdet ist.

3. Die Einsicht der Religionen, dass das Leben nur durch das Sterben wach bleibt, tritt in seiner tiefsten Bedeutung innerhalb der christlichen Botschaft hervor, nämlich als Gottes »grundlegendes endgültiges und entscheidendes Eintreten in diese Welt als Jesus von Nazareth«[66], das sich in dem Geschehen der Kreuzigung zusammenfasst. Sehr treffend formuliert Martin Luther, dass dieses Kreuzesgeschehen »das exemplar, nicht das exemplum, des Gesamthandelns Gottes an den Seinen sub contrario«[67] darstellt. Dieses aber besagt, dass Gott, wie er an Jesus in der Kreuzigung

---

[64] RATSCHOW, Unveröffentlichter Vortrag o. Titel, 22.

[65] Ebd.

[66] Von der Religion in der Gegenwart, S.42.

[67] Ebd., »Exemplar ist eine Einmaligkeit, die eine Gültigkeit bis in alle Ewigkeit besitzt. Sie kann nicht Vorbild sein, sodass man sie nachmachen kann. Sie bleibt durch ihr Dasein bestimmend«, RATSCHOW, Von den letzten Dingen. Vorlesung Marburg WS 1983/84, S.42. Unveröffentlicht, im Archiv »Carl Heinz Ratschow«, zur Zeit verwaltet von C. Keller-Wentorf, M. Repp.

handelt, so handelt er auch an den Seinen. Er geht mit ihnen den unteren Weg. Er führt sie in den Tod, um ihnen das Leben zu schenken. »Wenn Luther den Christus crucifixus als exemplar des im Widerspiel handelnden Gott erfasst«[68], dann erfasst er das spezifische Handeln dieses Gottes unter dem Gesichtspunkt der agape. Diese Liebe, wie Ratschow nicht müde wird zu betonen, geht dem »Verlorenen« nach. Die Botschaft von der Liebe Gottes als Jesus von Nazareth ist keine soziale und keine politische Botschaft. Diese Liebe gilt dem »Verlorenen« im sozialen und moralischen Sinn. Für die ev. Aszetik aber heißt dieses Handeln Gottes u.a., dass sie der modernen Welt dort widersprechen muss, wo Unmenschlichkeiten aller Art sich breit machen. Sie sollte einsichtig machen, dass es gilt den unteren, nicht den oberen Weg im Leben zu gehen.

4. Den von den Religionen gezeichneten Weg der Selbsttranszendierung des religiösen Menschen auf das wahre Leben hin, den Weg der mortificatio zur vivificatio, findet sich auch im Christentum. Doch gibt es in dem Verhältnis des Christentums hier zu den Religionen einen grundsätzlichen Unterschied: Die Religionen verstehen die Transzendierung des Menschen »als eine religiöse Anweisung oder Empfehlung, die der Mensch auszuführen hat. Durch die Ausführung der Anweisung konstituiert er sich das Leben«[69]. Das religiöse Tun begründet und erhält nicht nur die kosmische Ordnung, sondern schafft das wahre Leben[70]. Im Christentum sieht dieses anders aus. Das Tun des Christen ist dem Heil nicht konstitutiv, sondern konsekutiv. »Man wird Christ durch Gottes Tun im Zuspruch seines vergebenden Wortes, ehe man zur Selbstaufgabe vor Gott kommen kann«[71]. Dieses dem Tun vorgängig empfangene Heil aber darf den Christen nicht dazu verleiten, auf das Tun zu verzichten[72]. Dieses Tun bestimmt

---

[68] RATSCHOW, Von der Religion in der Gegenwart, 44.

[69] RATSCHOW, Die Religionen und das Christentum, 125.

[70] Ebd.

[71] Ebd.

[72] »Allerdings aber verlangt das Christentum dieses fromme Tun als mit dem Heil gegebene Möglichkeit und unabdingbare Folge. Die ev. Christenheit begreift nur schwer, dass die empfangene Vergebung nichts bedeutet, wenn mit ihr das Leben nicht in die Bewegung eintritt, die den Dank an Gott in der Gestalt »frommen« Daseins in der Welt und für die Welt lebt«, RATSCHOW, Von der Religion in der Gegenwart, 47.

sich als die fromme Lebensgestalt, die mit der Buße beginnt[73] und in die Liebesbewegung Gottes auf die Welt hin eintritt[74].

Aufgabe der ev. Aszetik ist es, den hier angezeigten Zusammenhang von empfangenen Heil und Tun nicht außer acht zu lassen wie das christliche Leben in der Bewegung von der mortificatio zur vivificatio in den einzelnen Aspekten zu beschreiben.

---

[73] Cf. ebd., 41.

[74] Cf. RATSCHOW, Das Verständnis des Menschen in den Religionen, 173.

Konstanze Evangelia Kemnitzer

Bibeltexte in 3D

Der »Textraum« als Modell praktisch-theologischer Bibelhermeneutik[1]

Vorbemerkung

Einmal konnte ich Professor Klaus Raschzok als Leiter einer geistlichen Kirchenraumerschließung erleben. Er weitete eindrucksvoll die Wahrnehmungsfähigkeit der Teilnehmenden und ermunterte zu mehrfachen Perspektivenwechseln. Seither beobachte ich: In ähnlicher Weise geschieht dies auch in seinen homiletischen Hauptseminaren, die ich seit 2008 mit ihm leiten darf. Hier lernen Studierende von ihm, sich »in« biblischen Texten neugierig und ehrfürchtig zu bewegen, mehrfach mittels der theologischen Disziplinen die Haltung zu wechseln und schließlich ihre Predigtperikope wie einen weiten Raum durchwandern zu können.[2] In dieser »Imaginationsarbeit« liegt der Schlüssel Klaus Raschzoks für die methodisch verantwortete Praxis der Predigt. Sie ermöglicht, dass ohne jede womöglich krampfhafte Suche nach kreativen Einfällen, eindrücklich, nachvollziehbar und klar verkündigt werden kann. Der Predigttext wird während der Vorbereitung niemals aus der Hand gelegt. Auch die aktuelle Reflexion der Lebenswelt wird nicht jenseits der des Textes betrieben, sie

---

[1] Der Beitrag zur Festschrift dieses von mir verehrten akademischen Lehrers widmet sich einer Metapher seiner wissenschaftlichen und akademischen Fachsprache und bezieht sich darüber hinaus besonders auf Texte aus seiner Feder. Diese Schwerpunktsetzung auf seine Literatur mag in dieser Festschrift gestattet sein.

[2] Vgl. Klaus Raschzok, Einführung in die methodisch verantwortete Praxis der Predigt, in: Ders., Predigt als Lese-Akt. Essays zur homiletischen Theoriebildung, Leipzig 2014, 343-356.

wird in ihn hineingeholt. Die vom Textraum-Modell geprägte Homiletik Klaus Raschzoks evoziert biblische Verkündigung mit hoher Konzentration auf die jeweilige Perikope. Als seine Assistentin verbindet sich im folgenden Beitrag mein Blick auf Klaus Raschzoks Gabe des geistlichen Raumerschließens mit jenem auf seine homiletische Didaktik und widmet sich daher dem modellhaften Denken vom »Textraum« als Idee einer spezifischen praktisch-theologischen Bibelhermeneutik.

1. Faszination 3D-Bilder

In den 1990er Jahren brachte der Grafiker Tom Baccei eine Buchserie mit sogenannten »single image stereograms« heraus.[3] »Das magische Auge« faszinierte eine breite »Leser«schaft. Stereogramme sind räumlich wirkende Darstellungen, zu deren Betrachtung keine weiteren Hilfsmittel nötig sind. Sie bestehen aus scheinbar wirren, wiederholten Mustern. »Lesende« sehen diese genau an, konzentrieren sich auf markante Bildpunkte und bringen dann durch unscharfes Starren Bildpunkte benachbarter Perioden zur Überlagerung. Dann entspannen sie ihre Augen, als wollten sie durch das 3D-Bild hindurch sehen. Ungeduldigere schielen und erreichen die räumliche Wirkung auf diese Weise schneller – haben dann aber die Darstellung im Negativ, räumlich verkehrt herum vor sich: was hinten ist, scheint ihnen vorne und umgekehrt. In jedem Fall erfordert die Methode des Stereogramme-Betrachtens eine gewisse Übung. Begeisterung löst dabei aus, dass sich im zweidimensionalen Bild plötzlich ein eigener Raum öffnet, flüchtig und leicht zerstörbar, so lange der Effekt aber andauert von besonderer Ruhe geprägt. Meist sind diese Stereogramme Rätselbilder und ihr Reiz besteht entsprechend darin, durch das »Hineingehen« zu entschlüsseln, was auf den ersten Blick nicht zu erkennen ist: wie eine geheime Botschaft für den oder die, die sich Zeit nehmen, sich versenken und darauf warten können, dass das Bild sich räumlich öffnet und sie sich darin »umschauen« können.

Das Phänomen der Stereogramme mag ein Modell veranschaulichen, das in der Praktischen Theologie in den letzten Jahrzehnten signifikanten Bedeutungszuwachs erfahren hat: die Rede vom »Textraum«. Mit dieser

---

[3] Zur Stereoskopie vgl. Alexander Klein, Franz Weiland, Rainer Bode, 3D – aber wie! Von magischen Bildern zur 3D-Fotografie, Haltern 1994, Thomas Abé, Grundkurs 3D-Bilder, Gilching 1997, Holger Tauer, Stereo 3D, Berlin 2010, Zur Geschichte der Stereoskopie siehe auch Nadja Klews, Stereoskopie im Animationsfilm, 2009, http://opus.kobv.de/hff/volltext e2010/89/pdf/KlewsDipl.pdf (22.11.2013), 6ff.

Metapher wird einem eindimensionalen Umgang mit dem Alten und Neuen Testament widersprochen. Die Modellvorstellung hat Potential, die Herausforderung einer spezifisch praktisch-theologischen biblischen Hermeneutik zu präzisieren. Sie offeriert die Idee, dass sich mit einiger Übung und Konzentration die Worte und Verszeilen öffnen können wie die fremden, eintönigen und irritierenden Muster eines Stereogramms und dass der Betrachter schließlich in den so geweiteten Text hinein sehen und sogar imaginär hinein gehen kann.

Die metaphorische Modellvorstellung »Textraum« erfährt ihre Karriere zeitgleich zu einer noch weiter andauernden grundlegenden Verschiebung im Denken von und in Räumen, durch die von elektronischen Technologien ermöglichte Erzeugung von Raumillusionen und Raumimaginationen:[4] Sie zeigt sich nicht nur darin, dass dem sogenannten Wirklichen im steigenden Maße fiktive Momente beigemengt werden und das Fiktive selbst wirklichkeitsträchtig wird. Vielmehr erreicht die Raumerfahrung mit der Virtualisierung der Wirklichkeit eine neue Qualität. Der Lebensraum ist keine statische Größe mehr. Er wird durch elastische Raumkonzepte, durch Überlagerungen und bewegte Verknüpfungen von visuellen Raumkonfigurationen erweitert und ersetzt. Neuartige Räume werden produziert und genutzt. Gewohnte Raumerfahrungen werden auf virtuelle Räume übertragen, Realität und Fiktion miteinander verschränkt.

2. Bisherige Kontexte des Textraum-Modells: Bibliodrama – Liturgik – Homiletik

Die Rede vom Textraum ist besonders in Theorie und Praxis des Bibliodramas[5] verbreitet. Eine Zeitschrift zum Bibliodrama trägt gar den Titel »textraum«. Dass das Modell hier seine breiteste Ausgestaltung erfuhr – und bis heute erlebt – liegt vermutlich zunächst an der nahellegenden

---

[4] Zum Folgenden vgl. Wolfgang Steck, Praktische Theologie. Horizonte der Religion – Konturen des neuzeitlichen Christentums – Strukturen der religiösen Lebenswelt, Band 2, Stuttgart 2010, 284 mit Hans-Günter Heimbrock, Virtuelle Räume: Wahrnehmung und Einbildung, in: Ders. (Hg.), Religionspädagogik und Phänomenologie. Von der empirischen Wendung zur Lebenswelt, 1998, 217-233, Martina Löw, Raumsoziologie, 2001 und Bernhard Waldenfels, In den Netzen der Lebenswelt, [2]1994.

[5] Zum Bibliodrama als »integrale Gestalt protestantischer Bibelfrömmigkeit« vgl. Wolfgang Steck, Praktische Theologie. Horizonte der Religion – Konturen des neuzeitlichen Christentums – Strukturen der religiösen Lebenswelt, Band 1, Stuttgart 2000, 457ff.

Analogie innerhalb des Ereignisses: Bibliodrama ist die *räumliche* Inszenierung eines Bibeltextes. Eine Gruppe von Individuen erarbeitet sich zu diesem Zweck gemeinsam einen biblischen Abschnitt,[6] einigt sich auf seine Abgrenzung oder lässt sich auf den Zuschnitt der Leitung ein und strebt schließlich an, die Worte auf einer »Bühne«, die meist das ganze Zimmer umfasst, nach- und auszuspielen. Die einzelnen bringen sich dabei selbst mit Leib und Seele ganzheitlich, das heißt auch mit ihrer eigenen körperlich-räumlichen Bestimmtheit ein. Durch die gemeinsame Interaktion wird der Text, seine Figuren, sein Gehalt, seine Bewegung dreidimensional. Sowohl auf der Text- als auch auf der Lebensseite der Teilnehmenden verschränken sich die Perspektiven und Assoziationen, so dass im entstandenen Raum Erfahrungen gemacht werden können, die auch dann noch eindrücklich im Gedächtnis bleiben, wenn sich die Gruppe bereits getrennt hat, das Bibliodrama beendet ist, die Bühne verlassen.

Im Textraum des Bibliodramas wird Theologie anschaulich. Die Besetzung und Positionierung der Rollen leistet spätestens zu Beginn des großen Gruppenspiels, dass Schwerpunkte gesetzt werden, Aufmerksamkeit gerichtet: Aus der Fülle der Optionen des gelesenen biblischen Abschnittes wählen die Spielenden aus – manchmal reflektiert, vor allem aber intuitiv, was ihr Interesse weckt, wo ihr Herz schlägt. Die Spielentscheidungen sind meist von einer längeren Aufwärmphase bestimmt, in der die aktuelle Lebenssituation und die persönlichen Fragen und Interessen angeregt und zugespitzt werden. Das dient der Konzentration, denn die räumliche Darstellung des Bibeltextes im Bibliodrama nötigt alle Beteiligten zu fokussierter Wahrnehmung. Die bibliodramatische Inszenierung ist ein notwendig perspektivisches Erlebnis: Da jeder und jede eine Rolle einnimmt, hat niemand den vollkommenen Überblick – auch scheinbare Außenstehende wie der Spielleiter sind durch die räumliche Darbietung gezwungen, ihren Blick zu lenken und zu konzentrieren. Der Spielleiter

---

[6] Dass die Bibelhermeneutik bibliodramatischer Couleur über dieses Diskursfeld hinaus beachtet wurde und wird liegt u.a. daran, dass sich die Theorie des Bibliodramas nicht nur der zeitgenössischen hermeneutischen Handwerkszeuge bedient, sondern auch eines »Ensembles charakteristisch moderner Interpretationsmethoden; sie werden der traditionellen historisch-kritischen Exegese im Interesse einer Pluralisierung der Wahrnehmungsperspektiven zur Seite gestellt. Zu den von den Theoretikern des Bibliodramas favorisierten Interpretationsperspektiven zählt etwa die sozialgeschichtliche Betrachtung biblischer Traditionsbestände [...] besondere Beachtung finden auch tiefenpsychologische [...] Analysemethoden [...] Vor allem aber bedient sich das Bibliodrama des Modells der linguistisch-strukturalistischen Exegese, in dem die sprachlich-syntaktische, die semantische und die pragmatische Analyse eines Textes miteinander verschränkt werden.« Wolfgang Steck, Praktische Theologie, Band 1, Stuttgart 2000, 461.

kann die Aufmerksamkeit der Gruppe mitten im Spiel steuern, indem er eine vorher verabredete Formel wie »Die Sonne scheint hier hin« ausspricht, woraufhin die Darsteller, die ja alle gleichzeitig ihre Rolle ausspielen, innehalten und auf die vom Spielleiter umgrenzte Situation, quasi eine Szene in der Szene, einen Raum im Raum, schauen. Ihre eigene Position wechseln sie während eines solchen dramaturgischen Zeitlupeneffekts[7] aber selten – so dass auch die Blickwinkel und mit ihnen die Eindrücke verschieden bleiben. Das Erlebnis des großen Gruppenspiels drängt wie alle Phasen des bibliodramatischen Prozesses auf das Gespräch und gemeinsame Nachdenken in einer anschließenden Gesprächsrunde. Die Spielerinnern und Spieler erzählen einander von ihren Erlebnissen im biblischen Textraum, ihren Emotionen, ihren Irritationen und Erkenntnissen und zugleich von ihrem körperlichen Ergehen und Ausdrucksverhalten, zu dem sie die räumliche Inszenierung herausgefordert hat. Wer mitspielt, erlebt den Text als machtvolles Kraftfeld, das die eigenen Ideen absorbiert, neue erzeugt und oft unerwartete Prozesse aufnötigt.

Die bibliodramatische Perspektive zeigt durch die tatsächliche Aufführung des biblischen Textes im Raum, dass ein wesentlicher Kern der Modellvorstellung »Textraum« die Konzentration durch Ausdehnung und Fokussierung ist: Die Textraum-Metapher im Bibliodrama evoziert, dass alt- und neutestamentliche Texte Zeit und Aufmerksamkeit verdienen, dass sie als Poesie und dramatischer Stoff zu rezipieren sind, ihre Tiefe durch Personen-, Zeit- und Material-Einsatz auszuprobieren ist. Biblische Texte als »Räume« zu begreifen impliziert, dass sie in einer anderen Weise »gelesen« werden wollen, als Gebrauchs- oder Informationstexte. Sie benötigen ein »Sich-Versenken«, das Aktivieren aller Sinne und die Fähigkeit, gelesene Worte bildlich, dreidimensional zu imaginieren.

Im Zuge des cultural turn und des steigenden Interesses der Liturgik an der Theaterwissenschaft und Dramaturgie erobert die Rede vom »Textraum« auch die Gottesdienst-Theorie. Exemplarisch deutlich wird dies am Sprachgebrauch im Zuge der Perikopenrevision, die seit 2010 in Arbeit ist und am 1. Advent 2017 abgeschlossen sein soll.[8] Als ein hermeneutisches Prinzip gilt dabei, dass aus Evangelium und Epistel für jeden Sonntag ein Proprium formuliert werden kann: »Das dazu entwickelte konsonante Proprium erleichtert das Hören insofern die Aufmerksamkeit auf einige

---

[7] Siehe dazu auch Gerhard Marcel Martin, Bibliodrama – ein Modell wird besichtigt, in: Antje Kiehn u.a., Bibliodrama, [5]1992, 44-64, 62.

[8] Vgl. Klaus Raschzok, Perikopenrevision: Vom schwierigen Bibeltext zum Text-Klang-Raum, in: Verkündigung und Forschung 58. Jg., Heft 2, 2013, 157-165.

der im Textraum anklingenden Aspekte gerichtet wird.«[9] Die visuelle Raum-Metaphorik verbindet sich mit einer akustischen: Biblische Texte werden als »Klanggebilde« vorgestellt, in denen einzelne Töne speziell betont werden können. Alexander Deeg spricht schließlich vom »Klangraum« eines jeweiligen Sonn- und Feiertages, in welchem die biblischen Texte zusammen spielen. Dieser Konsonanzbegriff wird zum ästhetisch-hermeneutischen Kriterium der Perikopenrevision.[10] Klaus Raschzok erläutert: »Die sich in der kulturwissenschaftlich-ästhetisch orientierten Praktischen Theologie vollziehende Reflexion über die Funktion biblischer Texte im Gottesdienst und Predigt hat zu dem die aktuelle Perikopenrevision leitenden Modell des Text-Klangraumes geführt. Konsonanz stellt dabei nicht mehr nur ein Auswahlprinzip, sondern zugleich auch eine Ereigniskategorie dar. Die biblischen Texte werden in ihrem Zusammenklang im Textraum eines Sonn- oder Feiertages wahrgenommen und ausgelegt.«[11]

Konsequent wandert das Modell jüngst auch in die Homiletik. Hier dienen bewusst vollzogene Perspektivenwechsel dazu, zweidimensionale Aussage-Kurz-Schlüsse in der Textauslegung zu vermeiden.[12] »Danach bauen sich im interpretativen Umgang mit dem Bibeltext ›symbolische Formen‹ auf, die ›Konturen in den symbolischen Welten‹ hinterlassen, in

---

[9] BARBARA ZEITLER, Vier Adventssonntage im Versuch. Zur Umsetzung der Grundlinien, in: CLAUDIA JAHN (Hg.), Arbeit an der Perikopenrevision im Auftrag von EKD, UEK und VELKD. Erste Entwürfe zur Diskussion: Advent, Hannover 2012, http://www.ekd.de/ download/perikopenrevision.pdf (20.11.2013), 17-19, 19.

[10] Der Konsonanz-Begriff »ist schwer zu bestimmen. Vielfach wird stattdessen auch von dem ›roten Faden‹, dem ›Leitmotiv‹ oder auch dem ›Thema‹ des Propriums gesprochen. Gegenüber den letztgenannten Begriffen hat der Konsonanzbegriff den Vorteil, dass er – aus der Musiktheorie übernommen – die vielfältigen und keineswegs nur kognitiv-thematischen Verbindungen andeutet, die sich zwischen Texten auftun. Die Konsonanz der Texte eines Sonn- oder Feiertags lässt sich kaum theoretisch definieren, viel eher von Proprium zu Proprium unterschiedlich ›erfahren‹. Ästhetische und hermeneutische Argumente greifen ineinander, wenn die Arbeitsgruppe darüber diskutiert, ob ein Text an einem Sonn- oder Feiertag ›besser‹ mit den anderen zusammenklingt als andere. Dabei hoffen wir, dass der Zusammenklang der Texte hörbar werden wird, ohne dass die Proprien monothematisch langweilig oder allzu ›eintönig‹ klingen. Einsichtig sollten die Proprien sein, nicht aber ›einschichtig‹.« ALEXANDER DEEG, Zur Revision der Perikopenordnung. Ein Zwischenbericht, in: Deutsches Pfarrerblatt, Heft 4, 2013.

[11] KLAUS RASCHZOK, Perikopenrevision, 164.

[12] Entscheidend wirkt sich die Rezeption und Diskussion um Umberto Eco aus. Siehe dazu: KLAUS RASCHZOK, Beziehungsaufnahme in der Predigt, in: Ders., Predigt als Lese-Akt. Essays zur homiletischen Theoriebildung, Leipzig 2014, 323-342, 330.

denen sich Prediger und Zuhörer bewegen. Im Rahmen ›wechselseitiger Erschließungsprozesse‹, in denen ›die text- und gegenwartshermeneutische Arbeit‹ ineinander übergehen, fungiert der biblische Text als ›Medium‹, ›durch das sich der Sinn von Welt und Leben auf subjektiv evidente Weise erschließt‹, und zugleich als vielgestaltiger ›Symbolraum‹, in den Prediger und Hörer eintreten und aus dem sie ›mit neuen Perspektiven der Selbstbeurteilung und Weltdeutung in ihr alltägliches Leben‹ zurückkehren.«[13]

Damit sich der Text dreidimensional aufschiebt, braucht es vor allem eines: langes, konzentriertes Lesen und Nachdenken und dabei Ausloten, welche Tiefen jeweils entstehen: Biblische Figuren und Worte gewinnen Tiefendimensionen durch persönliche Verbindungen, exegetische Erkenntnisse, systematische Reflexion bis in die Wirkgeschichte der Kirchengeschichte, Verknüpfungen mit christlicher Kulturpraxis und Glaubensgestaltung (liturgische Orte, Lieder, Verkündigung) und mit Zeitgeschehen. Bei der zirkulären Begehung des Textraumes geht es nicht um die Jagd nach einem homiletischen Einfall – zumindest nicht primär. Ziel ist, im Bibeltext so oft gewandert zu sein, dass der oder die Predigende auch die Gemeinde, die zuhört, mit »hineinnehmen« kann, leiten wie ein Reise- oder Ausstellungsführer eine Gruppe mit der Möglichkeit, gezielt zu verweilen.

Mit der Textraum-Modellvorstellung verbindet sich der homiletische Anspruch: Wer predigt, braucht Imaginationsfähigkeit: Er soll den biblischen Text nicht nur verstehen, er soll ihn vor seinen inneren Augen sehen. Nur dann kann er die Vorstellungskraft der Hörenden aktivieren. Verkündigung kommuniziert über eine andere Wirklichkeit, teilt und stiftet Bilder im Geist. Dies aber gelingt nur, wenn solche Imaginationen dem Prediger und der Predigerin plastisch vorschweben, so dass sie sich allein – in der Vorbereitung – und schließlich mit anderen – im Vollzug der Predigt – im Textraum umschauen können.[14]

---

[13] Wolfgang Steck, Band 2, 131 mit Verweis auf Peter L. Berger / Thomas Luckmann: Die gesellschaftliche Konstruktion der Wirklichkeit, ^{2}1971, 293f.

[14] Das Kunsthandwerk der Homiletik hat daher entscheidende Verbindungen zu bildenden Künsten: Wohl dem, der einen Predigttext tatsächlich malen kann und sich – jenseits der Frage zeichnerischer Hochwertigkeit – darin übt!

3. Notwendigkeit und Zukunftspotentiale einer praktisch-theologischen Bibelhermeneutik mit dem Textraum-Modell

Alle Arbeits- und Theoriefelder der Praktischen Theologie teilen eine Notwendigkeit: Sie brauchen, um nicht flach und kurzschlüssig betrieben zu werden, eine in die Tiefe gehende Auseinandersetzung mit den biblischen Schriften.[15] Sie brauchen eine genuin praktisch-theologische Bibelhermeneutik, wie jeder theologischen Disziplin ihre je eigene Auslegungsfertigkeit aufgegeben ist.[16] Das Textraum-Modell hat das Potential, das spezifische Gepräge praktisch-theologischer Bibelhermeneutik zu unterstützen: Die besondere Herausforderung der Praktischen Theologie ist, die vielfältigen Gestalten der christlichen Kulturpraxis empirisch-phänomenologisch zu erfassen und im Licht der biblischen Texte zu bewegen. »Gestalt« sug-

---

[15] Die wissenschaftliche Auslegung der Bibel ist Aufgabe aller theologischer Disziplinen im Sinne einer methodisch und hermeneutisch hoch differenzierten Forschungskultur. Vgl. Helmut Schwier, Bibel. Medium / Auslegung / Frömmigkeit / Schrift-kultur, in: Wilhelm Gräb / Birgit Weyel (Hg.), Handbuch Praktische Theologie, Gütersloh 2007, 214-226, 224. Zur immer aufgegebenen Arbeit der Praktischen Theologie an der Bibel siehe auch aus katholischer Perspektive Ottmar Fuchs. Er plädiert mit Nachdruck: »In Bezug auf die Gegenwart gilt es, mit Hilfe entsprechender Humanwissenschaften die Interaktionsprozesse zwischen Texten bzw. erzählten Geschichten und gegenwärtigen Identitäten und Kommunitäten aufzuspüren, etwa durch die Identitätsforschung (einschließlich ihrem Interesse an der Biographie), die Lesepsychologie, die Lernpsychologie (durch Vorbild und Identifikation), die Semiotik und Soziologie des Erzählens (also das Verhältnis von gemeinsamen Texten und Gemeinschaft) sowie die pragmatische Texttheorie, dazu gehört auch die Politik und Kulturwissenschaft (beispielsweise in Bezug auf das Verhältnis von Literatur, Bedürfnissoziologie und Gesellschaft) u.v.a. Hier bahnt sich für die Zukunft ein ganzes Forschungsprogramm an, dessen integrative Strukturierung zugunsten realer und kommunikativer biblisch-kritischer Vorgänge in Kirche und Theologie auch und besonders die Aufgabe der Praktischen Theologie wäre.« Ottmar Fuchs, Praktische Hermeneutik der Heiligen Schrift, Band 1, Stuttgart 2004, 89.

[16] Hermeneutik meint hier im Sinne Schleiermachers das Verstehen als Tätigkeit »zwischen Rekonstruktion und Schöpfung«: »Es ist die Kunst (schöpferisch), die Rede (texttheoretisch) eines anderen (das Anderssein ernstnehmend) richtig (regelgebunden) zu verstehen.« Stefan Alkier, Verstehen zwischen Rekonstruktion und Schöpfung. Der hermeneutische Ansatz Friedrich Schleiermachers als Vorlage einer Praktisch-theologischen Hermeneutik, in: Dietrich Zillessen u.a. (Hg.), Praktisch-Theologische Hermeneutik. Ansätze - Anregungen - Aufgaben, 3-22, 15.

geriert ein elementar dreidimensionales Verständnis von Wirklichkeit, das das Textraum-Modell aufzugreifen vermag.[17]

Praktisch-theologische Hermeneutik ist dann die Aufgabe, die Phänomene der christlichen Kulturpraxis in ihrer Pluralität in die ebenso als vielfältige, mehrdimensionale Räume verstandene alt- und neutestamentlichen Textwelt einzustellen und die dabei gesammelten Beobachtungen präzise zu beschreiben.[18] Das heißt, menschliche Glaubensweisen im biblischen Textraum zu bedenken und daraus entscheidende Impulse zu schöpfen. In Analogie zum Kirchenraum ist zu formulieren: Praktisch-theologische Bibelhermeneutik hat eine integrative Theorie zu entwickeln, die der Funktion der biblischen Texträume als komplexem spirituellem Potential gerecht wird und für den sachgerechten Umgang mit ihnen die erforderliche Kompetenz aus dem Gespräch mit den hermeneutisch-ästhetischen Nachbardisziplinen innerhalb aller theologischer Disziplinen und darüber hinaus mit den kulturwissenschaftlichen von Dramaturgie über Theater- und Kunstwissenschaften bis hin zu Literaturwissenschaft und Poetik gewinnt.[19] Praktisch-Theologische Bibelhermeneutik will alt- und neutestamentliche Texte nicht auf Informationsgehalte hin auspressen, sie sucht ihre *Dynamik* zu erproben. Ohne solches Bewegen im Textraum,

---

[17] So wie die Leiblichkeit des Menschen erst einen Raum erschafft (Vgl. Stephan Günzel, Raum im Gebrauch: Medium - Orte - Bilder, in: Hanns Kerner (Hg), Lebensraum Kirchenraum. Das Heilige und das Profane, Leipzig 2008, 57-75, 60f, und seinen Hinweisen auf Edmund Husserl und Maurice Merleau-Ponty) entwickelt sich also auch die praktisch-theologische Bibelhermeneutik mit ihrer Modellvorstellung »Textraum« an der Gestalthaftigkeit der christlichen Kulturpraxis als ihrem Forschungshorizont. Die biblischen Texte werden räumlich, wenn sich Menschen im Bewusstsein für ihre leibliche Bestimmtheit und die aller christlichen Glaubensgestaltweisen in ihnen bewegen.

[18] Siehe dazu auch: Rainer Bucher, Wann und unter welchen Umständen wäre die Praktische Theologie biblisch?, in: Martin Ebner (u.a.), Wie biblisch ist die Theologie? Jahrbuch für Biblische Theologie (JBTh) Band 25 (2010), Göttingen 2011, 247-263, besonders 257ff.

[19] Siehe dazu in Analogie Klaus Raschzoks Erläuterung zur Beschäftigung mit dem Kirchengebäude: »Praktisch-theologische Beschäftigung mit dem Kirchengebäude hat daher eine integrative Theorie zu entwickeln, die der Funktion des Kirchengebäudes als komplexem spirituellen Potential gerecht wird und für den sachgerechten Umgang mit ihm die erforderliche Kompetenz aus dem Gespräch mit den kulturwissenschaftlich orientierten Nachbardisziplinen wie Architekturtheorie, Kunstwissen-schaft, philosophischer Ästhetik, Religionsphänomenologie und Sozialwissenschaften gewinnt.« Klaus Raschzok, »...geöffnet, für alle übrigens« (Heinrich Böll). Evangelische Kirchenbauten im Spannungsfeld von Religion und Gesellschaft, in: Hanns Kerner (Hg), Lebensraum Kirchenraum. Das Heilige und das Profane, Leipzig 2008, 17-36, 17f.

vermag Praktische Theologie nicht pneumatologisch zu sein – denn die Inspiration, nach der sie forscht, findet sich nicht nur im empirisch-phänomenologisch Beschreibbaren. Ihr muss immer wieder gelingen, das von ihr Wahrgenommene, auch mittels Nachbardisziplinen differenziert Erkundete in den biblischen Texträumen als »verfremdende Umgebung« zu beobachten. Nur dann leistet sie ihren Auftrag, über die Erfassung von Zuständen hinaus »Agronomie des Reiches Gottes«[20] zu sein.

Das heißt auch: Praktische Theologie kann die biblischen Texte keineswegs nur am Rande aufgreifen. Sie ist mit ihrer wissenschaftlichen Arbeit nicht fertig, wenn sie empirisch-phänomenologisch Daten und Erkenntnisse erfasst und zur Diskussion stellt und biblische Bezüge maximal in die Begriffsorientierungen verbannt. Sie muss darüber hinaus aktuelle Realität in biblische Texträume hineinnehmen können. Sie braucht die Kunstfertigkeit der räumlichen Bibeltextbetrachtung mit einer jeweils virulenten christlichen Praxisgestalt. Auf diese Weise mag sich praktisch-theologische Bibelhermeneutik selbst als Raumerschließung biblischer Texte verstehen.

4. Elementare Kunstregeln der räumlichen Bibeltexterschliessung

Praktisch-theologische Bibelhermeneutik als räumliche Texterschließung mit dem Ziel, Gestalten christlicher Kulturpraxis in alt- und neutestamentlichen Wortwelten zu bewegen, kann elementare Kunstregeln von der geistlichen Kirchenraumerschließung lernen. Darum wird nun versucht, das hierzu von Klaus Raschzok erklärte bis hin in seine Begrifflichkeit auf die praktisch-theologische Bibelhermeneutik als Textraumerschließung zu übertragen.[21]

Praktisch-theologische Textraumerschließung bindet christliche Kulturpraxis und ihre vielfältigen Gestaltweisen an den biblischen Raum zurück und verortet sie dort. Sie verdeutlicht, dass mit dem Aufsuchen und Benutzen eines biblischen Raumes immer Spuren der eigenen Lebensgeschichte zugefügt werden. Auch die hineingeholten Gestalten christlicher Kulturpraxis verändern den Textraum, werfen Schatten, ziehen Licht an.

---

[20] Im Sinne Rudolf Bohrens der von »Agronomie auf das Paradies hin« spricht. Vgl. Rudolf Bohren, Dass Gott schön werde, München 1975, 14f.

[21] Vgl. Klaus Raschzok, Kirchenbau und Kirchenraum, in: Hans-Christoph Schmidt-Lauber/Michael Meyer-Blanck/Karl-Heinrich Bieritz (Hg.), 3., vollständig neu bearbeitete und ergänzte Auflage, Göttingen 2003, 391-412, besonders 402 f.

In der Rekonstruktion vergangener wie gegenwärtiger Stationen der Nutzung durch die Glaubenspraxis sucht praktisch-theologische Bibeltextraum-Erschließung wie Geistliche Kirchenraumerschließung nach den jeweiligen spirituellen Zentren des Textraumes und markiert eingetretene Verschiebungen. Zugleich werden immer auch schon die Spuren der zukünftigen Glaubensgestaltung als eine bereits in den biblischen Texträumen angelegte und auf das zukünftige Reich Gottes ausgerichtete Vision wahrgenommen.

In der Textraumerschließung entdecken sich die praktisch-theologischen Hermeneutiker und Hermeneutikerinnen und die von ihnen mit hineingenommenen Gestalten christlicher Kulturpraxis als Teil des Raumes und erleben erprobend die produktive Kraft der Bibellektüre für die Glaubensgestaltung. Die dabei notwendige Grundgebährde ist Aufmerksamkeit und Annäherung – nicht Besichtigung![22] Methodisch vollzieht sich diese Erschließungsarbeit in vielfältiger Weise. Grundsätzlich bleibt sie auf die konkreten Möglichkeiten des Textraumes, der gewählten Praxisgestalt und der Raumerschließenden beschränkt und verbittet sich, im Geist Umbaumaßnahmen durchzuführen. Lediglich das, was nach reiflicher Überlegung verantwortlich für eine bestimme Zeit »zur Seite geräumt«, versweise ausgelassen werden kann, darf auch erprobend realisiert werden.

Zu den einzelnen methodischen Elementen zählt, den Textraum mit Gesängen und Liedern zu verknüpfen, den eigenen Leserhythmus zu strukturieren (was kann beschleunigt, was muss verlangsamt werden), Textraum-Stationen anhand der ihnen anhaftenden Spuren in der christlichen Auslegungsgeschichte zu rekonstruieren, imaginierte Zeitgenossinnen und Zeitgenossen, Diskurstopoi quasi in Vitrinen an passenden Orten des Raumes ausstellen und die jeweils einschlägige Textraum-Mitte aufzusuchen. Grunderfahrungen des Textes werden auf diese Weise wahrgenommen. Die Textraumerschließenden nehmen ihn in sich und für eine christliche Gestaltpraxis auf. Jede Textraumerschließung stellt einen offenen Interpretationsprozess dar. Erfahrungs- und Erlebnisbilder werden hinzugefügt. Zur Textraumerschließung gehört die Erfahrung, dass Selbstverständliches trotz langer Vertrautheit nicht mehr bewusst wahrgenommen wird und dass es der darauf hingelenkten neuen Aufmerksamkeit bedarf. Besondere Sensibilität gilt den von Veränderungen im Textraum möglicherweise ausgehenden Verletzungen.

---

[22] Siehe dazu: Horst Rumpf, Die Gebärde der Besichtigung, in: Kirsten Fast (Hg.), Handbuch der museumspädagogischen Ansätze (Berliner Schriften zur Museumskunde 9), Opladen 1995, 29-45.

Diese Form der praktisch-theologischen Hermeneutik mag sich aus der homiletischen Meditation herleiten, ist aber grundlegend auch für die Klärung praktisch-theologischer Herausforderungen anderer Dimensionen wie der Religionspädagogik, Seelsorge, Kirchentheorie etc. hilfreich. Wie im Kirchenraum schwingen auch im Textraum alle drei Zeitstufen mit: Vergangenheit, Gegenwart und Zukunft.[23] Gebrauchsspuren früherer Zeiten haften biblischen Texten an, genau wie aktuelle Verständnisweisen und Praktiken. Zugleich sind sie aber auch – wie Karl-Heinrich Bieritz für Kirchenräume formulierte – voller Zeichen »für das, was noch aussteht. In ihrer Fremdheit verweisen sie nicht nur auf Vergangenes. In ihrer Fremdheit halten sie auch die Zukunft offen.«[24] Im biblischen Textraum ragt unweigerlich die Zukunft in unsere Gegenwart hinein[25] – keinesfalls nur die Vergangenheit gar als normierende Urkunde. Ein solcher geistlich-raumerschließender Blick als praktisch-theologische Bibelhermeneutik sucht nicht nur extrahierbare Gehalte, sondern gegenwärtige persönliche Einwirkung und Inspiration für die Zukunft. Das Modell »Textraum« aus Bibliodrama, Homiletik und Liturgik hilft, die biblische Herausforderung aller Dimensionen der Praktischen Theologie in – möglicherweise neu zu entdeckender – Ernsthaftigkeit und spielerischer Kreativität[26] anzugehen.

---

[23] Siehe zu den drei Zeitachsen Vergangenheit, Gegenwart und Zukunft im Kirchenraum: KLAUS RASCHZOK, Ein zukunftsoffener Raum (Wilhelm Löhe). Zur Leistung des Kirchengebäudes für die christliche Lebenskunst, in: Matthias Ludwig (Hg.), Kunst Raum Kirche. Eine Festschrift für Horst Schwebel zum 65. Geburtstag, Lautertal 2005, 67-77.

[24] KARL-HEINRICH BIERITZ, Wem gehört die Kirche? »Unsere Kirchen« und ihr kultureller Ort, in: Ders., Grenzgebiet. Praktische Theologie zwischen Kultur und Kirche (Rostocker Theologische Studien 14), Münster 2005, 315-325, 322.

[25] Vgl. KLAUS RASCHZOK, Ein zukunftsoffener Raum (Wilhelm Löhe). Zur Leistung des Kirchengebäudes für die christliche Lebenskunst, in: Matthias Ludwig (Hg.), Kunst Raum Kirche. Eine Festschrift für Horst Schwebel zum 65. Geburtstag, Lautertal 2005, 67-77, 74.

[26] Vgl. RAINER BUCHER, Wann und unter welchen Umständen wäre die Praktische Theologie biblisch?, in: Martin Ebner (u.a.), Wie biblisch ist die Theologie? Jahrbuch für Biblische Theologie (JBTh) Band 25 (2010), Göttingen 2011, 247-263, 257. Er spricht vom »kreative(m) Spiel gewagter Existenz heute«.

5. Abschliessender Impuls: Exemplarische Bibeltextraumerschliessung mit der Gestaltpraxis der pastoralen Ordination

In der Pastoraltheologie führt das Thema Ordination eher ein Randdasein, ist aber ein Schlüssel zur Pfarrberufstheorie Klaus Raschzoks im Sinne einer »Lebensarbeit im Feld der Christusgegenwart«.[27] Worum kann es in einer praktisch-theologischen Auseinandersetzung im biblischen Textraum mit der Glaubensgestaltpraxis der pastoralen Ordination gehen? Was ist zu entdecken – jenseits einer linearen biblischen Begründung? Zunächst ist die Praxisgestalt der pastoralen Ordination zu beschreiben.[28] Mit Klaus Raschzok mag dies so skizziert werden: Ordinierte sind bereit, präsent zu sein für die Beziehungsaufnahme zwischen sichtbarer und unsichtbarer Kirche.[29] Sie sind – im Sinne einer Grundvoraussetzung für den Pfarrberuf – in der biblischen Textwelt zuhause:[30] Denn wenn es überhaupt ein exklusives Berufskenn-zeichen des evangelischen Pfarrberufs gibt, dann ist es diese mit der Ordination und damit mit der Berufung zum Geistlichen Amt verbundene Position des Arbeitens auf der Schwelle: die Präsenz als Dienst für das Priestertum aller Getauften.[31]

Eine Reflexionsübung praktisch-theologischer Bibelhermeneutik, die mehr sein will als eine Extraktion möglicher biblischer Aussagen zur pastoralen Ordination, stellt das Phänomen des ordinierten Amtes in seinen für die Gegenwart zu beschreibenden Herausforderungen[32] in verschiedene biblische Texträume, z.B. Lukas 10,16: Wer euch hört, der hört mich; und wer euch verachtet, der verachtet mich; wer aber mich verachtet, der verachtet den, der mich gesandt hat.

---

[27] Siehe dazu: Klaus Raschzok, Ordination als Berufung und Lebensarbeit. Zu einem vernachlässigten Aspekt gelebter Spiritualität im Pfarrberuf, in: Theologische Beiträge 33.2002, 138-154.

[28] Der Diskurs um die Ausweitung der Ordination auf andere Berufsgruppen und Ehrenamtliche kann hier nicht geführt werden.

[29] Vgl. Klaus Raschzok, Gefragt, nötig und präsent, in: Pfarrer- und Pfarrerinnenverein in der evangelisch-lutherischen Kirche in Bayern, Korrespondenzblatt 6/2008, 81-91, 88.

[30] Ebd.

[31] Vgl. ebd.

[32] Siehe dazu exemplarisch: Von der Zukunft eines Schlüsselberufes der Kirche (Thesenpapier für die Evangelisch-Lutherische Kirche in Bayern, 2010) http://www.pfarr verein-bayern.de/pfarrberuf2020.pdf.

Die tiefendimensionierte Betrachtung dieser Worte im Blick auf das Amt mag erbringen, dass Amtsträgerinnen und Amtsträger in allen Ansprüchen und Aufgaben unmittelbar auf den Gekreuzigten verwiesen, mit ihm verbunden sind.[33]

Das ordinierte Amt im Textraum von Lukas 10,16 zu imaginieren, evoziert ein neues Verständnis seiner elementaren Freiheit und Verantwortung – nicht zuletzt auch im Gefüge der kirchenleitenden Gremien und Strukturen. Der Ordinierte schöpft seine Inspiration im Sinne seiner künstlerischen Tätigkeit allein aus dieser Verbindung zu Christus in seinem Wort. Er kann seine Berufung darin buchstabieren, in seinem Sprechen und Handeln durchlässig auf Christi Worte hin zu sein.

Die Imagination im biblischen Textraum beschenkt zugleich mit der Idee, dass bei aller Unruhe und Veränderungen in kirchlichen Bezügen von dieser Bindung die bleibende Kraft für das ordinierte Amt ausgehen wird: Die öffentliche Verkündigungsarbeit trägt trotz aller persönlichen Misslichkeiten und Unvollkommenheiten die Zusage, dass sich durch das zur Verfügung stellen der Einzelnen die Stimme des Einen immer wieder zu ereignen vermag.

---

[33] Siehe dazu auch: WALTER DIETZ, Systematisch-theologische Aspekte von Ordination und Ordinationsvollmacht im Licht evangelischer Theologie, in: D. Sattler / G. Wenz (HG.): Das kirchliche Amt in apostolischer Nachfolge Bd.II Ursprünge und Wandlungen (= DdK 13), Freiburg/Göttingen 2006. 97-14.

Hanns Kerner

Trügerische Gewissheiten

Anmerkungen zum Gebrauch der Geschichte in der Praktischen Theologie

Da jede Art von praktischer Theologie auf die kirchliche Praxis Einfluss nehmen will und oft auch erheblichen Einfluss ausübt, ist es von hoher Bedeutung für die Kirche, wie deren Thesen, Ergebnisse und Handlungsoptionen zustande kommen. Die Praktische Theologie ist heute von einer Vielfalt der Methoden, der Bezugs- bzw. Leitwissenschaften wie der angewandten Hermeneutiken geprägt.

Durchgängig ist der Geschichtsbezug in den verschiedenen praktisch-theologischen Feldern und Theoriebereichen gegenwärtig; ihm wird jedoch unterschiedliches Gewicht beigemessen. So weisen auch die aktuellen Theoriediskurse in der Regel historische Passagen auf und setzen sich mit geschichtlichen Entwicklungen auseinander. In vielen Facetten wird die Bedeutung und Methodik historischen Arbeitens in der Praktischen Theologie bedacht.

Dieser Theoriediskussion soll hier kein weiterer Baustein zugefügt werden. Vielmehr soll anhand von drei Beispielen exemplarisch angesehen werden, wie konkret mit der Geschichte in praktisch-theologischer Theorie und Praxis der Kirche umgegangen wird und wie letztere verzahnt sind.

Die Macht der Jahreszahl

In den Ausgaben des Evangelischen Gesangsbuchs für die Evangelisch-Lutherische Kirche in Bayern zwischen 1959 und 1995[1] stand unter »Bisherige Ordnung des Hauptgottesdienstes der Evangelisch-Lutherischen

---

[1] Evangelisches Kirchengesangbuch. Ausgabe für die Evangelisch-Lutherische Kirche in Bayern, München o.J.

Kirche in Bayern« in Klammern die Jahreszahl 1854.[2] So alt sollte diese gegenüber der neuen, davor wiedergegebenen »Allgemeine[n] Ordnung des Hauptgottesdienstes für Evangelisch-Lutherische Kirchen und Gemeinden« sein, der in Klammern die Jahreszahl 1954 nachgestellt wurde.[3] Hundert Jahre, so mussten es die Benutzer des Gesangbuchs lesen, lagen also zwischen der alten und der neuen Ordnung.

Weiß man allerdings, dass die erste Agende für die evangelisch-lutherische Kirche in Bayern 1879 herausgekommen ist[4], so stellt sich die Frage, wie und warum es zu dieser Datierung gekommen ist. Im Jahr 1854 hatte es zwar die Erlaubnis des bayerischen Innenministeriums gegeben, eine Gottesdienstordnung herauszugeben, die von Johann Wilhelm Friedrich Höfling[5] konzipiert worden war, diese wurde jedoch vom Oberkonsistorium zurückgehalten.[6] Bereits ein kurzer Blick auf diese Ordnung zeigt gravierende Unterschiede zu der Ordnung im Bayerischen Kirchengesangbuch. Bei Höfling war beispielsweise aufgrund klarer theologischer Entscheidungen die Abendmahlsfeier als integraler Bestandteil des Sonntagsgottesdienstes vorgesehen. Die »alte« Ordnung des Kirchengesangbuchs legt demgegenüber fest, dass die Abendmahlsfeier im Anschluss an den Predigtgottesdienst gefeiert wird und folgt dabei den bayerischen Agenden seit 1879. Hätte man eine einigermaßen zutreffende

---

[2] Ebd. 69*

[3] Ebd. 13*. Diese Datierung wäre auch zu hinterfragen, da 1954 nur ein Entwurf der Agende herausgegeben wurde (Agende für evangelisch-lutherische Kirchen und Gemeinden. Entwurf. Erster Band: Predigt und Abendmahlsgottesdienste, Teil V, Berichtigungen und Ergänzungen des endgültigen Entwurfs, bearb. v. der Lutherischen Liturgischen Konferenz Deutschlands und dem Liturgischen Ausschuss der VELKD, o.O. 1954). Erst 1955 erschien in Berlin die erste Ausgabe der Agende (Agende für evangelisch-lutherische Kirchen und Gemeinden. Erster Bd. Der Hauptgottesdienst mit Predigt und heiligem Abendmahl und die sonstigen Predigt- und Abendmahlsgottesdienste. Ausgabe für den Pfarrer, Berlin 1955).

[4] Agende für die evangelisch-lutherische Kirche in Bayern. Mit vorangestellter Ordnung und Form des Hauptgottesdienstes an Sonn- und Festtagen, Rev. und erg. Aufl. des Agendenkerns von 1856, Ansbach 1879.

[5] Ordnung und Form des Hauptgottesdienstes an Sonn- und Festtagen, Nürnberg [1853].

[6] Vgl. HANNS KERNER, Reform des Gottesdienstes. Von der Neubildung der Gottesdienstordnung und Agende in der evangelisch-lutherischen Kirche in Bayern im 19. Jahrhundert bis zur Erneuerten Agende, 1994, 138f.

Zahl unter die alte bayerische Ordnung im »alten« Gesangbuch setzen wollen, so wäre 1932 am zutreffendsten.[7]

Ähnlich rätselhaft, aber nicht so eklatant von der Realität abweichend, ist die Datierung 1954. Die erste Ausgabe der Agende der VELKD erschien in Berlin 1955[8], die bayerische Ausgabe erst 1959[9].

So stellt sich die Frage: Woher kommen diese Datierungen 1854 und 1954 und was wollte man mit diesen bezwecken?

Die Spurensuche für die Datierung 1854 führt zu Hans Kressel. Er schreibt 1935 in seiner bayerischen Liturgiegeschichte: »Unterm 19. Mai 1854 wurde dann die [Höfling'sche] Ordnung dem Ministerium vorgelegt und unterm 20. Juli 1854 erfolgte die Genehmigung ... Das Ziel war erreicht! So war nach drei Jahrzehntelanger Arbeit das gottesdienstliche Haus – in seinem Hauptgebäude wenigstens – endlich vollendet worden. Der schier unendliche Kreislauf liturgischen Schaffens war in letzter Stunde vor der Entartung in einen circulus vitiosus bewahrt worden«.[10] Hier wird suggeriert, dass die bayerische Agendenbildung im 19. Jahrhundert 1854 ihren Abschluss gefunden hat. Mit der Datierungsübernahme im Gesangbuch wird nicht nur der Anschein erweckt, als ob die dort abgedruckte Ordnung über einhundert Jahre Bestand hatte und somit Kontinui-

---

[7] Agende für die Evangelisch-Lutherische Kirche in Bayern. Erster Teil: Die öffentlichen Gottesdienste. Zweiter Teil: Die heiligen Handlungen. Neu bearb. und erg. Aufl., München 1932. Im neuen bayerischen Gesangbuch von 1995 findet sich bei der »alten Form« keine Datierung mehr. (Evangelisches Gesangbuch. Antwort finden in alten und neuen Liedern, in Worten zum Nachdenken und Beten, Ausgabe für die Evangelisch-Lutherischen Kirchen in Bayern und Thüringen, München 1995, 1169-1177). Allerdings wäre auch hier zu diskutieren, warum man nun hinsichtlich der Stellung des Abendmahls und der Flexibilisierung der Ordnung so tut, als wäre das die »alte Ordnung«.

[8] Agende für evangelisch-lutherische Kirchen und Gemeinden. Bd. 1: Der Hauptgottesdienst mit Predigt und heiligem Abendmahl und die sonstigen Predigt- und Abendmahlsgottesdienste, Berlin 1955.

[9] Auch hier gibt es eine Datenunschärfe. Die bayerische Ausgabe der VELKD-Agende ist auf 1957 auf der Titelseite datiert, auf der nächsten Seite heißt es aber: Die für Bayern gültige Fassung wurde bearbeitet vom Evangelisch-Lutherischen Landeskirchenrat in München 1959. (Agende für Evangelisch Lutherische Kirchen und Gemeinden, Bd. 1: Der Hauptgottesdienst mit Predigt und Heiligem Abendmahl und die sonstigen Predigt- und Abendmahlsgottesdienste, Ausgabe Bayern, Berlin 1957) In dieser Agende war die »alte Ordnung als »Ordnung des Hauptgottesdienstes nach der bisherigen Agende für die Evang.-Luth. Kirche in Bayern« ohne Jahresangabe abgedruckt. Die »bisherige Agende« war faktisch die von 1932.

[10] Hans Kressel, Die Liturgie der Evang.-Luth. Kirche in Bayern r. d. Rh. Geschichte und Kritik ihrer Entwicklung im 19. Jahrhundert, Gütersloh 1935, 88.

tät verbürgt, sondern auch, dass diese unverändert abgedruckt wurde. So könnte vermutet werden, dass diese Gottesdienstordnung auch künftig benutzt werden sollte, wenn sie bereits so lange gute Dienste getan hatte.

Die Datierung 1954[11] weist jedoch noch einmal in eine andere Richtung. Da die bayerische Agende I erst 1959 herausgegeben wurde, musste diese Vordatierung Kalkül gewesen sein. Argumentativ hätte man für die eigenwillige Datierung nur vorbringen können, dass die Generalsynode und die Bischofskonferenz der VELKD am 17. 11. 1954 die Agende I beschlossenen hat.[12] Dieses Datum wird bei Otto Dietz stark gemacht, der leidenschaftlich für die Ablösung der alten bayerischen durch die VELKD-Agende eintritt und diese auch den Gemeinden schmackhaft machen möchte. Er ist wie Werner Elert der Überzeugung, dass »die Annahme dieser Gottesdienstordnung ... eines Tedeums der lutherischen Kirche wert« sei.[13] Mit dem Beschluss der Kirchenleitung wird die Agende I der VELKD aber nicht zur Agende von 1954. In den neueren Liturgiken wird sie sachgerecht stets als Agende I von 1955 geführt.[14] Der Clou liegt also in der Kombination 1854 / 1954. Nach einhundert Jahren, so die Intention derer, die die VELKD-Agende aus Überzeugung einführen wollten, war es an der Zeit für etwas Neues. Es galt, sich dem neuen »Jahrhundertwerk« zuzuwenden.

Dieses Beispiel zeigt auf, wie tendenzielle Geschichtsschreibung in der Liturgiewissenschaft, welche die Fakten ignoriert und falsche Daten benutzt, wirkmächtig wird. Bei der Einführung der VELKD-Agende sollten die genannten Jahreszahlen Akzeptanz schaffen. Zudem wurden diese über Jahrzehnte in der bayerischen Liturgik gelehrt.

---

[11] Diese wurde dann auch wieder in die liturgische Geschichtsschreibung für die bayerische Landeskirche übernommen; vgl. FRIEDRICH KALB, Grundriss der Liturgik. Eine Einführung in die Geschichte, Grundsätze und Ordnungen des lutherischen Gottesdienstes [2]1982, 109. Auch REINHOLD MORATH übernahm die Datierung 1954, 1854 modifizierte er mit dem Zeitpunkt des Erscheinens des Agendenkerns 1856 (Die Ordnungen des Gottesdienstes. Veränderungen und Erläuterungen, in: Kleines Nachschlagewerk zum Evangelischen Gesangbuch. Ausgabe für die Evangelisch-Lutherischen Kirchen in Bayern und Thüringen, hg. v. Wolfgang Töllner, München 1996, 174).

[12] Vgl. HELMUT SCHWIER, Die Erneuerung der Agende. Zur Entstehung und Konzeption des Evangelischen Gottesdienstbuches, Hannover 2000, 4.

[13] OTTO DIETZ, Unser Gottesdienst. Ein Hilfsbuch zum lutherischen Hauptgottesdienst für die Hand der Gemeinde, München 1959, 9. Dietz suggeriert im Übrigen, dass die alte Ordnung noch den Geist der Aufklärung in sich trägt. (vgl. ebd. 7)

[14] Vgl. z.B. KARL-HEINRICH BIERITZ, Liturgik, Berlin/New York 2004, 547; MICHAEL MEYER-BLANCK, Gottesdienstlehre, Tübingen 2011.

Die Begründung von Praxis aus der Geschichte

Die Zusammengehörigkeit von Kyrie und Gloria wird bis in die neuesten Agenden hinein unterschiedlich gesehen[15] und ist höchst umstritten. Betrachtet man die Argumente, so sind die historischen Begründungen von besonderem Interesse. Während sich neuere Liturgiken zumeist mit einer Datierung, ab wann Kyrie und Gloria in der abendländischen Gottesdiensttradition zusammengezogen wurden, zufrieden geben[16] oder konstatiert wird, dass beide Stücke »nach Ursprung, Gattung und Funktion wenig miteinander gemein haben«,[17] begründen andere ihre jeweilige Praxisoption aus der Geschichte.

So wird für eine Zusammengehörigkeit von Kyrie und Gloria ins Feld geführt: Mit dem Zuruf Kyrie eleison »wurde im römischen Weltreich, in dem Christus geboren wurde, der Kaiser begrüßt, wenn er auf dem Forum ... oder im Theater erschien. Wenn nun die Christen den Titel ›Kyrios‹ ihrem ›Herrn‹ beilegten, so bekannten sie damit: ›Jesus Christus imperator mundi‹, d. h. ›Jesus Christus ist der Beherrscher der Welt.‹ Alle Zeitgenossen mußten das an Christus gerichtete ›Kyrie eleison‹ als eine Absage an die göttliche Verehrung der irdischen Machthaber verstehen. ... So bedeutet unser ›Kyrie‹ in erster Linie einen Huldigungsruf des Volkes Gottes an seinen unter ihm lebendig gegenwärtigen ›König aller Könige‹ (1. Tim. 6,15)«[18] Aus dem so gewonnenen Kyrieverständnis wird dann »die unzerreißbare innere Einheit von Kyrie und Gloria«[19] abgeleitet. Und bei denjenigen, die dieser historischen Argumentation folgen, wird ausgesagt, dass das Kyrie in dieser Verknüpfung seine »ursprüngliche Funktion«[20] wiedergewinnt.

---

[15] So ist auch im Evangelischen Gottesdienstbuch einer der gravierenden Unterschiede die Stellung des Kyrie im Eingangsteil. (Vgl. Evangelisches Gottesdienstbuch. Agende für die Evangelische Kirche der Union und für die Vereinigte Evangelisch-Lutherische Kirche Deutschlands, hg. v. d. Kirchenleitung der Vereinigten Evangelisch-Lutherischen Kirche Deutschlands und im Auftrag des Rates von der Kirchenkanzlei der Evangelischen Kirche der Union, Berlin 1999, 66 und 69f.)

[16] Vgl. Michael Meyer-Blanck, Gottesdienstlehre, Tübingen 2011, 411.

[17] Karl-Heinrich Bieritz, Liturgik, Berlin - New York 2004, 136f.

[18] Otto Dietz (wie Anm. XX), 51f.

[19] Ebd. S. 58.

[20] Friedrich Kalb (wie Anm. 20), 119.

In ganz anderer Weise wird der frühchristliche Gebrauch des Kyrie nicht nur gegen eine Verknüpfung von Kyrie und Gloria, sondern auch für eine Ablehnung des Kyrie im zeitgenössischen Gottesdienst ins Feld geführt. Hier wird bereits der Ansatz, die Übertragung der Verehrung von Herrschern auf Christus positiv aufzugreifen, vehement angegriffen. In zum Teil drastischen Schilderungen wird das »Hofzeremoniell«, zu dem das Kyrie prominent gehöre, abgelehnt.[21] »Jeder liturgische Byzantinismus ... passt nicht zum Vater Jesu Christi. Wir beleidigen diesen Vater, der auch unser Vater ist, durch ›gebücktes Dienen‹, indem wir uns, seine erwachsenen Söhne und Töchter, zu seinen Knechten und Mägden zu degradieren versuchen. Deswegen paßt das untertänige ›Kyrie eleison‹ zum kaiserlichen Hof von Byzanz, aber nicht in den christlichen Gottesdienst.«[22]

In beiden geschilderten Fällen wird auf den Kaiser- bzw. höfischen Kult zurückgegriffen, um die kirchliche Praxis vom Gebrauch des Kyrie im Gottesdienst zu beeinflussen. Dabei wird jeweils von der Übertragung des weltlichen Kyriostitels auf Christus ausgegangen. Je nach Gottesbild erhält die Übertragung des Herrschertitels auf Christus eine positive oder eine negative Konnotation.

An diesem Beispiel wird deutlich, dass historische Argumentation für die direkte Begründung der Handlungsebene untauglich ist. Unter anderen Prämissen kann derselbe historische Sachverhalt völlig konträr eingeschätzt werden und zu divergierenden Handlungsempfehlungen führen.

ERKENNTNIS DURCH VERGLEICH

Es ist unbestritten, dass die medialen Veränderungen der letzten Jahrzehnte in hohem Maße auf die Gestaltung der Gottesdienste Einfluss genommen haben und nehmen. So gibt es beispielsweise bei der Trauung in der Praxis heftige Auseinandersetzungen um die Einbeziehung von Liedern, die nicht Bestandteil des kirchlichen Repertoires sind, um das Fotografieren und Filmen, um das Führen der Braut durch den Brautvater oder um das Blumen- und Reisstreuen. In den Kasualtheorien nehmen diese Probleme nur geringen oder keinen Raum ein.

Ein weiterer Blick in die bayerische Agendengeschichte kann hierzu einiges verdeutlichen. In der Regel ist von Einbeziehung zeitgenössischen

---

[21] Vgl. z.B. FRITHJOF GRÄSSMANN, Spricht Gott Hochdeutsch? Über Sprache, Musik und Gemeinschaftsformen in der Kirche, München 1985, 121ff.

[22] CHRISTOPH VON LOWTZOW, Mit lieblosen Gottesdiensten Gottes Liebe feiern?, Stuttgart [2]1991, 67.

Brauchtums in die Trauagenden durchgängig nichts zu finden, was ja auch eine lange Tradition hat.[23] Vielmehr wird beispielsweise in der Trauagende der VELKD von 1964 in den »Anweisungen zum Gebrauch der Agende« eingeschärft, dass »um der gebotenen Gemeinsamkeit und christlichen Liebe willen ... nur im Notfall aus zwingenden Gründen« von der »guten Ordnung« abgewichen werden sollte.[24]

Ein aus dem üblichen Rahmen fallende Aufnahme von Brauchtum bietet der Aufriss einer Agende aus dem Jahr 1823. Dort ist festgelegt: Die Braut »bringt dem Pfarrer auf einem Teller ein Stücklein Brot und einen Becher oder Glas mit Wein. Auf dem andern Teller liegt ein seidnes Tuch, eine Citrone, ein Rosmarinstängel und ein Blumenstrauß. – Dies Geschenk muß der Pfarrer in den Hut legen. Dann sagt er: Wir wollen euer hochgewichtiges Werk als Christen mit Gebet und Flehen anfangen und zuerst in unser Gotteshaus ziehen. Fünf bis 6 Musikanten gehen vorauf, dann folgt der Pfarrer mit dem Bräutigam, dann die EhrenVäter und alle Hochzeitsgäste Paarweise. – Dann die Braut mit ihrer Gespielin, welche während des Kirchgangs an die Armen Geld und Brod oder Gebacknes austheilt, – Nebst dem BrautFührer mit einem bloßen Schwerdte. – Wenn der Zug am Kirchhof angekommen ist, bleiben die Musikanten weg und begeben sich zur Orgel, wo sie den Gesang abwechselnd mit der Orgel mit blasenden Instrumenten begleiten. – Wenn der Pfarrer mit dem Bräutigam in der Kirche angekommen ist, führt er ihn in den sogenannten Ehrenstand nächst dem Altar, und der Brautführer die Braut in den Stand vor welchem er mit blankem Schwerdte stehen bleibt. ...«[25] Es wird deutlich, dass hier in hohem Maße auch der Umgang mit den Gebräuchen geregelt werden soll und diese in die kirchliche Trauhandlung integriert werden. Dabei wird auch insgesamt den die Trauung umgebenden Bräuchen in der Ordnung mehr Raum gegeben als der eigentlichen kirchlichen Kernhandlung. Der Regelungsbedarf schien also in diesem Bereich stärker als im liturgischen Feld.

Betrachtet man heutige Trauagenden, so wird zwar das Problem angedeutet, aber nicht geregelt. Genauso verhält es sich auch in der Liturgie-

---

[23] Johann Friedrich Wilhelm Höfling, Liturgisches Urkundenbuch enthaltend die Akte der Communion, der Ordination und Introduktion, und der Trauung, hg. von Gottfried Thomasius und Adolf von Harnack, Leipzig 1854, 173-229.

[24] Agende für evangelisch-lutherische Kirchen und Gemeinden, Bd. III: Die Amtshandlungen, Ausgabe Bayern, Berlin und Hamburg 1964.

[25] Entwurf einer Kirchen=Ordnung für die protestantische GesammtGemeinde des Konigreichs Baiern diesseits des Rheins, in: Hanns Kerner und Manfred Seitz (Hg.), Die Reform des Gottesdienstes in Bayern im 19. Jahrhundert. Quellenedition Bd. 1, Stuttgart 1995, 57-59.

wissenschaft. Werner Horns Einschätzung im Handbuch für Liturgiewissenschaften dürfte einen breiten Konsens ausdrücken. Auf die selbst gestellte Frage: »Wie verhalten sich Pfarrer oder Pfarrerin bei den Brauchtumsformen der Trauungen?« antwortet er: »Das Geschehen vor und nach der kirchlichen Trauung ist nicht ihre Sache.«[26] In der kirchlichen Trauung selbst sieht das allerdings anders aus. Wo eigene Vorstellungen der Brautleute über das übliche, in der Agende festgelegte, hinausgehen, findet sich – nicht nur bei Horn – ein »Ja – aber«. So konstatiert dieser auf der einen Seite, dass »im Rahmen des öffentlich Möglichen die Interpretation geäußerter Musikwünsche wichtiger [sei] als die Konfrontation mit den Standards des hochkulturellen Milieus«,[27] auf der anderen Seite betont er aber, dass alles, was im Traugottesdienst geschieht, »textlich und musikalisch für den Gottesdienst geeignet, die Instrumentalmusik dem Inhalt des Gottesdienstes angemessen und die Qualität der musikalischen Darbietung gewährleistet« sein müssen.[28] Die Entscheidung über Zulassung und Nichtzulassung eines Ave Maria oder des Hochzeitsmarsches von Felix Mendelssohn-Bartholdy liegt hier letztlich beim Pfarrer. Auch wenn sonst in der Liturgik die im Traugottesdienst selbst auftretenden zeitbedingten Veränderungswünsche exemplarisch thematisiert werden, kommt den Pfarrerinnen und Pfarrern eine tragende Rolle zu. Wenn beispielsweise die »Bedeutung der Co-Inszenierungen«[29] anhand des Fotografierens bei Trauungen herausgearbeitet wird, so bekommen die Amtspersonen eine sehr anspruchsvolle Aufgabe für das Erschließen des Zusammenhangs von Fotografieren, Biografie der Brautleute und kirchlicher Segenshandlung zugewiesen.[30] Auch wo konstatiert wird, dass die Situation »nach innovativen Impulsen ruft«[31], bleibt die Füllung, wie diese Impulse aussehen, bei den Pfarrerinnen und Pfarrern hängen.

Das Beispiel der Ordnung von 1823 zeigt, dass es keineswegs eine neue Fragestellung ist, wie man mit den nichtgottesdienstlichen Ansinnen bei einer Trauung umgehen soll. 1823 sollte das Problem so gelöst werden,

---

[26] WERNER HORN, Die kirchliche Trauung – Zur Praxis, in: Handbuch der Liturgik. Liturgiewissenschaft in Theologie und Praxis der Kirche, hg. v. Hans-Christoph Schmidt-Lauber u.a. Göttingen [3]2003, 526.

[27] Ebd.

[28] Ebd.

[29] KRISTIAN FECHTNER, Kirche von Fall zu Fall. Kasualpraxis in der Gegenwart – eine Orientierung, Gütersloh 2003, 135.

[30] Vgl. ebd. 135-141.

[31] CHRISTIAN GRETHLEIN, Grundinformation Kasualien, Göttingen 2007, 247.

dass das zeitgenössische Brauchtum in die kirchliche Trauhandlung organisch integriert wird. Die gegenwärtig gültigen Agenden haben die Sache so gelöst, dass die Integration des Brauchtums ausgeschlossen wird. In beiden Fällen sind die Geistlichen nicht von eigenen Entscheidungen frei, sondern handeln nach den entsprechenden Vorgaben.

Der Vergleich mit den heutigen Ordnungen und Kasualtheorien zeigt, dass wir es auf der einen Seite mit einer durch die Zeiten immer neu zu lösenden Sachlage zu tun haben. Der große Unterschied ist, dass seit den achtziger Jahren zunehmend die Gestaltungshoheit und Entscheidung, was an neuem oder alten Gestaltungsbräuchen in die kirchliche Trauung integriert wird, bei den Pfarrerinnen und Pfarrern liegen. An sie werden hohe Ansprüche gestellt.[32] Die Entlastungs- und Klärungsfunktion von Ordnungen ist zugunsten individueller Entscheidungen aufgegeben worden. Neu ist also nicht das Problem, neu ist die alleinige Verlagerung der Entscheidungen in den Gesprächsprozess und letztlich auf die Ebene der Pfarrerinnen und Pfarrer.

An diesem Beispiel wird deutlich, dass das Einbeziehen historischer Forschung in heutige praktisch-theologische Erwägungen zwar keine Lösung bietet (höchstens Lösungsoptionen), sehr wohl aber in diesem Fall präzise aufdeckt, dass zum einen keine neue Fragestellung vorliegt, zum anderen aber die Veränderung des Problemlösungsweges und somit der eigentliche Entscheidungsbedarf sichtbar wird.

Funktionalisierung der Geschichte

Praktisch-theologisches Arbeiten kommt an den historisch gewachsenen Formen christlicher Glaubensgestaltung nicht vorbei. Praktische Theologie ist immer geschichtsgebunden. Wenn sie »christliche Praxis im Hinblick auf neues praktisch-theologisches Verstehen und im Hinblick auf verändertes kirchliches Handeln« reflektiert[33], so hat darin die historische Di-

---

[32] Das gilt auch für die zuletzt erschienene Trauagende der Evangelischen Kirche von Kurhessen-Waldeck. (Agende III/3: Die Trauung, hg. v. Landeskirchenamt der Evangelischen Kirche von Kurhessen-Waldeck, Kassel 2013, bes. 19, 24f., 41ff.) Hier werden Fragen wie die »Choreographie der Brautübergabe« oder »Probleme und Lösungen bei der Musikauswahl« (ebd. 41f. und 47) behandelt und dabei »gemeinsame Kommunikation« beschworen.

[33] Michael Meyer-Blanck, Zwischen religiöser Rede und der Rede über Religion. Die Praktische Theologie als Vermittlungstheorie zwischen Theologie, Kirche und Kultur, in: EvTh 61, 2001, 414-424, hier 417.

mension einen prominenten Platz. Das Einbeziehen geschichtlicher Entwicklungen und Erkenntnisse ist unumgänglich.

Ungeklärt ist allerdings, wie mit historischen Fakten, Entwicklungen und Urteilen umgegangen wird. Die genannten drei Beispiele wollen einen Problemhorizont andeuten, der noch viel weiter und gerade im abgründigen Umgang mit der Geschichte beliebig erweiterbar ist.

Das erste Beispiel zeigt, wie mit Daten, die einer historischen Überprüfung nicht standhalten, wirkkräftig gearbeitet wird. Die Auswirkungen sind nicht nur im Rahmen der Einführung der Gottesdienstordnung der VELKD zu sehen, sondern sie reichen bis in den Konfirmandenunterricht einerseits und das universitäre Lehren der Liturgik andererseits.

Das zweite Beispiel deckt auf, wie ein bestimmtes geschichtliches Phänomen instrumentalisiert wird, um die eigene Überzeugung argumentativ zu unterstützen. Derselbe Sachverhalt führt zu völlig verschiedenen Gewichtungen der Ausgangssituation, liefert Argumente für die jeweils angestrebte Gottesdienstpraxis und prägt unterschiedliche Glaubenshaltungen.

Am dritten Beispiel lässt sich ablesen, wie durch historischen Vergleich Kontinuität und Veränderung sichtbar werden. So wird deutlich, dass die Grundaufgabe, mit dem Brauchtum umzugehen, nichts Neues ist. Gleichzeitig tritt in voller Schärfe der Gegensatz zwischen den verschiedenen Lösungsmodellen zum Vorschein. Hinzugefügt werden muss allerdings, dass auch dieses Beispiel nicht ohne größere Probleme ist. Es könnte nämlich gezeigt werden, dass die historischen Vergleichspunkte in der Regel unvollständig und zum Teil – wie das Herausgreifen des Entwurfs der Gottesdienstordnung von 1823 – auch willkürlich sind. Ein anderes Bild würde zu zeichnen sein, wenn die Praxis im Umgang mit dem Brauchtum bei Trauungen aus der Zeit der Blüte der Aufklärung oder zwischen dem 1. und 2. Weltkrieg mit in die Betrachtung einbezogen würde, die durchaus Ähnlichkeiten mit der heutigen Situation aufweisen. Die gewählten Bezugspunkte bringen immer ein erhebliches Veränderungspotential hinsichtlich der Einschätzung von historischen Analysen mit.

Alle drei Beispiele machen deutlich, dass es sich verbietet, Problemlösungen und Handlungsstrategien direkt aus der Geschichte abzuleiten. Ein gesundes Misstrauen gegenüber historischer Argumentation und auch mancher Datierung ist angebracht. Wo Geschichte instrumentalisiert wird, sollte dies aufgedeckt werden.[34]

---

[34] Hier einzubeziehen sind auch die geistesgeschichtlichen Geschichtsinterpretationen, wie wenn beispielsweise eine eigenwillige, einer historischen Überprüfung nicht standhaltende Schleiermacherinterpretation als Ausgangspunkt für eine

Aus dem Missbrauch die Folgerung zu ziehen, historisches Arbeiten in der Praktischen Theologie zu lassen, würde aber das Kind mit dem Bad ausschütten. Praktische Theologie kann sich keine Geschichtsvergessenheit leisten. Wie lange wurde beispielsweise seit den 60er-Jahren des 20. Jahrhunderts so getan, als wären offene Gottesdienstformen etwas völlig Neues, anstatt das ausgehende 18. und beginnende 19. Jahrhundert oder die Zeit zwischen dem 1. und 2. Weltkrieg vergleichend in den Blick zu nehmen[35]. Vieles hätte sehr viel unverkrampfter entwickelt werden können, wenn gesehen worden wäre, dass sich Phasen der Pluralisierung von Gottesdienstformen und von streng agendarisch geordneten Formen in der Geschichte der evangelischen Kirchen seit der Aufklärung ablösen oder überlappen.

Wo immer in der Praktischen Theologie auf Geschichtliches zurückgegriffen wird, hat dies eine Funktion und ist mit einer Intention verbunden. Es wäre jeweils nur redlich, offenzulegen, welchen Stellenwert die Rückgriffe auf die Geschichte in den praktisch-theologischen Abwägungs- und Einordnungsprozessen haben.

---

praktisch-theologische Theoriebildung genommen wird, was ja nicht zu selten vorkommt.

[35] Vgl. KLAUS RASCHZOK, Trendsetter des Aufbruchs: Die »Frontkämpfer des Gottesdienstes«, in: Hanns Kerner (Hg.), Aufbrüche. Gottesdienst im Wandel, Leipzig 2010, 63-84.

Sechsunddreissig Seelen

Sechsunddreißig Seelen
sagt der berühmte Künstler
wohnen in meiner Brust
Sechsunddreißig Seelen
Woher sie kommen
wohin sie gehen
wie lange sie bleiben
ich weiß es nicht
ich weiß nur
dass sie da
sind

Sechsunddreißig Seelen
denke ich mir
sind sehr sinnvoll
Wenn die eine
oder andere
traurig ist
tröstet sie
die eine oder
andere
Wenn die eine
oder andere
wütend ist
beruhigt sie
die eine oder
andere
Wenn die eine
oder andere
krank ist
pflegt sie
die eine oder
andere
Wenn die eine
oder andere
verliebt ist
freut sich die eine
oder andere
wie eine
Schneekönigin

Sechsunddreißig Seelen
sagt der berühmte Künstler
leben in mir
und ich in ihnen
Was für eine Kraft
Was für eine Weite
Für unsereinen
ist es schon schwierig genug
mit einer einzigen
oder ach mit zweien gar
zurechtzukommen

Christel Köhle-Hezinger

»Fromme Dinge?«

Aspekte protestantischer Identität

I. Memoria

Mein Artikel[1] stellt – aus ethnographischer Perspektive – die Frage nach den Dingen, in denen sich die Welt des frommen Eigensinns spiegelt. Er geht ihr nach am Beispiel der Marie Frech aus Fellbach, geboren 1895, gestorben 1995. Ihr Leben lang blieb sie in Fellbach, einem Weingärtner- und Industriedorf, das längst zu einer Industriestadt vor den Toren Stuttgarts geworden ist. Nach ihrem Tode wurde ihr Haus zum Ort merkwürdigen Gedenkens: zu einem »Freilichtmuseum für einen Sommer« und damit zum Zentrum eines scheinbar vergessenen kollektiven Erinnerns.[2] Auch in Halle an der Saale gab es – 2005, im Begleitprogramm des zweiten Internationalen Kongresses für Pietismusforschung, im Historischen Waisenhaus der Franckeschen Stiftung – ein Museum für einen Sommer, als einen zweiten Ort des Erinnerns an Marie Frech.[3] Er unterschied sich von der

---

[1] Überarbeitete Fassung des Erstabdrucks in: Alter Adam und Neue Kreatur. Pietismus und Anthropologie. Beiträge zum II. Internationalen Kongress für Pietismusforschung 2005. Hg. von Udo Sträter et al., 2 Bände (Hallesche Forschungen 28/1 und 2). Halle-Tübingen 2009, 585-594.

[2] Die 100 Jahre der Marie Frech. Ein Fellbacher Frauenleben zwischen Pietismus und Eigensinn. Eine Ausstellung der Stadt Fellbach vom 12. Mai bis 13. Oktober 1996 (Begleitband zur Ausstellung, Redaktion Ralf Beckmann, Fellbacher Hefte Band 4).

[3] Hoffnung besserer Zeiten. Philipp Jakob Spener und die Geschichte des Pietismus. Hg. v. Interdisziplinären Zentrum für Pietismusforschung in Verb. mit den Francke-schen Stiftungen zu Halle, Halle 2005 (Kataloge der Franckeschen Stiftungen, 14). In Raum 3: Die Installation des Wohnzimmers der 1995 gestorbenen

Memoria im Heimatort: Er war wissenschaftlich, prominent - und verfremdend, in mehrfacher Hinsicht. Der schwäbische Pietismus des 19. Jahrhunderts, der bis heute in vielen Erscheinungs-formen existiert, wurde so, über das Medium »Marie Frechs Wohnstube«, in Bezug gesetzt zum »Großen Pietismus-Gedenken«, zum Begründer dieser spirituellen Bewegung 1675 durch Philipp Jakob Spener. Marie Frechs Stube stand, in Halle wie im Heimatort Fellbach, für *den württembergischen Pietismus* insgesamt - als das »Kleine Gedenken« der kleinen Leute, der Laien, der »Stillen im Lande«.[4]

II. Zeugen und Zeichen

Marie Frechs Haus und seine Dinge - sie sind genutzt, aufgehoben. Das Haus und seine Menschen - eine Familie, über Generationen hinweg - öffnet uns, über den Blick auf die »frommen Dinge«, den Weg zu einer Anthropologie der einfachen Frommen; der kleinen Leute, Frauen, Ledigen als der *»Glaubensvirtuosen« (M.Weber)*, die - über die Grenzen von Stand und Geschlecht hinweg - sich ihre eigene *Praxis pietatis* formten und lebten.

Marie Frechs Dinge und Sachen sind die Dinge des Alltags. Diese Dinge sind zugleich Zeichen - *Zeichen der Ordnung von frommem Leben.* Sie sind Marie Frechs Habe, in der Sprache der Mundart »ihr Sach«[5], die Gesamtheit (nicht nur die »Sachgesamtheit«!) ihres Besitzes, ihr Eigentum, ihre Welt.

Marie Frech, darin ein von mir mitgestalteter 30-minütiger Fernsehfilm über Marie Frech. (SWR 3 1996).

[4] Den württembergischen Pietismus in einer innovativen Gesamtschau beleuchten aus historisch-kulturwissenschaftlicher Sicht Ausstellung und Katalog, die ich hier anstelle von (kanonisch-)endloser Pietismusforschungs-Literatur nenne: Werner Unseld/ Renate Föll (Bearb.): Barock und Pietismus. Wege in die Moderne. Katalog zur gleichnamigen Ausstellung des Landeskirchlichen Museums Ludwigsburg. Ludwigsburg 2004, (Kataloge und Schriften des Landeskirchlichen Museums, 12).

[5] Zu den breiten mundartlich-differenzierten Bedeutungen von »Sach« (und zu den Abgrenzungen zu »Zeug«, »Zeugs«, »Gemäch«, bis zu körperlich-sexuellen Konnotationen) vgl. Schwäbisches Wörterbuch, Bd. V, Tübingen 1920 (s.v. »Sach«, Sp. 513-515), Bd. VI, Tübingen 1924 (s.v. »Zeug«, Sp. 1163-1168). Zu Marie Frechs Habe siehe Ralf Beckmann, »... wie ausgewechselt«. Marie Frech und ihr ›Sach‹., in: Die 100 Jahre der Marie Frech (s. Anm. 1), 79-85. Der Artikel zielt allerdings auf »Sach« i.S.v. Hausrat, also auf eine engere Definition. Der Definition i.S.e. erweiterten Kulturbegriffs folgend, wäre die von Ausstellung und Buch verfolgte Erschliessung dieser frommen Lebenswelt insgesamt ein »Blick auf Marie Frechs Sach«.

Diese Dinge sind damit nicht nur Zeugen individuellen Lebens. Sie sind zugleich Zeugen einer eigenen, anderen Kultur. Sie treten im Bild des »frommen Lebens« der Marie Frech in Erscheinung als Räume, Bücher, Bilder, als Kleider, Habitus, Kopfputz und Kopfbedeckung, Harmonium und Handtasche.

Der kulturwissenschaftlichen Forschung sind sie beides zugleich und in einem, *Sujektivation und Objektivation*. Und sie stehen im Kontext von *Tradition, Geschlecht, Glaube, Memoria.*[6]

Mein ethnographischer Blick auf den Pietismus kreist damit um *Alterität* – auch und weil er das Eigene zentriert, weil er damit in wörtlichem Sinne ein *ethnozentrischer* ist. Es geht also, am Beispiel der Marie Frech, um das Anderssein. Zunächst in den Kategorien von Raum und Zeit, und im Sinne von Haben und Sein: um das »Besondere Räume, Orte und Dinge-Haben«, um das »Sich besonders-Halten«. Damit geht es auch – im Sinne eines »Ungleichzeitig-Seins« – um das Andere im Eigenen, um das »Anders-Sein« in der Heimat.

Frömmigkeitsforschung, volkskundlich-kulturwissenschaftlich begriffen, ist damit notwendig eine vergleichende, interpretierende Kulturforschung.[7] Realien sind ihr von gleicher Bedeutung wie schriftliche und mündliche Quellen, wie das Erleben und Deuten der Menschen. Sie bilden – als eben jener beispielhafte Mikrokosmos frommen Lebens, mitsamt seinen Dingen und Tradierungen – im alltäglichen Tun und Glauben ein untrennbares Ganzes.

Das »System der Dinge«, so Jean Baudrillard, formuliert ein »System der Bedeutsamkeiten«.[8] Das meint mehr als nur jene »tiefen Spuren« in

---

[6] Siehe dazu CHRISTEL KÖHLE-HEZINGER, Hören, Schreiben, Lesen, Schweigen. Zur Tradition pietistischer Memoria im Spiegel der Geschlechter, in: Ulrike Gleixner/Erika Hebeisen (Hg.), Gendering Tradition. Erinnerungskultur und Geschlecht im Pietismus (Perspektiven in der neueren und neuesten Geschichte. Kultur, Wissen, Geschlecht, 1). Korb 2007, 281-292.

[7] Das Zunehmen der »Frömmigkeitsforschung« auch in der Geschichtswissenschaft lässt die Problematisierung der Begriffe vermissen. Siehe dazu im Fach Volkskunde MARTIN SCHARFE/WOLFGANG BRÜCKNER/GOTTFRIED KORFF/HELMUT EBERHART et al.(Hg.), Volksfrömmigkeit. Referate der Österreichischen Volkskundetagung 1989 in Graz. Wien 1990. RUTH-E. MOHRMANN (Hg.): Individuum und Frömmigkeit. Volkskundliche Studien zum 19. und 20. Jahrhundert. Münster 1997. NILS-ARVID BRINGÉUS. Schwedische Religionsethnologische Studien (Lund 1997). Münster 2000.

[8] JEAN BAUDRILLIARD, Das System der Dinge. Über unser Verhältnis zu den alltäglichen Gegenständen. Frankfurt/M., New York 2001. Zur Debatte um die »Dingbedeutsamkeit« (K. S. Kramer 1962) und ihre Problematisierung in der Volkskunde

Gesellschaft und kulturellem Leben, die der Pietismus nach der Definition Wallmanns hinterlässt[9] und die von der Pietismusforschung zu sehen und zu lesen sind. Dieses System der Dinge und ihrer Bedeutsamkeiten ernst zu nehmen bedeutet mehr als »Kulturfolgenforschung«, aber auch mehr als nur Binnenraum- und Exotikforschung (›Menschen, Orte, Ideen‹). Es meint – so meine These beim Blick auf Marie Frech – Spuren zu lesen nach rückwärts und nach vorwärts, sie zu deuten *im Kontext und im Vergleich.*[10] Und schließlich, zum Dritten – dies meine zentrale These – gilt es diese Spuren zu erkennen und zu interpretieren in ihrer *Dreidimensionalität von Traditionalität, Materialität* und *Spiritualität.*

III. Ordnung der Dinge

Diese ›Dreiheit‹ ist im Leben der Marie Frech unlösbar verschmolzen. Sie ist ihm integraler Bestandteil, leibhaftig und alltäglich eingeschrieben in der Formel des »Frommen Lebens«.

1991, im Alter von 96 Jahren, ging Marie Frech ins Altersheim; im Mantel und mit ihrem »Handtäschle« – so, wie sie stets zur Kirche und in die »Stunde« ging. Vier Wochen nach ihrem 100. Geburtstag, den sie – wie sie stets gesagt hatte – noch erleben und feiern wolle, starb sie. Es blieben von ihr (ich beschränke mich in der Aufzählung auf Wesentliches und Merkwürdiges) ein seit ihrem Weggehen 1991 unberührt gebliebenes Weinbauernhaus mit all seinem Inventar von Generationen: 250 Bücher, 1

---

seither siehe Hermann Bausinger, Ding und Bedeutung, in: Österreichische Zeitschrift für Volkskunde LVIII/107, Wien 2004, 193-210. Gudrun M. König (Hg.), Alltagsdinge. Erkundungen materieller Kultur, Tübingen 2005. Gottfried Korff, Museumsdinge deponieren – exponieren, Köln-Weimar-Wien 2006. Zur Auratisierung der Dinge siehe Ulrike Langbein, Geerbte Dinge. Soziale Praxis und symbolische Bedeutung des Erbens. Köln 2002. Und, als mittlerweile »Standardwerk«, Andrea Hauser, Dinge des Alltags. Studien zur historischen Sachkultur eines schwäbischen Dorfes, Tübingen 1994.

[9] Johannes Wallmann, Der Pietismus. Göttingen 1990, 7. »Anwendungsbeispiel« dafür war eine interdisziplinäre Tagung in Bad Boll 1999. Siehe dazu den Tagungsband von Rainer Lächele (Hg.), Das Echo Halles. Kulturelle Wirkungen des Pietismus, Tübingen 2001.

[10] Zur ethnologischen Sachkulturforschung siehe (rezent und exemplarisch) Karl-Heinz Kohl, Die Macht der Dinge. Geschichte und Theorie sakraler Objekte. München 2003. Zur Erforschung der »Frommen Dinge, katholisch« (als traditionell reiches, gut beackertes Forschungsfeld, im Kontext »Katholischer Volksfrömmigkeit«) siehe Nina Gockerell, Bilder und Zeichen der Frömmigkeit. Sammlung Rudolf Kriss. Bayer. Nationalmuseum München 1995.

Harmonium, Bilder aller Art, Photographien, Drucke, Spruchbilder; Wäsche, 1 Nähmaschine, Kleider (im Alter von 93 Jahren hatte sie sich ihr letztes Kleid selbst genäht); 27 schwarze Schuhe, linke mehr als rechte (also 13 Paar und ein einzelner); 6 Stuben- und Gassenbesen, zum Teil abgenutzt bis auf den Stiel.[11]

Schon im Jahre 1836, im Hinterlassenschaftsinventar des Urgroßvaters, das nach dessen Tod erstellt worden war (auch er ein Weingärtner und Pietist), fanden sich bereits etliche Bände der 1819/20 editierten Schriften von Michael Hahn (1758-1819), jener Gestalt der Väter, auf den die Anhänger der bis heute existierenden *Hahnschen Gemeinschaft* zurückgehen. Michel Hahn aus Altdorf bei Böblingen, Bauernsohn, Metzger und Uhrmacher, hatte im Alter von 17 Jahren sein Erweckungserlebnis. Im Alter von 20 Jahren erlebte er seine erste Zentralschau; die zweite - im Alter von 25 Jahren - dauerte sieben Wochen, so wird berichtet. Seine Anhänger (»*Michelianer*«) folgten fortan seinem Weg der Verinnerlichung in großer Treue, vielfach auch im Weg der von ihm vorgelebten und gelobten Ehelosigkeit.[12] Mit ebenfalls 20 Jahren beschloss die erweckte Marie Frech, ledig zu bleiben.

Anfang des 20. Jahrhunderts zählte der Wein- und Industrieort Fellbach gut 4.000 Einwohner. 600 davon waren *Hahn'sche*, nach der Pfarrbeschreibung von 1905 (»die ganz überwiegende Mehrzahl der Bekehrten«).[13] In gut einem Jahrhundert, so der Befund, war in Württemberg aus dem Pietismus als »jener prekären Kultur mit Sprengsatz«, wie Martin Scharfe es formulierte, die starke Bewegung der Stillen »in der warmen Stunde« geworden.[14] Seit 1819, im Jahre des ersten Erscheinens von Michel Hahns

---

[11] Siehe dazu Inventare und Bilder in: Die 100 Jahre des Marie Frech (s. Anm. 1). Zur Bedeutung des Harmoniums im Pietismus - auch als frommes Statussymbol und gleichsam »weibliches Aussteuerstück«, besonders für Altledige - siehe CHRISTEL KÖHLE-HEZINGER, Frommes Schwellen, sanfte Bewegung. Zur Kulturgeschichte des Harmoniums, in: Siegfried Becker et al. (Hg.), Volkskundliche Tableaus. Eine Festschrift für Martin Scharfe zum 65. Geburtstag. Münster 2001, 183-202.

[12] Vgl. dazu die Arbeiten von JOACHIM TRAUTWEIN, Die Theosophie Michael Hahns und ihre Quellen. Stuttgart 1969. Religiosität und Sozialstruktur, untersucht anhand der Entwicklung des württembergischen Pietismus. Stuttgart 1972; und - als religionswissenschaftliche Monographie - HANS-VOLKMAR FINDEISEN, Pietismus in Fellbach 1750-1820, Tübingen 1985.

[13] So im Pfarrbericht Pfarrer Bengel 1905. Landeskirchliches Archiv Stuttgart A 29, Ortsakten Fellbach, Büschel 1240.

[14] MARTIN SCHARFE, Pietismus und Kultur. Bedenken und Möglichkeiten, in: Rainer Lächele (Hg.), Das Echo Halles (s. Anm. 8), 11. Zur Scharfeschen »Sprengsatz-

Schriften und im Jahr der Gründung der Kolonie Korntal, war der Separatismus im Lande Württemberg domestiziert, im ganz wörtlichen Sinne: aus den weit verzweigten und scheinbar unergründlichen, konspirativen Netzwerken war er in die Stuben der Frommen gewandert.[15] Auch der gewaltige Aderlass, den die massenhafte Auswanderung gebracht hatte, schien gebändigt. Seit den enttäuschten Hoffnungen auf das Weltende im Jahre 1836[16] richteten die Frommen sich in der Welt ein. Sie schufen ihr *Reich Gottes auf Erden.*

IV. Ordnung der Geschlechter

Der äussere Rahmen, den Geschlecht und materielle Kultur[17] für das fromme Leben der Marie Frech setzten, war klar vorgegeben. Er heißt Autarkie und Realteilung, Subsistenzwirtschaft und Cashcrop.[18] Konkret: Weinbau, Obst, Gemüse, Stadt- und Marktnähe; insgesamt eine Kultur des Sparens, Reparierens, Lesens und Lernens - Kennzeichen von Tradition und Moderne in dieser ländlichen Lebenswelt vor den Toren der grossen Stadt. Marie als die Älteste erhielt eine Aussteuer. 1930 (der Vater war seit 1925 tot, sie musste seine Arbeit in Haus, Feld und Weinberg tun, die eigene Viehhaltung gab man nun auf) verlangte sie von der kranken Mutter einen »Aussteuerbescheid«. 1933 heiratete sie Wilhelm Frech, einen 50-jährigen Witwer und Glaubensbruder, den die »Geschwister« für sie bestimmt hatten, weil nach herkömmlicher Auffassung ein verwitweter Mann schnell wieder eine Hausfrau brauchte. Er zog zu ihr in ihr elterliches Haus - noch mehr fromme Bücher, Bilder, noch mehr Kleider und Möbel füllten nun Marie Frechs kleines Haus, neben dem Inventar ihrer Vorfahren. Denn: Nichts wird weggeworfen. Die Ehe ist glücklich, sie fei-

---

These« insgesamt siehe auch DERS.: Die Religion des Volkes. Kleine Kultur- und Sozialgeschichte des Pietismus. Gütersloh 1980 und - neu überdacht, pointiert - Ders., Über die Religion. Glaube und Zweifel in der Volkskultur, Köln-Weimar-Wien 2004, bes. 91-120.

[15] Dazu nach wie vor grundlegend HARTMUT LEHMANN, Pietismus und weltliche Ordnung in Württemberg vom 17. bis zum 20. Jahrhundert, Stuttgart 1969.

[16] Siehe dazu den Ausstellungsbegleitband, Apokalypse. Endzeiterwartungen im evangelischen Württemberg. (= Kataloge und Schriften des Landeskirchlichen Museums Ludwigsburg Band 9), Ludwigsburg 2000.

[17] Siehe dazu den Tagungsband GABRIELE MENTGES et al. (Hg.), Geschlecht und materielle Kultur. Frauen-Sachen. Männer-Sachen. Sachkulturen, Münster 2000.

[18] Siehe dazu: Die 100 Jahre der Marie Frech (s. Anm.1) sowie die Arbeiten von Trautwein und Findeisen (s. Anm.11).

ern Silberhochzeit. Manche spötteln im Dorf über das alte fromme Paar, das sein Glück auch nach außen offen zeigt. 1968, nach Wilhelms plötzlichem Tod folgt eine lange Witwenzeit für Marie - und ein Aufbruch im siebten und achten Lebensjahrzehnt. Sie beginnt nun ihre Bibel und Bücher zu studieren, sie schreibt auf, vergleicht. Und sie beginnt mit der Abhaltung von Andachten, so genannten »Schwesternstunden« in ihrer Stube. Deren Leitung aber wird ihr bald von den Brüdern in Stuttgart untersagt. Sie weisen sie mit scharfen frommen Worten zurück auf den Platz, der ihr als Frau gebühre: demütig zu schweigen in der Gemeinde.[19]

V. Dinge aufheben

»Die Welt der Marie Frech« beschloss man nach ihrem Tode im Sommer 1996 öffentlich und museal zur Schau zu stellen, bevor das Haus der Stadtsanierung zum Opfer fallen sollte. Das war aus der Sicht eines Museums in der Tat eine exzellente »Schule des Befremdens«. Allerdings nicht in dem Sinne, wie es Paul Valéry definierte: Die Dinge im Museum seien das *Nicht-Zusammenhängende.*[20] Marie Frechs Dinge waren, im Kontext ihres Lebens und dem der tradierten frommen Kultur, dinghafte Zeit- und Glaubens-Zeugen. »Ihr Sach«, ihre Dinge waren authentische Relikte in einer »Welt des Nicht-Authentischen«. Das Begleitbuch zur Ausstellung lässt die Bücher- und Bilderwelt von Marie Frech insgesamt noch einmal Revue passieren. In ihrer Fülle wie in ihrer Einfachheit ist diese Welt für heutige Menschen ebenso fremd wie in ihrem Stellenwert und in ihrer Bedeutung. War, so wurde bei der musealen Beschau von Besuchern gefragt, das vollgestopfte Haus nicht verwahrlost? War Marie Frech nicht ein »Messie«?[21]

---

[19] Zur Interpretation siehe CHRISTEL KÖHLE-HEZINGER, »Ich heisse Frech, bin aber nicht frech«. Nachdenken über eine schwäbische Biographie, in: Die 100 Jahre der Marie Frech (s. Anm. 1), 9-17.

[20] Das Museum, so heisst es im Original, sei das Haus des Nichtzusammengehörigen. Zit. n. GOTTFRIED KORFF, Museumsdinge (s. Anm. 9), 140.

[21] Vgl. dazu die Interviews im Begleitband zur Ausstellung: Die 100 Jahre der Marie Frech (s. Anm. 1), bes. 131 (und ff.). Meine »Messie«-These inspirierte der Aufsatz von LISA MAUBACH: »Was ich einmal hab', das will ich behalten.« Besitz und Aufbewahrung von Textilien, in: Rheinisch-westfälische Zeitschrift für Volkskunde, Band IL, Bonn-Münster 2004, 95-110. Der ebd. thematisierte populare Umgang mit »Dingen eines Menschenlebens« ist m. E. kein qualitativ anderer als der mit »Frommen Dingen«: Profan und Sakral markieren nur Unterschiede in der Bedeutungszuschreibung!

Das wäre fraglos eine falsche Lesart. Nein: Alle Dinge waren in dieser Welt wichtig, sie waren »*in Ordnung*«, und sie waren in dieser ihrer Ordnung zu erhalten. Und sie waren zudem, wie es im Schwäbischen (und in Hegelschem Sinne!) heißt, »*aufzuheben*«. Denn alle Dinge, so Michel Hahn, sind »wesentlich beseelt«. Das apokalyptische Bild »Die Wiederkunft Christi« hing zweimal in dem kleinen Häuschen: einmal im Schlafzimmer über dem Ehebett, in der Version eines Druckes aus dem 19. Jahrhundert, daneben hing es in der Version »Die Herabkunft des Königs aller Könige vom Himmel«.[22]

Auch Kalender gab es viele: Neben dem aktuellen (dem letzten aus dem Jahre 1991) viele alte Vorgänger, die einfach darunter hingen. »*Nichts kommt weg, alles hat seinen Sinn und Wert.*« Daher an den Wänden die biblischen Bilder, Erinnerungsbilder, Spruchbilder, Photographien.

VI. Mitteldinge

Es geht - zentral, in dieser Bildersprache als Seelen-Spiegel - um die »letzten Dinge« und um das, was im Pietismus als »*Wiederbringung aller Dinge*« einen zentralen Platz im Denken und Leben einnimmt. Und es geht auch um die *Mitteldinge*, um die im Pietismus alte und stets neu aktualisierte Frage nach den *Adiaphora*[23], als dem Welt-Spiegel und Regulator: Bis zum Jahre 1991 gab es weder Zeitung noch Radio oder Fernsehen im Haus von Marie Frech. Im hohen Alter erst kaufte sie sich einen - ihren ersten -

---

[22] Siehe dazu den Band: Apokalypse (s. Anm. 15). Zum »Signalwert« dieses Bildes siehe Renate Föll, Sehnsucht nach Jerusalem. Zur Ostwanderung schwäbischer Pietisten. Tübingen 2002. Zum Bilderbestand in Marie Frechs Haus siehe Ralf Beckmann, Die Bilderwelt der Wohnung, in: Die 100 Jahre der Marie Frech (s.Anm.1), 123-130.

[23] Zu »Adiaphora« vgl. Andreas Gestrich, Pietistisches Weltverständnis und Handeln in der Welt, in: Hartmut Lehmann et al. (Hg.), Geschichte des Pietismus. Band 4: Glaubenswelt und Lebenswelten. Göttingen 2004, bes. 573-577. Martin Scharfe 1980 und 2004 (s. Anm. 13). Klarer als das Gebotene waren stets die verbotenen Dinge als ein »Negativkatalog«, der sich vor allem an Hof und Adel (und Bürgertum!) herausgebildet hatte: »prächtige Häuser, Lustgärten, köstliche Geräte, Schmuck, Spazierfahrten mit Kutschen, Schlitten und Wagen, Reiten, eitle Musik, Tanzen, leichtsinnige Lieder, Gassengesänge, allerhand feiner Scherz, Narrenpossen, Spötterei, schallendes Gelächter« (so J. Kullen 1811, zit. n. Martin Scharfe, Evangelische Andachtsbilder. Studien zu Intention und Funktion des Bildes in der Frömmigkeitsgeschichte vornehmlich des schwäbischen Raumes. Stuttgart 1968, 26).

Mantel. Ein »Übergangsmantel« aus schwarzem Popelinestoff, einreihig geknöpft.

»*Das schwarze und das weisse Kleid*« war für Marie Frech eine klare Ordnung. Schwarz war fast ihre gesamte Kleidung samt Zubehör, auch ihr Hochzeitskleid aus dem Jahre 1933. Denn: »Weiß ist das Kleid Jesu«. So schrieb sie schon, gerade geistlich erweckt, im Jahre 1919 in ihr Schreibheft: »Wenn man sich die täglichen Übungen gefallen lässt und auf dem Kreuzesweg eingeht, bekommt man nach und nach dieses Brautkleid. Blut und Gerechtigkeit, das ergänzt Mann und Weib.« Sie habe, schreibt sie, »ein hochzeitliches Kleid angezogen, welches die Gesinnung Jesu ist«. Im Jahre 1923 berichtet sie einer Freundin von ihren Schwierigkeiten, den rechten Weg zu finden: »(Da) wurde mir meine Eitelkeit auch noch ins Licht gestellt und mich verlangte danach, ihr los zu werden, aber dennoch meinte ich, es sei eine Schande, einfache Kleider zu tragen. Aber als die Zucht des Geistes es von mir verlangte, folgte ich ihr. Dadurch bekam ich eine unaussprechliche Freude, welche ich heute noch erfahren darf (...). Der Heiland musste ja nackt ans Kreuz hangen um unserer Eitelkeit willen. Er will uns alles ersetzen in der Ewigkeit. Für jedes Bördle oder Fältle (gemeint: Borte oder Falte am Kleid), das wir verleugnen, schenkt er uns ein schönes geschmücktes Hochzeitskleid.«[24]

Damit bezieht sich Marie Frech auf ihren Konfirmationsspruch: »Wer überwindet, dem will ich zu essen geben von dem Holz des Lebens, das im Paradies Gottes ist.« (Off. 2,7) Öfters verbindet sie diesen mit einem nachfolgenden Vers aus der Offenbarung: »Wer überwindet, der soll mit weißen Kleidern angetan werden...«. (Off. 3,5) Ihr ganzes Leben hindurch begleitet Marie Frech die Faszination des »Weissen Kleides«.[25]

---

[24] Die 100 Jahre der Marie Frech (s.Anm.1), 76. Solche Zitate – in vielen Varianten – durchziehen die Schreibhefte, die Marie Frech seit Ende ihrer Schulzeit führte (sie war die beste Schülerin!). Die Oktavhefte (und lose Blätter) beginnen im Jahre 1908, ein Jahr vor ihrer Konfirmation. (Bestand Marie Frech, Stadtarchiv Fellbach) Dies »Geschriebene«, datiert und undatiert, überall deponiert, eingelegt, ist – neben dem Gedruckten, in realem wie metaphorischen Sinne – Kern und Band der Dingwelt von Marie Frech. Zur »Theologie« Marie (sic:) Sophie Frechs siehe Joachim Trautwein, Marie Sophie – 100 Jahre unterwegs. Theosophische und psychologische Aspekte, in: Die 100 Jahre der Marie Frech (s. Anm. 1), 87-103; es geht um Schreibsucht, »Hoffnungsblick und Herrlichkeitsblick«(ebd., 103).

[25] Ralf Beckmann, Das weiße Kleid – Leben als Konzept. Gedanken zu einem pietistischen Lebensentwurf. (Vortragsms., ungedr.) Siehe dazu Marion Petri, Kleidung ohne Luxus, in: Die 100 Jahre der Marie Frech (s.Anm.1), 79-85. Vgl. zur symbolischen Bedeutung des Hochzeitskleides Helga Hager, Hochzeitskleidung – Biographie, Körper und Geschlecht. Eine kulturwissenschaftliche Studie in drei württembergischen Dörfern. Tübingen 1999. Erst seit ca. 1930 wurde das traditio-

Marie Frech trug nie irgendeine »Tracht«. Sie trug die Kleidung - und das heisst: den Stil - ihrer Jugendzeit lebenslänglich. Sie hat sich, bewusst und dauerhaft, für das fromme Kleid entschieden, wie es die Frauen in der Hahnschen Gemeinschaft kennzeichnet. Dies gilt, mit nur geringen Abweichung und minimalen Anpassungen, seit ihrer Jugendzeit. Auch von ihren leiblichen Geschwistern übernimmt sie keine Neuerungen der Mode, auch nichts Praktisches wie etwa das »neumodische Zeugs« aus modernem Trikot. So trug Marie Frech ihr Leben lang nur offene, knielange Unterhosen aus weissem Baumwollstoff, so genannte »Schenkel am Bändel«. Auch trug sie nie weder Korsett noch Büstenhalter, keinerlei formende Unterkleidung.[26] Ihre Oberkleidung war ein knöchellanger schwarzer Rock, darüber trug sie eine Obertaille mit Biesen und verdeckter Knopfleiste. Über Ober- und Unterteil, gleichsam als lose Markierung der Körpermitte, kam ein Stoffgürtel, alles war mit Haken und Ösen versehen. Darüber getragen wurden Schürzen, dreibahnig, und schwarze Strickjacken. So ging sie stets »ausser Haus«, in den Ort, zum Einkaufen und (ohne Schürze freilich) auch sonntags zum Gottesdienst in die Kirche und nachmittags in die »Stunde«, bis ins Jahr 1995. Auf dem Kopf trug sie stets das »Netzle«, einen etwa fünfzehn Zentimeter breiten Schal, im Winter aus schwarzer Wolle, im Sommer aus schwarzem Tüll.[27]

Was im Normalfall von traditionaler Kleidung Hans Medick beschrieben hat als »Kultur des Ansehens«[28], könnte bei der frommen Marie Frech

---

nell schwarze (»bestes Gewand«, auch Abendmahlskleid) vom (»neumodischen, städtischen«) weissen Hochzeitskleid verdrängt.

[26] Petri (s. Anm 24), 70. Neumodische Trikotunterwäsche hatte mit der Schwester - jüngste der fünf Töchter, bei der Trikotagenfabrik Bleyle in Stuttgart arbeitend - zum heftigen Streit geführt. Marie verweigerte sich mit den Worten: »Der ihre Wäsche wasche ich nicht, das ist Sünde.« (ebd.) Siehe dazu Christel Köhle-Hezinger, Der schwäbische Leib, in: Diess./Gabriele Mentges (Hg.), Der neuen Welt ein neuer Rock. Studien zu Kleidung, Körper und Mode an Beispielen aus Württemberg. Stuttgart 1993, 59-80. (Ebd. Kapitel zu Bleyle, Unterwäsche und Trikot.)

[27] Ebd., 77, mit Abb. eines »Hahn'schen Netzchens«, das freilich erinnert an die weibliche Kopfbedeckung anderer pietistischer Gruppen. Vgl. dazu Gisela Mettele, Der Entwurf des pietistischen Körpers. Die Herrnhuter Brüdergemeine und die Mode. In: Lächele (s. Anm. 8), 291-314; zur Kopfbedeckung (der »Vorform Kopfhaube«, von den Anfängen um 1740, als Übernahme aus der bäuerlichen Kleidung, bis zur Aufhebung bzw. Freigabe im Jahre 1868) s. ebd., 307-314. Fortan war die weibliche Kopfbedeckung auf den Besuch von Gottesdienst und Stunde beschränkt, nach den Worten Paulus', wonach Frauen dort nicht barhäuptig sein sollten. Diesem Habitus folgte Marie Frech - bis zu ihrem Tode 1995.

[28] Hans Medick, Eine Kultur des Ansehens. Kleider und Kleiderfarben in Laichingen 1750-1820. In: Historische Anthropologie Jg.2/1994, Heft 2, 193-212. Zur Verfesti-

in Abwandlung bezeichnet werden als die pietistische *»Kultur des Aufsehens«*, im doppelten Sinne. Denn Aufsehen erregen die Kleider der Frommen in der Tat. Es ist ein Ablenken von der Person, ein Abwenden von den weltlichen äußeren Dingen, und ein Aufsehen auf die letzten und höheren Dinge. Im Nachdenken über Marie Frechs Kleidung kommt Marion Petri im Begleitbuch zur Ausstellung zu dem Fazit:

»Die dunkle Kleidungssilhouette, die leicht in der Taille betonte, aber doch noch lockere Kleidung lenkt vom Körper ab und richtet den Blick des Betrachters auf das Gesicht der Trägerin (...). Mit ihrer Abkehr von sämtlichen modischen Elementen, von modernen Kleidungsformen und -normen und Kleiderluxus hat Marie Frech etwas bewirkt, was ihr möglicherweise selbst nicht einmal aufgefallen ist: Sie hat über ihre und mit ihrer Kleidung Aufsehen erregt.«[29]

Gisela Mettele hat die Kleiderordnungen der Herrnhuter untersucht im 18., Ulla Gohl-Völker die der Shakerschwestern im 19. Jahrhundert. Immer geht es der frommen Kleidung um den Habitus, nicht um das Kleid – wie es auch in August Hermann Franckes »Lebensregeln« schon hieß. Es geht um die *»ordentliche Stellung des Leibes«* und damit um die äußerlich sichtbare Ordnung in einer frommen Welt. *Der Leib ist der Spiegel der Seele.*[30] Auch Marie Frechs Leib, ihr ganzes Haus und ihr Leben ist in diesem Sinne Spiegel.[31] Er ist Spiegel für Bildtraditionen in unserer Kultur, wie sie etwa - aus dem Pietismus, in breite Bevölkerungskreise hinein – der Bildtopos von der *Geistlichen Hausmagd* getragen hat.[32]

---

gung von Kleiderordnungen als »Habitus« vgl. die (Begriff und Sache der »Tracht« dekonstruierende) Dissertation von LIOBA KELLER-DRESCHER, Die Ordnung der Kleider. Ländliche Mode in Württemberg 1750-1850. Tübingen 2003. Zum Kontext von Kleidung, Habitus und Mentalität bis in die Gegenwart siehe ANGELIKA BISCHOFF-LUITHLEN, Der Schwabe und sein Häs. Stuttgart 1982 (auf Inventuren und Teilungen von der Schwäbischen Alb beruhend).

[29] PETRI (s. Anm. 24), 77.

[30] Siehe ULLA GOHL-VÖLKER: Die Kleidung der Shakerschwestern im 19. Jahrhundert. Die Repräsentanz kategorialer Ordnungsbegriffe. Münster 2002. Zur untrennbaren »Einheit« von Kopf, Brusttuch und Kragen s. ebd., 163-171. Ebenso METTELE (s. Anm. 26).

[31] Zu anderen pietistischen Beispielen (»Nährikele«, »Nähbäbele«) siehe KÖHLE-HEZINGER, Der schwäbische Leib (s. Anm. 25) und DIESS., Hören, Schreiben, Lesen, Schweigen: Zur Tradition pietististischer Memoria im Spiegel der Geschlechter. (s. Anm. 5)

[32] Zum europäischen Bildtopos und seinen Wirkungen siehe NILS-ARVID BRINGÉUS, Die ›Geistliche Hausmagd‹ im Protestantismus, in: Jahrbuch für Volkskunde NF Würzburg 1985, 121-142. Als klassische Studie s. dazu ADOLF SPAMER, Der Bilder-

Es war die biblisch begründete und tradierte Ordnung der Geschlechter und ihrer Körper. Ablesbar ist sie - in Württemberg bis ins 20. Jahrhundert, ja zum Teil bis heute - an der Würde der frommen Männer, die im schwarzen Anzug vorne am Brüdertisch sitzen, und am signifikanten weiblichen Platzverweis, der den Frauen - ähnlich wie den Kindern - den »Katzentisch« zuwies, an dem sie in ihren Strickjäckchen, mit Schurz, Haube oder Haarnetz saßen; mit gebändigtem Haar (Schweineschmalz galt für den Glattstrich als gutes Rezept, auch Zuckerwasser), streng nach hinten gescheitelt, mit gesenktem Blick hörend, mitbetend und mitsingend.[33]

VII. Reine Dinge?

Eine große Zahl an Gesangbüchern ist im Nachlass von Marie Frech erhalten. Das einzige Lied von Michel Hahn, das ins Evangelische Gesangbuch für Württemberg von 1996 noch übernommen wurde, findet sich unter der Nummer 634: »Herr, laß mich deine Heiligung durch deinen Geist erlangen...«. In der 6. Strophe heißt es: »Mach mich zu deinem reinen Haus ...«.[34]

Der reine Geist, der reine Leib und die reine Seele waren auch für Marie Frech das Ziel frommen Lebens, so liesse sich zusammenfassen. Doch

---

bogen von der ›Geistlichen Hausmagd‹. Ein Beitrag zur Geschichte des religiösen Bilderbogens und der Erbauungsliteratur im populären Verlagswesen Mitteleuropas, bearbeitet und mit einem Nachwort versehen von Mathilde Hain, Göttingen 1970.

[33] Meine These vom weiblich-frommen »Habitusnachteil« im Pietismus seit dem 19. Jahrhundert (i.e. seit Aufhebung der Kleiderordnungen, was für die Frauen den Wegfall der Haube bei gleichbleibend bescheiden-frommer Haartracht brachte: i.e. ein insgesamt wenig »stattliches Ansehen«) formulierte ich erstmals unter dem Titel Fromme Frauen, fromme Bilder, in: Weib und Seele. Frömmigkeit und Spiritualität evangelischer Frauen in Württemberg. Katalog zur Ausstellung im Landeskirchlichen Museum Ludwigsburg 1998, 15-22 (hier: 17). Zum Habitus insgesamt siehe Diess., Der schwäbische Leib (s. Anm. 25). Zur »schwäbischen Stunde« (bis!) heute eindrücklich, im Sinne frommer »longue durée«, s. die beiden sensiblen Studien von Renate Föll, Exkurs: Eine Stunde ist eine Stunde. Protokoll einer Hahn'schen Gemeinschaftsstunde. In: Unseld (s. Anm. 3), 100-102; und Rainer Beyreuther, Liedersingen und Liedersprechen. Eine musikethnographische Skizze aus einer pietistischen Gemeinschaft in Württemberg (i.e. Hahn'sche Stunde im Jahre 2004, ungedr.). Schweineschmalz und Zuckerwasser waren als Mittel zur Bändigung weiblichen Kopfputzes bewährt, in Württemberg wie in Franken.

[34] Herr, laß mich deine Heiligung. Text Johann Michael Hahn (vor 1819) 1822, Melodie: Bis hierher hat mich Gott gebracht (Nr. 329). In: Evangelisches Gesangbuch. Ausgabe für die Evangelische Landeskirche in Württemberg. Stuttgart 1986, 1156f. (hier: 1157).

neben dieser ihrer geistlichen Welt existierte - wie sich 1996 in jenem »Freilichtmuseum für einen Sommer« öffentlich besichtigen ließ - als irdischer Kontrast, realiter und materialiter - ein Haus voller Gerümpel, alles andere als ein »reines Haus«. Das war der materielle Überrest dieses frommen Lebens. Die Welt der Marie Frech, »ihr 20. Jahrhundert« erscheint als eine ganz eigene *»lange Dauer des 18. und 19. Jahrhunderts«* gleichsam, als Vormoderne in die Gegenwart hereinragend. Dass ihr Haus, ihre Wohnung und auch ihr Körper - wie bei den Nachforschungen zu ihrer Person im Umfeld und in der Ausstellung immer wieder bemerkt wurde[35] - in modernem Sinne wenig »reinlich« waren, hat das Streben der Marie Frech nach Heiligkeit nicht gemindert. Ihre Welt war - im Bühnenbild als *»Marie Frechs Stube«* - im 300. Todesjahr Philipp Jakob Speners in Halle, in der Memoria von Theologie und Geschichte, angekommen.

So schön, sauber und »rein« freilich wie jener »Raum 3« der Ausstellung im Historischen Waisenhaus der Frankeschen Stiftung war diese Stube nie. Denn: *»Simplify your life«* (so jener Erfolgsslogan eines marktgängigen protestantischen Pfarrers, als eine praktische und moderne Alltagsethik)[36] - das heißt eben noch lange nicht *»Purify your soul«.* Wegwerfen ist nicht aufheben. Das Haus von Marie Frech und seine Dinge steht für die Ordnung der »Dinge frommen Lebens«, als Zeichen einer eigenen, subjektiv *neuen und zugleich tief traditionalen Kultur.*

Das Leben der Marie Frech ist dafür Indikator: für das einst Neue, Aufbrechende und Revolutionäre des frühen Pietismus im 18. und 19. Jahrhundert ebenso wie für das Heute, dem - wie in der Ausstellung von Marie Frechs Stube - der Pietismus und seine Kultur zum exotischen Faszinosum, genauer: *zum Gestrigen und Fremden im Eigenen geworden sind.*[37]

---

[35] So erwähnt in vielen Interviews im Vorfeld und Besuchen während der Ausstellung. (Die 100 Jahre der Marie Frech, s. Anm. 1, 131-136).

[36] Vgl. den Klassiker, Best- und Steadyseller von WERNER TIKI KÜSTENMACHER (mit Lothar J. Seiwert): Simplify your life. Einfacher und glücklicher leben. Frankfurt/New York (15. Auflage) 2006.

[37] Das Weiße Kleid und das Fromme Geschlecht sind nur Beispiele für viele Themen, die im Kontext dieses Horizontes offen bleiben. Anfänge sind gemacht, Impulse, die fortzuführen wären. Siehe dazu zwei Dissertationen: HELGA HAGER, Hochzeitskleidung - Biographie, Körper und Geschlecht. Eine kulturwissenschaftliche Studie in drei württemberglischen Dörfern, Tübingen 1999 und ANDREA THURNWALD, Fromme Männer. Eine empirische Studie zum Kontext von Biographie und Religion, Suttgart 2010.

Wenn er kommt

Immer schon
hat der weiße Vogel
die Schwingen gehoben
zum Flug über den Sand
der Wüste und die Türme
der Stadt und die Winterstarre
der ausgebrannten Sterne

Bestellt aber ist er
als Bote des Friedens
der dich trägt
über den Tiefen des Wassers
und den Stürmen des Feuers
und den Träumen
der Kindheit

So nimm ihn auf
wenn er kommt
wie ein Engel
und hat schon den Widerschein
auf seinen Flügeln
von dem Land
in dem nach langer Nacht
langsam und sanft
die Sonne
aufgeht

Michael Meyer-Blanck

»... UND LASST UNS FRÖHLICH SPRINGEN.«

Musik als Predigt und Predigt als Musik[1]

Musik macht etwas mit den Menschen: Sie predigt. Das gilt auch abgesehen von Gottesdienst und Christentum, wenn man das Predigen im weiten Sinne des Ansprechens und Anrührens versteht. Musik ist derjenige Schall, der den Menschen Wohlgefallen finden lässt und von daher das Lebensgefühl und die Gedanken verändert. Nach dem Hören von guter Musik – und das muss nicht zwangsläufig Hochkulturmusik sein – danach ist man nicht mehr derselbe. Die Stimmung ist erhöht – aufmerksamer, angeregter, gedanklich konzentrierter und sozial zugewandter – oder einfach nur entspannter. (Das gilt übrigens analog für die Kanzelrede – auch danach ist man in der Regel nicht mehr derselbe.)

Musik und Rede sind die beiden schönen Künste, die uns körperlich berühren. Sie versetzen in Resonanz. Die Rede, noch viel mehr aber die Musik, ergreift den Körper. »Musik berührt die Herzen«, heißt es, oder auch: »Musik geht ins Blut«. Gesteigert ist diese Wirkung dann, wenn man selbst musiziert. Man erzeugt eine Resonanz und wird dabei selbst ein Teil

---

[1] Der vorliegende Beitrag verzichtet bewusst auf Fußnoten. Hingewiesen sei aber darauf, dass ich viel gelernt habe aus den folgenden Büchern: OSWALD BAYER, Martin Luthers Theologie, Tübingen ²2004 sowie MARTIN BRECHT, Martin Luther, in diesem Zusammenhang sei besonders verwiesen auf den 2. Band: Ordnung und Abgrenzung der Reformation 1521-1532, Stuttgart 1986.

davon. Das gilt vor allem beim Singen. Man bringt sich selbst ins Schwingen. Die intellektuelle Kontrollschwelle wird herabgesetzt. Bei gesungenen Texten ist man toleranter als bei gesprochenen. Man denke an manche Bach-Choräle, die man als gesprochenes Glaubensbekenntnis einer Gemeinde nicht anbieten würde.

Kritisch gewendet: Unter dem Schwung und der Macht von Musik und Gesang kann man auch allzu leicht daneben springen. Das deutsche Volkslied ist so durch den Nationalsozialismus noch über Generationen hinweg korrumpiert. Es wird so schnell nicht wiederkommen. Wir schämen uns mit Recht noch heute für das Singen, Springen und Marschieren im Gleichschritt in der Generation unserer Eltern und Großeltern. Doch mit dieser Scham haben wir auch etwas an musikalischer Unmittelbarkeit verloren.

Ich erinnere mich an eine internationale Tagung zur Konfirmandenarbeit in Dänemark, bei der an einem bunten Abend die Idee aufkam, volkstümliche Lieder zu singen. Den Teilnehmenden aus allen Nationen gelang das, nur uns Deutschen nicht – uns fiel nur Bob Dylan ein; und mit Müh' und Not kam ich dann noch auf das plattdeutsche »Dat Du min Leevsten büst, dat du woll weeßt...«.

Wie dem auch sei: Musik macht etwas mit uns. Sie versetzt uns in Resonanz und versetzt uns so zugleich in eine andere Welt. Ich möchte das in zwei Schritten umschreiben, zunächst mit einer allgemeinen anthropologischen Betrachtung und dann mit Martin Luthers Lied »Nun freut euch, lieben Christen g'mein«. Doch es geht in beiden Abschnitten um das Evangelium, das ja für den glaubenden Menschen die Welt aller Künste durchdringt, auch wenn gar nicht von Gott und vom Glauben die Rede ist.

1. Musik als Unterbrechung

Was ist der Mensch? Er ist ein Sozialwesen, das seine Welt organisiert, ein politisches Lebewesen, ein *zóon politikón*, so wussten es schon Plato und Aristoteles. Der Mensch ist dabei das seine Welt im Verstand ordnende Wesen. Er ist das *animal rationale*, so betonte es dann im Anschluss an die Antike das Mittelalter. Der Mensch handelt nicht nur, sondern er bildet sich eine Theorie des eigenen Handelns. Der Mensch richtet sich dabei nach seinem Vorteil des Lebens und Überlebens – er ist ein Schaffender, der *homo faber*, sowie der *homo oeconomicus*, so heißt es seit der Industrialisierung im 19. Jahrhundert. Doch außer dem allem schafft der Mensch sich eine geistige Welt. Er nähert sich seiner Welt nicht nur rational, sondern auch sinnbildend. Der Mensch weiß, dass das Leben nicht nur aus Arbeit, Ökonomie, Verstand und Politik besteht. Der Mensch lebt neben

Essen, Trinken, Arbeiten und Verdienen auch vom Verstehen seiner Welt. Verstehen aber ist mehr als das rationale Begreifen. Der Mensch ist darum auch ein *animal symbolicum*, so der große Hamburger Kulturphilosoph Ernst Cassirer (1873-1946).

Musik ist ein Aspekt dieser symbolischen Funktion. Sie gehört zu dem Übernützlichen, mit dem der Mensch seine eigene Nützlichkeit erst lebenswert macht. Anders formuliert: Musik unterbricht die lebensnotwendige Rationalität. Sie macht den Menschen zu einem sinnbildenden Wesen, das von seinem eigenen Werk zurücktritt und dieses aus einer Perspektive des Lebenssinns betrachtet.

Die musikalische Wahrnehmung ist kategorial anders als die Deutung der Wirklichkeit mit Hilfe von Begriffen und vor allem kategorial anders als das aktive, wirken wollende Tun. Musik unterbricht das wirksame Handeln zugunsten des darstellenden Handelns. Musik und Kunst sollen nicht primär wirken. Sie sollen ihre Wirkung vielmehr im Erleben von Wirkungslosigkeit entfalten. Es herrscht eine relative Zufriedenheit, wie wir sie sonst einige Zeit nach einer sportlichen Anstrengung kennen. Der Mensch ist entspannt, aber nicht sediert, aufmerksam, aber nicht zerstreut. Es handelt sich um eine eigentümliche Form von entspannter, erhöhter geistiger Wachheit, die relativ impulsfrei ist und weder verhindernd noch aktivierend sein will. Musik lässt den Sinn des Daseins jenseits von Zwecken und Mitteln empfinden.

Die Tätigkeit des *homo faber* ist unterbrochen zugunsten des *animal symbolicum*. Nimmt man dabei das Wort *animal* im Wortsinne, von Atem, Geist und Seele, dann kann man sagen: In der Kunst erschließen wir zeichenhaft unsere Welt als geistige Wesen. Unterlässt man dabei einmal die im Deutschen übliche Unterscheidung von »geistlich« und »geistig«, dann kann man sagen: Musik hat generell etwas Spirituelles, indem sie den Menschen als ein geistiges, künstlerisches Wesen konstituiert. Musik hat eine spirituelle Dimension, weil sie dem Menschen hilft, sich selbst als Zweck und die Wirklichkeit als etwas Ganzes zu empfinden.

Ich weiß, dass es auch andere Verwendungen von Musik gibt, die etwas erreichen wollen, die animieren, agitieren, ja einpeitschen wollen, und ich sprach ja schon eingangs davon. Aber daran will ich jetzt nicht denken. Mir geht es um diejenige Musik, die den Menschen als ein freies geistiges Wesen unterstützt oder ermöglicht, die den Menschen als Künstler konstituiert. Dabei darf man aber nicht an den künstlerischen Geniekult seit dem Ende des 19. Jahrhunderts denken, also nicht an den Künstler, wie wir ihn etwa bei Thomas Mann finden. Da ist der Künstler der exzeptionelle, der herausgehobene und darum auch nicht ganz lebenstüchtige Mensch wie der theaterverliebte Krischan oder der in Wagners Partituren versunkene Hanno Buddenbrook. Denkt man dagegen jeden Menschen als einen solchen, der als geistiges Wesen existiert, als *animal symbolicum*, dann kann man sagen: Musik lässt den Menschen erfahren, dass er Künstler ist. Die Kunst drückt etwas aus und macht so den Menschen frei, sich in seiner Welt zu bewegen, ohne sich in Kosten-Nutzen-Kalküle zu verstricken. Diese Kalküle sind notwendig. Doch sie müssen unterbrochen werden, damit der Mensch Mensch bleibt. Die Philosophen haben die Welt nur interpretiert und die Politiker haben sie verändert; aber die Künstler helfen, die Welt anzuschauen und wahrzunehmen. Das ist nicht alles, aber ohne das ist alles nichts. Eine Gesellschaft, die das vergisst, verliert ihren *animus* und *spiritus* - Luft und Atem, Geist und Seele. Die Kirche nun lebt davon, dass der Heilige Geist Raum zum Atmen bekommt. Darum braucht die Spiritualität die Kunst. Damit bin ich bei der geistlichen Musik.

2. »... und lasst uns fröhlich springen.« Luthers Lieder als Predigt vom Sieg über Sünde, Tod und Teufel

Musik, so kann ich den ersten Abschnitt zusammenfassen, führt zu einer spezifischen Form von aktivischer Passivität: aufmerksam sein und nicht handelnd, liturgisch handelnd das eigene Handeln unterbrechend. Diese Art von aktivischer Passivität ist nun für den evangelischen Gottesdienst, ja für den evangelischen Glauben insgesamt kennzeichnend.

Die Erfahrung der Rechtfertigung durch Gott hat Luther als das Gerechtwerden durch Gottes Liebe beschrieben. Der Ausdruck »Gottes Gerechtigkeit« ist nicht das, was von uns verlangt wird, sondern das, was uns geschenkt wird. Gott ist gerecht, indem er uns gerecht macht und nicht, indem er Gerechtigkeit von uns verlangt. Darum sprach Luther von der passiven Gerechtigkeit, von der *iustitia Dei passiva.* Gottesdienst und gottesdienstliche Musik nach evangelischem Verständnis folgen diesem Prinzip: Sie versetzen den Menschen in eine ganz spezifische Passivität, die aber eine höchste Form von Aufmerksamkeit bedeutet, eine spirituelle Aktivität. Liturgie ist handelndes Nichthandeln, künstlerische Tätigkeit als Gestalt des Glaubens.

Martin Luther hat mit seinem Liedschaffen mehrere geniale Taten vollbracht. Die erste ist die Überführung volkstümlicher Melodien in den Gottesdienst. Die zweite Tat ist die Rolle des Gemeindegesangs überhaupt: Das Revolutionäre der Gottesdienstreform Luthers bestand darin, dass er mit den deutschen Chorälen der singenden Gemeinde eine liturgische Schlüsselfunktion zukommen ließ. Das dritte und Entscheidende aber ist die Zuspitzung auf das Wesentliche. Das ist selbstverständlich die passive Gerechtigkeit; aber das ist auch die Perspektive des glaubenden Ich. Wie schon im Kleinen Katechismus wird nicht über Gott an sich geredet, sondern über Gott für mich. Die Perspektive lautet: »Ich glaube, dass *mich* Gott geschaffen hat samt allen Kreaturen, *mir* Leib und Seele, [...] Vernunft und alle Sinne gegeben hat und noch erhält«. Das Neue ist die Perspektive des Ich, die auf die Theologie nach der Aufklärung und im 19. Jahrhundert vorausweist, und das theologisch Revolutionäre ist die Passivität des Ich, die das Evangelischsein bis heute so missverständlich und so faszinierend macht. Passiv sind wir Evangelischen ja wahrhaftig nicht, sondern eher zu fleißig; doch wir wissen von der Passivität, was das Wichtigste im Leben angeht und von der Brüchigkeit allen guten Handelns. Den Protestanten erkennt man vielleicht am besten am Verdacht gegen sich selbst. Das ist manchmal eine Schwäche, insgesamt ist das aber eine ungeheure Kraft: Wer von Sünde, Tod und Teufel weiß, lässt sich nichts vormachen – zuerst nicht von sich selbst und dann auch nicht von anderen. Dieses revolutionäre Nichtstun war es, das seit 1517 die alte Welt aus den Angeln hob und dann eine neue Welt mit einem gerechtfertigten Ich schuf.

Die Geburtsstunde dieses neuen Ich finden wir im Gesangbuch unter der Nr. 341: »Nun freut euch, lieben Christen g'mein / und lasst uns fröhlich springen«. Das Lied erschien 1523, in dem Jahr von Luthers erster Gottesdienstschrift und ebenfalls ein Jahr vor Johann Walters Chorgesangbuch »Geistliches Gesangbüchlein« von 1524, dem ersten Gesangbuch überhaupt (und damit kommt bestimmt auch das nächste Jubiläum im Jahre 2024 – vielleicht sogar mit vorsichtigen Plänen für ein erneuertes Gesangbuch).

Das Besondere von »Nun freut euch, lieben Christen g'mein« ist es, dass Luther auch die Melodie selbst verfasst hat. Wenn sie gut begleitet wird, dann berührt diese Melodie nicht nur die Herzen, sondern geht auch ins Blut. Das Revolutionäre dieses Lutherliedes besteht aber in der Theologie, die ganz auf das verängstigte, gerettete und glaubende Ich zugeschnitten ist. Luthers Theologie ist insgesamt ganz und gar Lehre von der Rettung des Menschen, Soteriologie; doch in diesem Lied findet sich von alledem noch einmal eine Steigerung: In Gott selbst gehen Veränderungen vor. Luther wagt es, nicht nur vom geretteten Ich zu sprechen, sondern auch von der Erneuerung Gottes. Nimmt man das ernst und genau und singt und liest den Text nicht nur so aus Gewohnheit, dann stockt einem der theologische Atem. Gottes Herz, Jesu Christi Leben, Sterben und Auferstehen, der Umbau der Welt und die Selbsterneuerung Gottes, alles im Himmel und auf Erden findet nur um des elenden Ich willen statt. Das sündige Ich steht im Mittelpunkt der Welt und Gott tut alles, um es zu retten. Hier ist die Geburtsstunde des modernen Individualismus, zweieinhalb Jahrhunderte vor der Umwälzung durch Kants Philosophie. Das glaubende Ich erschafft seine Welt, indem es sich als passiv vor Gott erkennt und erträgt. Vergleicht man dieses Lied Luthers mit dem »Prolog im Himmel« in Goethes Faust, dann wird sofort der Unterschied deutlich: Bei Goethe versucht Gott den Menschen, um ihn zu höchsten Höhen zu bringen; bei Luther sucht Gott den Menschen, um sich selbst in dessen tiefste Tiefen zu bringen.

Doch nun noch einmal der Reihe nach. Luthers Lied beginnt nach dem springenden und tanzenden Vorspiel von Strophe 1 mit dem biographischen Ich in Strophe 2 und 3: *Dem Teufel ich gefangen lag,* und *mein guten Werk, die galten nicht.* Wenn man den Lutherfilm aus dem Jahre 2003 noch vor Augen hat, dann sieht man hier Luther in seinen Klosterkämpfen, wie er sich verzweifelt auf den Boden wirft, mit dem Kreuz in der Hand. Doch dann wechselt in Strophe 4 und 5 des Liedes die Perspektive in den Himmel. Es *jammert Gott in Ewigkeit / mein Elend übermaßen.* Auch hier findet sich wieder die Ichperspektive in der himmlischen. Das kosmische Drama ereignet sich um meinetwillen. Gott spricht *zu seinem lieben Sohn,* die Zeit sei gekommen, hinabzufahren auf die Erde, um das Heil des Armen zu werden. Der Sohn wird gehorsam, er kommt inkognito auf die Erde, um den Teufel zu überlisten: *Gar heimlich führt er sein Gewalt, / er ging in meiner armen G'stalt, / den Teufel wollt er fangen,* endet Stophe 6. Nun aber kommt es zu dem Unglaublichen: Der Christus auf dem Weg zum Kreuz redet in Strophe 7-10 mit dem sündigen Menschen, den er aber schon als den geretteten Menschen anspricht. Der Sünder erhält Einblick in Gottes Herz und wird Zeuge des tiefsten Geheimnisses: Christus stirbt und der Mensch wird selig. Grandios werden hier die Zeitebenen ineinander geschoben, dass einem schwindlig wird. Das sieht man in Strophe 8. Hier spricht Christus zu mir in der Gegenwart, blickt voraus auf die eigene Zukunft am Kreuz und endet mit meiner Rettung, die schon Vergangenheit ist. Dazu zitiere ich die ganze Strophe 8. Christus spricht zu dem Ich: *Vergießen wird er* - gemeint ist mit diesem »er« der Feind, nicht etwa Gott! - *Vergießen wird er mir mein Blut, / dazu mein Leben rauben; / das leid ich alles dir zugut, / das halt mit festem Glauben. / Den Tod verschlingt das Leben mein, / mein Unschuld trägt die Sünde dein, / da bist du selig worden.* Glaube, so könnte man sagen, ist das Perfekt, das erst noch in der Zukunft eintreten muss, aber schon real (»perfekt«) ist. An dieser Stelle dürfte auch der eigentliche Sinn von Luthers Lehre von der »Realpräsenz« im Abendmahl liegen: Dabei geht es nicht um eine metaphysisch-philosophische Spekulation, sondern um die Realität der zukunftschaffenden Präsenz der Zeit Jesu.

Das rettende (soteriologische) Element unseres Liedes jedenfalls entspricht genau Luthers gesamter Theologie, die von der Entwicklung des glaubenden Menschen ausgeht, nämlich von jener Entwicklung, in der er seine eigene Passivität immer besser versteht. Und diese grandiosen Strophen 7-10 entsprechen Luthers bekannter Beschreibung des Gottesdienstes in der Torgauer Predigt 1545: Im Gottesdienst geschieht nichts anderes, »als dass unser lieber Herr Christus selbst mit uns redet und wir ihm antworten in Gebet und Lobgesang« (WA 49, 588). In Strophe 6 und 7 ist Weihnachten, in Strophe 8 Karfreitag und Ostern und in Strophe 9 Himmelfahrt und Pfingsten. Strophe 10 schließlich könnte man mit dem Reformationsfest verbinden: *und hüt dich vor der Menschen Satz, / davon verdirbt der edle Schatz: / das lass ich dir zur Letze.*

Treffender kann man nicht predigen, denn die Aufhebung der bezifferbaren Zeit in die Zeit Gottes und die Verschlingung des eigenen Ich mit dem Ich des Christus geht über unseren Verstand. Man kann dies für wenige Momente erfahren in einem Lied oder Klang, und dann kann man das nachbuchstabieren und versuchen, etwas von dem nachzuerzählen, was gegen unser alltägliches Empfinden geht: Erst in der Passivität kommt der Mensch ganz zu sich und durchschaut, was die Welt ausmacht.

»Tod, Teufel, Sünd' und Hölle sind ganz und gar geschwächt«

Ich fasse ganz kurz zusammen: Jede gute Musik, so hatte ich gesagt, schafft eine heilsame Passivität, die dem *homo faber* gut tut. Geistliche Musik aber redet von derjenigen heilsamen Passivität, die etwas von der Tiefenstruktur des Lebens ahnt und die Welt überwindet. Angst ist demnach nicht nur ein schlechter Ratgeber, sondern sinnlos verschwendete psychische Aktivität.

»Tod, Teufel, Sünd' und Hölle sind ganz und gar geschwächt«, heißt es in dem bekannten Schlusschoral der 6. Kantate von Bachs Weihnachtsoratorium. Dort zeichnet der Thomaskantor die Herrlichkeit des Glaubens mit Pauken und Trompeten, mit den drei trinitarisch zu verstehenden Trompeten, und zwar mit den höchsten Trompetentönen, die technisch möglich sind – und das alles auf die Melodie von »O Haupt voll Blut und Wunden«. Das ist die rechte Predigt für Epiphanias, für Jubilate und auch für diesen Freitag nach einer harten, guten Arbeitswoche.

Die eine Frage

Wenn das alles
einmal vorüber ist
das Kindseinmüssen und
das Kleinseinmüssen
und das Aufschauenmüssen
zu den wohlgesinnten
und bitterernsten
verwitterten und witzigen
Gesichtern

Wenn das alles
einmal vorüber ist
dieses ewige Buhlen
um Beliebtheit
in den Augen der Mutter
und der Freunde und
der Vorgesetzten und
der Schönen im Lande

Wenn das alles
einmal vorüber ist
das ganze Gewirr von
Erwartungen des Menschen
an den Menschen
als Erdenbürger und Sternensu-
cher
Blütenträumer und Hoffnungs-
träger
Schattenbeschwörer und Wol-
kenstürmer
Weltenbummler und Heimkehrer
Geschichtenerzähler und
Wortsammler und
weiß der Himmel
was noch
Wenn das alles
einmal vorüber ist
die Zeit der dicken Brillen
und der Hörgeräte
der blauen Kapseln und
der dünnen Kanülen
der Spritzen und der Implantate
der Verfügungen und der Ver-
mächtnisse
des nahenden Endes gar
des unerbittlichen

Wer oder was
erwartet mich dann eigentlich
und wo und auf welche Weise
und werde ich denn auch
wirklich erwartet
wenn das alles
einmal vorüber
ist

Kristin Merle / Birgit Weyel

Sozialer und subjektiver Sinn

Das Netzwerk als ›Modell‹ zur Abbildung inter- und transsubjektiver Vorgänge der Bedeutungskonstitution in der Seelsorge

Die Rede vom Netzwerk ist verbreitet und unterliegt einer gewissen Unschärfe: Gesprochen wird von der Wichtigkeit ›zu netzwerken‹, viele sind Nutzer von Social Network Sites wie *facebook* oder XING, der Zusammenschluss technischer Systeme wird als ›Netzwerk‹ bezeichnet, die *brandeins* schreibt »Klüngelei war gestern, heute ist Networking«[1].

Der Netzwerkbegriff steht im Verdacht – gerade in seinem umgangssprachlichen Gebrauch – in einer Reihe mit anderen ›Modebegriffen‹ wie Individualisierung, Globalisierung, Kommunikation zu stehen.[2] Neben der umgangssprachlichen semantischen Unschärfe und dem gesteigerten Gebrauch des Wortes handelt es sich allerdings bei der wissenschaftlichen Netzwerkforschung um ein wissenschaftsgeschichtlich relativ neues Phänomen[3]: Sie spielt in immer mehr Disziplinen – auch in einem transdisziplinären Sinne – eine Rolle. Ihre methodischen wie theoretischen Wurzeln

---

[1] http://www.brandeins.de/lcscn/dossiers/netzwerke.html (30.10.2013)

[2] Vgl. Michael Hochschild, Wo liegt die Zukunft der Kirche? Vom Milieu zum Netzwerk, in: Antonianum LXXIV (1999), 697–724: 713.

[3] Harrison White erreichte in den 1970er Jahren in den USA einen wissenschaftlichen Durchbruch mit seinen Arbeiten zur Netzwerktheorie, indem er das bis dahin rein technische Netzwerkkonzept um kulturwissenschaftliche Aspekte (den Austausch von *stories*) erweiterte; deutschsprachige Arbeiten zum Thema gründeten Ende der 1970er Jahre auf einem Wissenstransfer aus den USA; vgl. Roger Häussling/Christian Stegbauer (Hg.), Einleitung: Geschichte der Netzwerkforschung, in: Dies. (Hg.): Handbuch Netzwerkforschung, Wiesbaden 2010, 19; vgl. Jörg Raab, Der »Harvard Breakthrough«, in: Roger Häussling/Christian Stegbauer (Hg.): Handbuch Netzwerkforschung, Wiesbaden 2010, 29–37.

findet etwa die Netzwerkanalyse in der Soziologie und Psychologie, Mathematik und Physik sowie der Anthropologie.[4] Mittlerweile hat das Interesse an Netzwerkanalyse und Netzwerktheorie auch in der Praktischen Theologie Einzug gehalten, wenn auch im Moment erst noch in Form einzelner Stimmen.[5] Vor dem Hintergrund soziologischer und symbolisch-interaktionalistischer Erkenntnisse – und im Rekurs auf ein Verständnis von Netzwerken, das diese durch Kommunikation konstituiert sieht – können soziale Netzwerke verstanden werden als »... ein Set prozessual angelegter Beziehungen, die über zwischenmenschliche Aushandlungsprozesse mit Bedeutung versehen und so für soziales Handeln und soziale Strukturen grundlegend sind.«[6] Netzwerke grundieren immer schon die subjektive Lebenswelt in ihrer kulturellen Verfasstheit – und insofern hat das Phänomen des Adhortativs ›zu netzwerken‹, im Sinne etwa der Steigerung beruflicher Chancen, nur eine gewisse Schnittmenge mit der immer schon gegebenen Einbettung von Individuen in ein Konglomerat von Beziehungen: Die Schnittmenge besteht in der Einsicht und der Praxis menschlicher Relationalität – wobei die Praxis der Relationalität eben auch bis zu einem gewissen Grad steuerbar ist.

Welchen heuristischen Wert hat nun das ›Modell‹ des Netzwerks für die seelsorgliche Situation und die pastoralpsychologische Perspektive? Grundgelegt wird ein Verständnis von Kommunikationsnetzen, die dynamischen Charakter haben, und in denen Menschen die Frage kulturellen

---

[4] JESSICA HAAS/SOPHIE MÜTZEL, Netzwerkanalyse und Netzwerktheorie in Deutschland – eine empirische Übersicht und theoretische Entwicklungspotentiale, in: Christian Stegbauer (Hg.), Netzwerkanalyse und Netzwerktheorie. Ein neues Paradigma in den Sozialwissenschaften, Wiesbaden 2008, 49–62, 49.

[5] Vgl. exemplarisch: BIRGIT WEYEL, Netzwerkanalyse – ein empirisches Paradigma zur Konzeptionalisierung von religiöser Sozialität? Überlegungen zur wechselseitigen Erhellung von empirischen Methoden und praktisch-theologischen Konzepten, in: Dies./Wilhelm Gräb/Hans-Günter Heimbrock (Hg.), Praktische Theologie und empirische Religionsforschung, Leipzig 2013, 157–169; ROLF THEOBOLD, Zwischen Smalltalk und Therapie. Kurzzeitseelsorge in der Gemeinde, Neukirchen-Vluyn 2013, v.a. 205ff.; HOCHSCHILD, Wo liegt die Zukunft der Kirche? (1999; s. Anm. 2); CLAUDIA SCHULZ, Seelsorge auf dem Weg in die Netzwerkgesellschaft. Rahmenbedingungen und Herausforderungen für das seelsorgerliche Handeln der Kirche angesichts sozialer Wandlungsprozesse im Computerzeitalter, in: Pastoraltheologie 101 (2012), 341–358; ILONA NORD, Sinnstiftung zwischen Individuum und Organisation, in: Deutsches Pfarrerblatt 113 (2013), 432–437.

[6] IREN SCHULZ, Mediatisierte Kommunikationskultur und der Wandel von Beziehungsnetzen im Jugendalter. Die Bedeutung des Mobiltelefons für Beziehungen, Identität und Alltag, in: Jan Fuhse/Christian Stegbauer (Hg.): Kultur und mediale Kommunikation in sozialen Netzwerken, Wiesbaden 2011, 149–166: 152.

Sinns artikulieren, verhandeln und eigene Antworten produzieren.[7] In dieser Perspektive wird zunächst einmal zu fragen sein, auf welche Weise sich Sinn subjektiv wie intersubjektiv konstituiert, und inwiefern diese Prozesse auch eine Transformation durch den gegenwärtigen medialen Wandel erfahren.

1. Sozialer und subjektiver Sinn

Die Prozesse subjektiver wie intersubjektiver Sinnkonstitution sind komplexer Natur und sicherlich in ihrer Grundstruktur nur rudimentär an dieser Stelle zu beschreiben. In der allgemeinen Beschreibung von Strukturanalogien ist es zudem vonnöten, ›Sinn‹ funktional zu fassen i. S. eines Relationsbegriffs, wobei diese Form der Relation auch verstanden werden kann als »nichtnegierbare Universalform«[8]. Alfred Schütz widmet sich in seinem Werk[9] zentral der Frage nach dem Sinnaufbau und wird damit zu einem wichtigen Gesprächspartner mit Blick auf phänomenologisch erhebbare Invarianzen in Prozessen der Sinnkonstitution: Die *Strukturen der Lebenswelt* zeugen von eben diesem Versuch der Erhebung einer »mathesis universalis« (Luckmann), die freilich nicht in einem ontologischen Sinne verstanden werden will. Grundsätzlich schreibt Schütz – unter Rekurs auf den Begriff der *durée* bei Henri Bergson:

»*Sinn ist* [...] *die Bezeichnung einer bestimmten Blickrichtung auf ein eigenes Erlebnis,* welches wir, im Dauerablauf schlicht dahinlebend, als wohlumgrenztes nur in einem reflexiven Akt aus allen anderen Erlebnissen ›herausheben‹ können. Sinn bezeichnet also eine besondere Attitüde des Ich zum Ablauf seiner Dauer. Dies gilt grundsätzlich für alle Stufen und Schichten des Sinnhaften.«[10]

Für Schütz ist »nur das Erlebte sinnvoll, nicht aber das Erleben«[11] – und das bedeutet, dass sich Sinn immer erst manifestiert in der Reflexion,

---

[7] Vgl. Schulz, Mediatisierte Kommunikationskultur, 149f.; vgl. Haas/Mützel, Netzwerkanalyse, 59f.

[8] Niklas Luhmann, Funktion der Religion, Frankfurt a.M. 1982, 21. – Zur Klärung des Sinnbegriffs vgl. auch Kristin Merle, Alltagsrelevanz. Zur Frage des Sinns in der Seelsorge, Göttingen 2011, 168ff.

[9] Vgl. v.a. Alfred Schütz, Der sinnhafte Aufbau der sozialen Welt. Eine Einleitung in die verstehende Soziologie (ASW II), Konstanz 2004. (Manuskript 1932)

[10] A.a.O., 127. Im Original hervorgehoben.

[11] A.a.O., 146.

die einem Erlebten folgt (so sie denn erfolgt). Sinn ist nicht einer Erfahrung an sich inhärent oder wäre gar mit einer Erfahrung selbst identisch, Sinn ist eine relationale Größe und eine Kategorie des Bewusstseins. Diese Sinnkonstitutionsprozesse finden immer am Ort der Subjekte statt. Gleichzeitig ruhen all diese Vorgänge, v. a. die darauf aufruhenden Prozesse der Bildung von Sinnmustern, die Einbettung in ein persönliches System von Relevanzen[12], auf in der historischen Sozialwelt gegebenen Sinnmustern auf: Prozesse der Sinnkonstitution – und dann auch der Sinndeutung – sind immer kontextualisiert, sodass kulturell geprägte Sinnbezüge zur Bezugnahme, zum Abgleich und zur Auseinandersetzung zur Verfügung stehen. Die zur Verfügung stehenden Wissenselemente im subjektiven Wissensvorrat sind sozial bedingt und sozial abgeleitet. Ihre ›Ordnung‹ erhält die Lebenswelt durch kommunikative Handlungen, Zeichen und Symbole. Sinn als Relation wird also immer zunächst subjektiv hergestellt bzw. nachvollzogen, weiß sich jedoch bezogen auf einen Vorrat an Sinnmustern, der sozial vorgegeben ist, und der in intersubjektiven Kommunikationen grundgelegt und ausgehandelt werden will.[13]

2. Sinn, Identität und medialer Wandel

Die Integration von kulturell verfügbaren Sinnmustern, ihre Umformung und Vernetzung mit bestehenden Sinnmustern am Ort der Subjekte findet immer über eine Plausibilitätsprüfung der Inhalte für die Individuen statt. Man kann auch sagen: Nur was in irgendeiner Weise für die Subjekte relevant ist, wird – auf der Handlungsebene und/oder im Bewusstsein – thematisch. Schütz notiert in den *Wiener Exzerpten* zum Konnex von Sinn und Relevanz: »Offenbar Korrelativa: Nur zwischen Relevantem bestehen Sinnzusammenhänge; nur das im Sinnzusammenhang Stehende ist relevant.«[14] Relevanz kann also verstanden werden als Grundbegriff der Ordnung hinsichtlich des alltäglichen Erfahrungsraums wie des subjektiven

---

[12] Zur Bedeutung der Kategorie ›Relevanz‹ vgl. auch: Kristin Merle, Die Seelsorge vor der Sinnfrage. Relevanz als hermeneutische Schlüsselkategorie für die seelsorgliche Interaktion, in: Praktische Theologie 48 (2013), 102–109.

[13] Zum Zusammenspiel zwischen subjektiven Erfahrungen/Sinndeutungen und gesellschaftlichem Wissensvorrat vgl. die Beschreibung der Prozesse von Intermalisierung, Objektivation und Externalisierung: Peter L. Berger/Thomas Luckmann, Die gesellschaftliche Konstruktion der Wirklichkeit. Eine Theorie der Wissenssoziologie, Frankfurt, 18. Aufl. 2001, 139ff.

[14] Alfred Schütz, Wiener Exzerpte, in: Relevanz und Handeln 1. Zur Phänomenologie des Alltagswissens (ASW VI.1), Konstanz 2004, 45–55, 49.

und gesellschaftlichen Wissensvorrats.[15] Sinndeutend verarbeiten müssen die modernen Subjekte die unterschiedlichsten Eindrücke und Impulse: Menschen sind in der Regel in viele verschiedene soziale Kontexte wie Kernfamilie, weitere Verwandtschaft, Arbeitskollegen, Gruppen, Vereine, Freundinnen etc. verwoben, wobei sich diese sozialen Beziehungen als nicht-mediatisierte wie mediatisierte Kommunikationsnetze abbilden lassen. Der Einzelne ist also immer gleichzeitig Teil unterschiedlicher sozialer Zusammenhänge, und damit unterschiedlicher – unter Umständen auch miteinander konfligierender – Relevanzgefüge, die sich wiederum in symbolischen Ordnungen und sozialem Wissen widerspiegeln. Der mediale Wandel der letzten zwanzig Jahre lässt diese Zusammenhänge insofern komplexer werden, als neben die Kommunikationsnetze offline (*face-to-face*-Kontakte, aber auch *one-to-many*-Distributionsstrukuren der klassischen Massenmedien) zahlreiche Kommunikationsnetze online treten – die sich einerseits rückbinden lassen an Interaktionen offline, die sich andererseits auszeichnen durch eine Anlage hin zu Translokalität und Globalisierung. Es wäre nicht ausreichend zu denken, dass etwa mit dem Social Web einfach ein weiteres Segment zu den Kommunikationsmöglichkeiten moderner Subjekte hinzugekommen ist, vielmehr unterliegen die kulturellen Praktiken selbst – und damit die Beziehungen in ihren sozialen Zusammen-hängen – einer zunehmenden medialen Durchdringung.[16] Und das be-deutet wiederum: Die Kommunikationszusammenhänge moderner Menschen prägen Hybridformen aus, die in ihrer Komplexität nicht richtig beschrieben werden, wenn sie wahlweise mit ›real‹ oder ›virtuell‹/›medial‹ bezeichnet werden.[17] Inwiefern die mediale Durchdringung kultureller Praktiken Konsequenzen für das Verständnis der Identität moderner Subjekte hat, davon wird noch zu sprechen sein. Festzuhalten ist, dass sich mediale Erfahrungen und nicht-mediatisierte interpersonale Erfahrungen zunehmend verschränken: Nicht nur werden Online-Erfahrungen im Licht der Lebenszusammenhänge offline gedeutet, auch Interaktionserfahrungen offline werden mit Blick auf erforderliche Sinndeutungsprozesse mehr und mehr durch Kommunikationszusammenhänge online kontextualisiert:

---

[15] Vgl. MERLE, Die Seelsorge vor der Sinnfrage, 106.

[16] Vgl. SCHULZ, Mediatisierte Kommunikationskultur, 153.

[17] Vgl. a.a.O., 155 – unter Verweis auf: SHERRY TURKLE, Always-on/Always-on-you: The Tethered Self, in: James E. Katz (Hg.), Handbook of Mobile Communication Studies, Cambridge/MA 2008, 121–137; zur »Kultur der realen Virtualität« vgl. MANUEL CASTELLS, Das Informationszeitalter I: Der Aufstieg der Netzwerkgesellschaft, Opladen 2004, 425ff.

»Sogar uns selbst nehmen wir in Bezug auf Medien wahr, wenn wir Schlussfolgerungen aus einem Online-Flirt ziehen, Erfahrungen in modifizierten Formen von Selbstdarstellungen oder Identitäten gemacht haben, aber auch, wenn wir uns in Bezug auf Gruppen und Beziehungen verhalten, von denen wir durch die Medien erfahren haben – es entstehen komplexe Überlagerungen früher deutlicher als getrennt identifizierbarer Kommunikationsnetze und darüber stattfindende Kommunikation.«[18]

Gerade mit Blick auf die interaktive Partizipation im Social Web und die darauf aufruhende Beteiligung an gemeinschaftsbildenden Kommunikationszusammenhängen erscheint plausibel, dass zu den lokal zu verortenden Sinnhorizonten, die sich natürlich auch wieder je individuell über *face-to-face*-Interaktionen bzw. deren mediatisierte Formen ausprägen, translokale Sinnhorizonte[19] hinzutreten, die von den einzelnen Subjekten integriert werden wollen. Das bedeutet für die Frage nach der Identität: Die Sinnbricolagen, die die modernen Subjekte leisten, speisen sich aus verschiedenen kulturellen Kontexten – wie auch immer medial vermittelt – und fügen sich über intersubjektiv generierte Plausibilitäten und Relevanzen am Ort der Subjekte zu hybriden, identitätsstiftenden Mustern zusammen. Identität selbst wird zunehmend als Hybridform zu denken sein, die sich über die Verwobenheit von lokalen und translokalen Vergemeinschaftungen und Kommunikationen bildet. Die komplexen Kommunikationszusammenhänge können dabei als Netzwerke vorgestellt werden.[20] Wie vielfältig und auf den ersten Blick disparat die subjektiven Bezüge – Krotz unterscheidet hier soziale, parasoziale und pseudosoziale Beziehungen sowie Mitgliedschafts- und Orientierungsgruppen[21] – aussehen können, zeigt beispielhaft die folgende Netzwerkkarte mit sozialen, para- und pseudosozialen Beziehungen, die das Beziehungsumfeld aus der Sicht eines Akteurs abbildet:

---

[18] Friedrich Krotz, Posttraditionale Vergemeinschaftung und mediatisierte Kommunikation. Zum Zusammenhang von sozialem, medialem und kommunikativem Wandel, in: Ronald Hitzler/Anne Honer/Michaela Pfadenhauer (Hg.): Posttraditionale Gemeinschaften. Theoretische und ethnografische Erkundungen, Wiesbaden 2009, 151–169: 161.

[19] Zum Begriff vgl. Andreas Hepp, Medienkommunikation und deterritoriale Vergemeinschaftung. Medienwandel und die Posttraditionalisierung von translokalen Vergemeinschaftungen, in: Hitzler/Honer/Pfadenhauer (Hg.): Posttraditionale Gemeinschaften, 132–150: 134.

[20] Vgl. Krotz, Posttraditionale Vergemeinschaftung, 164.

[21] Vgl. a.a.O., 164f.

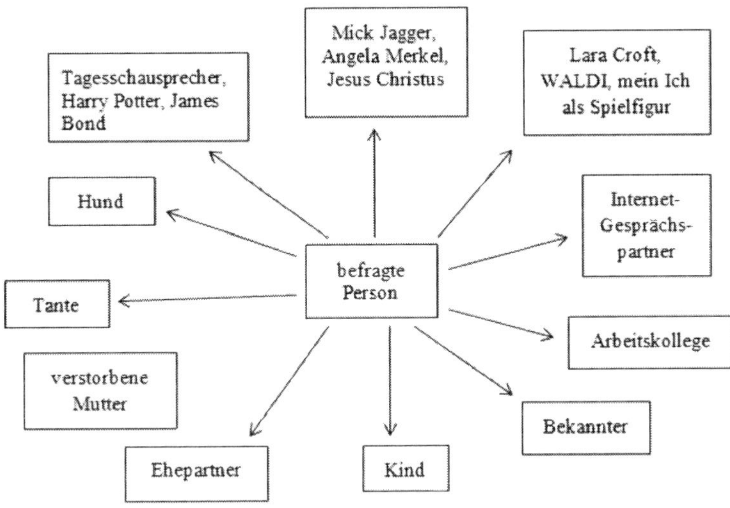

Abb. nach: Krotz: Posttraditionale Vergemeinschaftung, 166.

3. ZUM HEURISTISCHEN WERT DES NETZWERK-›MODELLS‹ FÜR DIE SEELSORGE

Netzwerke bestehen nicht aus stabilen Strukturen, sie bilden sich aus und bilden sich über Kommunikationen ständig um; insofern können sie als variable Sinnzusammenhänge betrachtet werden.[22] In diesen Sinnzusammenhängen, in die der Einzelne verwoben ist, bildet sich Identität bzw. wird die Frage nach Identität gestellt; es ist die Alltagspraxis des Einzelnen, die unterschiedlichen Sinnzusammenhänge zusammenzubringen und zu verarbeiten. Nicht selten speist sich seelsorglicher Gesprächsbedarf aus einem aktuellen Unvermögen, konfligierende Sinnmuster aus unterschiedlichen Kontexten zu integrieren. In der Sprache der Systemtheorie kann dieser Prozess – dabei wird hier Identität begrifflich allem zugesprochen, das beobachtbar ist – beschrieben werden als »Prozess der Identifizierung, der unaufhörlich und in jeder Situation mitläuft«, in welchem »Beobachter Entitäten [erzeugen], indem sie sie entkoppeln und in ein relationales Gefüge einbetten, über das dann Restriktionen, Opportunitäten und Selek-

[22] Vgl. JAN FUHSE, Die kommunikative Konstruktion von Akteuren in Netzwerken, in: Soziale Systeme 15 (2009), 288-316, 310.

tionsmöglichkeiten errechnet werden.«[23] Dieser vielschichtige Prozess findet auch in der seelsorglichen Situation statt. Dabei sind die Akteure im Rahmen des seelsorglichen Gesprächs eingebettet in – jeweils eigene – komplexe mediatisierte wie nicht-mediatisierte soziale Zusammenhänge, die ein potenziell unerschöpfliches Reservoir an Sinnzuschreibungen mit sich führen. Treffend bezeichnet man Personen in der Netzwerktheorie als Akteure, da sie immer schon in soziale Interaktionen eingebettet sind. Ihre Kognitionen und Verhaltensweisen sowie ihre Identität als Akteure erscheinen in der Zuschreibung von Handeln als Ergebnis von überpersönlichen Transaktionsprozessen im Netzwerk.[24] Mit ihrer sozialen Interaktion bilden auch die Akteure des Seelsorgegesprächs ein ›Netzwerk‹ in seiner einfachsten Form aus, in dem Sinne, dass sie zwei (oder mehrere) Knoten mit einer Kante (oder mehreren Kanten) darstellen – in der Sprache der Netzwerktheorie – die eine Verbindung zu unterschiedlichen Netzwerkkontexten darstellt (in dieser Perspektive kann der seelsorgliche Kontakt einen *switch* darstellen). Geht man nun davon aus, dass auch die seelsorgliche Situation ihre eigenen Sinnkonstitutionsleistungen produziert, nämlich in Kommunikationsprozessen zwischen der Seelsorgerin und dem Gesprächspartner, dann hat man es mit aufeinander aufbauenden und miteinander verschränkten Deutungsleistungen zu tun: Die biografisch bedingte Individualität eines jeden Einzelnen, die auf individueller Sedimentierung von Erfahrungen aufruht, seine spezifische Identitätskonstitution erfordern in der seelsorgliche Situation Deutungsleistungen, die in einem Passungsverhältnis stehen: Die Plausibilität einer Erfahrungsdeutung erfolgt individuell am Ort des Subjekts, sie ist rückgebunden an bereits bestehende Relevanzhierarchien. Und dies trifft gleichermaßen auf die Seelsorgerin zu. Die gemeinsamen Verständigungsprozesse erfordern vorgängige Deutungsleistungen – im Sinne eines Verständigungsprozesses, der davon lebt, dass semantische Gehalte in ihrer individuellen Tragweite erst einmal erfasst werden wollen, geht es um Reziprozität. Klaus Raschzok hat wesentlich zum Verständnis dieser Reziprozität im Kontext

---

[23] Athanasios Karafillidis, Identitäten und Netzwerke: Zur relationalen Modellierung von Sinn, in: Vielfalt und Zusammenhalt. Verhandlungen des 36. Kongresses der Deutschen Gesellschaft für Soziologie in Bochum und Dortmund 2012 (erscheint voraussichtl. 2014).

[24] Darin liegt ein wichtiger Unterschied etwa zum Begriff des Subjekts oder des Individuums. Vgl. zum Akteursbegriff: Sophie Mützel/Jan Fuhse, Einleitung: Zur relationalen Soziologie, in: Dies. (Hg.): Relationale Soziologie. Zur kulturellen Wende der Netzwerkforschung, Wiesbaden 2010, 7–35, 10.

einer Theorie Geistlicher Begleitung beigetragen.[25] Jede Person, die Teil der seelsorglichen Situation ist, ist als relationales Selbst zu verstehen. Das ›Modell‹ des Netzwerkes reaktiviert in jedem Fall auch die Reflexion des Seelsorgers mit Blick auf eigene biografisch bedingte Sinnmuster, Relevanzhierarchien, Beziehungsgefüge – und damit auch die pastoralpsychologische Perspektive.

Welche Stärken hat das ›Modell‹ des Netzwerks für die seelsorgliche resp. poimenische Perspektive? Zunächst einmal ist zu sagen, dass die hier vorgelegten Gedanken vorläufig sind, schlicht, da mit der Einführung des Netzwerkbegriffs in die Praktische Theologie immer noch Neuland betreten wird. Erst durch die Erschließung der theoretischen Tiefendimension des Netzwerkbegriffs und durch das interdisziplinäre Gespräch mit der relationalen Soziologie können die Potenziale der Netzwerktheorie entfaltet werden. Die bisherigen Ausführungen mögen gezeigt haben, dass Netzwerktheorie und Netzwerkanalyse in jedem Fall heuristisches Potenzial für die Praktische Theologie haben, auf makro- und mesosozialer Ebene, aber auch auf mikrosozialer Ebene (s. die Abbildung nach Krotz). Zunächst einmal ist deutlich geworden, dass über eine Erhebung der Netzwerke, in die der Einzelne verwoben ist, die soziale Einbettung von Akteuren in ihrer Komplexität sichtbar gemacht werden kann. In welchen Kontexten leben moderne Subjekte? Woher beziehen sie die zahlreichen Sinndeutungsangebote, die sie zum Teil selbst mit produzieren? Welche Perspektiven wollen leitend sein für die Gestaltung des eigenen Lebens (eine Grundfrage der Seelsorge)? Einen genauen Blick verdient die Nachfrage, in welchem Zusammenhang Netzwerk und System stehen – und das bedeutet weiterhin: ob der Netzwerkbegriff einen vergleichbaren heuristischen Wert für die Seelsorge haben kann wie es der Begriff des Systems hat, und wo die Unterschiede der Perspektiven liegen. Eine Vermutung wäre zu sagen, dass eine Erhebung der sozialen Beziehungsgefüge einschließlich prävalenter sinnhafter Ordnungsmuster – freilich aus der Perspektive eines einzelnen Akteurs – *vor* der Frage liegt, welcher soziale Bezugsrahmen (familiär, organisational etc.) im Folgenden genauer betrachtet werden will.[26] Dies hängt dann mit der Frage zusammen, wo pri-

---

[25] Klaus Raschzok, Am Ende einer Bestandsaufnahme. Schlussfolgerungen und Konsequenzen für die evangelische Praxis Geistlicher Begleitung, in: Ders./Dorothea Greiner/Matthias Rost (Hg.): Geistlich begleiten. Eine Bestandsaufnahme evangelischer Praxis, Leipzig 2011, 199–127.

[26] Vgl. Christoph Morgenthaler, Systemische Seelsorge. Impulse der Familien- und Systemtheorie für die kirchliche Praxis, Stuttgart, 4. Aufl. 2005; ders.: Systeme als Bezugsrahmen der Seelsorge, in: Wilfried Engemann (Hg.), Handbuch der Seelsor-

mär virulente Konflikte diagnostiziert werden, ggf. auch in der Kreuzung sinnhafter Ordnungsmuster mit Blick auf andere soziale Kontexte. In jedem Fall wird die zunehmende netzwerkförmige Gestaltung des Sozialen das organisationale Selbstverständnis auch der Kirchen weiter herausfordern, so dass es spannend bleibt, die Reflexionen zum Nutzen von Netzwerktheorien und Netzwerkanalysen für die Praktische Theologie allgemein weiter zu verfolgen und sich daran zu beteiligen.[27]

ge. Konzepte und Profile, Leipzig 2009, 292–307. – THEOBOLD (s. Anm. 5) fokussiert seine Ausführungen auf die Gemeinde als ›soziales Netzwerk‹ und verwendet den Begriff im allgemeinen Sinne einer sozialen Gruppe. Die empirische Netzwerkforschung, von der er sich abgrenzt (210f.), würde allerdings Netzwerke immer nur auf eine konkrete Hinsicht hin (z.B. Unterstützung, Kommunikation über bestimmte Themen o.ä.) erheben.

[27] Vgl. KLAUS RASCHZOK, Modeerscheinung oder Wahrnehmungszugewinn? Diskurse Praktischer Theologie in: Verkündigung und Forschung 54 (2009), 75–87.

Konrad Müller

Struktur, Milieu und Verbundenheit

Überlegungen zur Fortführung gottesdienstlicher Reformprozesse

Gottesdienstreform?

Der Gottesdienst ist in aller Munde. Meistens deswegen, weil viele in diesem Bereich Handlungsbedarf sehen. Er soll lebendiger werden. Oder flexibler. Oder so bleiben, wie er ist. Gottesdienstreform ist fast überall ein großes Thema geworden. Auf der Ebene der Kirchenleitungen. Auf der Ebene der Gemeinden. Und in der praktisch-theologischen Diskussion.

In diesem Kontext haben sich zwei Leitbegriffe etabliert, die zugleich auf komplexe Theoriemodelle zurückverweisen und zu Schlüsselbegriffen geworden sind: Die Begriffe »Struktur« und »Milieu«. Während die Rede von »Struktur« insbesondere zur theoretischen Absicherung des Konzeptes des Gottesdienstbuches diente, bildet sich in der Rede vom »Milieu« häufig eine Diskurslage auf Gemeindeebene ab, wonach durch die Erfassung der Lebenswirklichkeit der Menschen mit Hilfe von milieutheoretischen Beobachtungen Gemeinden ihre Veranstaltungen attraktiver machen können. So müssten alle Gottesdienste, wird häufig argumentiert, stärker auf die Formempfindungen der verschiedenen Milieus abgestimmt werden.

Beide Begriffe, »Struktur« und »Milieu«, haben einen starken Einfluss auf die handlungsleitenden Vorstellungen im Raum der Kirchen gewonnen. Im Folgenden soll geprüft werden, ob durch die Fokussierung auf die *Begriffe »Struktur« und »Milieu« nicht andere, ebenfalls zentrale Fragestellungen zu stark zurückgedrängt worden sind.*

STRUKTUR

Anmerkungen zur historischen Verortung

Der Begriff der Struktur ist für die Agendenarbeit in der zweiten Hälfte des 20. Jahrhunderts zu einem Leitbegriff geworden. Allein die Bezeichnung *Strukturpapier*[1] für jene Denkschrift, mit dem die Arbeit am Gottesdienstbuch im engeren Sinn beginnt, bringt diesen Sachverhalt zum Ausdruck. Für die Entscheidung, auf den Strukturbegriff zuzugehen, nennt Helmut Schwier in seiner Untersuchung zur Vorgeschichte des Gottesdienstbuches, »Die Erneuerung der Agende«, eine Reihe von Gründen:

»1. Durch Aufweis der Struktur gewinnt der gesamtkirchliche Aspekt Kontur, weil sowohl die verschiedenen Liturgien von Agende I als auch alle anderen evangelischen Liturgien als Modifikationen der reformatorischen Messe verstehbar werden. [...] 2. Durch Aufweis der Struktur gewinnt der Gegenwarts-Aspekt Kontur, weil eine rein historische Begründung liturgischer Urteile als unzureichend erkannt wird. [...] 3. Durch Aufweis der Struktur wird im Gesamtkonzept anstelle veralteter Modelle die ›ökumenische Konvergenz‹ liturgisch wirksam [...] 4. Durch Aufweis der Struktur werden die einzelnen Blöcke eines Gottesdienstes auch in ihren Funktionen benennbar. [...] 5. Nach Kenntnis der Struktur lassen sich ebenfalls mögliche Modifikationen einsichtiger machen«[2].

Die von Schwier benannten Gründe für eine strukturbasierte Analyse von Gottesdienstmodellen lassen sich nach zwei unterschiedlichen Gesichtspunkten zusammenfassen: Offensichtlich war erstens der Strukturbegriff geeignet, bestimmte *kirchenpolitische Anliegen* liturgietheoretisch zu unterlegen. Wenn, wie Schwier schreibt, mit Hilfe des Strukturbegriffs die bisherigen evangelischen Liturgien als »Modifikationen der reformatorischen Messe« aufgefasst werden können, eine »ökumenische Konvergenz« sichtbar wird und der »Gegenwarts-Aspekt« Kontur gewinnt, wird deutlich, wozu der Rückgriff auf die Analyse von Strukturen dienen sollte:

---

[1] Diese Schrift wurde von der Lutherischen Liturgischen Konferenz 1974 veröffentlicht. Ein Abdruck des Strukturpapiers findet sich in: Gottesdienst als Gestaltungsaufgabe. Praktische Anregungen zur Gestaltung des Gottesdienstes aufgrund der Denkschrift »Versammelte Gemeinde« (Strukturpapier), hg. im Auftrag der Lutherischen Liturgischen Konferenz von HERWARTH VON SCHADE und FRIEDER SCHULZ, Hamburg 1979, 9-17 (reihe gottesdienst 10).

[2] Vgl. dazu HELMUT SCHWIER, Die Erneuerung der Agende. Zur Entstehung und Konzeption des »Evangelischen Gottesdienstbuches«. Hannover 2000, (Leiturgia. Neue Folge, Bd. 3), 14f. Mit dem Gegenwarts-Aspekt spielt Schwier offensichtlich auf jene Gottesdienstformen an, die sich neben dem und gegen den »Gottesdienst nach Agende« entwickeln konnten.

Er zielte auf liturgische Konfliktbefriedung und brachte in die festgefahrenen, durch konfessionelle Positionierungen, theologische Inhaltsfixierung und Anpassungsforderungen bestimmten Diskussionen um die Agende und die Gottesdienstformen der Zukunft wieder Bewegung hinein.

Unter Verwendung des Strukturbegriffs hat man denn auch weitreichende Änderungen vollzogen:

- Man hat mit ihm die Abkehr vom Modell »Agende« begründet.
- Man hat ihn benutzt, um divergierende liturgiegeschichtliche Traditionen im Bereich des Protestantismus, nämlich das mittelalterliche Messmodell und den spätmittelalterlichen Prädikantengottesdienst, für konvergent zu erklären.[3] In beiden Traditionen wurzeln die Liturgien lutherischer, unierter und reformierter Provenienz.
- Man hat mit ihm gleichzeitig eine Synthese von Gottesdiensten in offener Form und vom Gottesdienst nach Agende angestrebt.[4]
- Man hat im Sinne der »*Verbundenheit mit der universalen Kirche*«[5] eine ökumenische Öffnung auch auf nicht-reformatorische Kirchen und Glaubensgemeinschaften hin vollzogen.
- Man hat schließlich auch die Weise, *wie* Dramaturgie konzipiert wird, neu gefasst. Dies ist eine Folgerung, die im erstgenannten Punkt, der Abkehr vom Modell »Agende«, implizit enthalten ist.

Die politische und kybernetische Leistung, die mit dem Strukturbegriff erreicht wurde, war beachtlich, die Änderungen weitreichend. Indem eine neue Auffassung der Bedeutung von Struktur in die liturgiewissenschaftliche Diskussion eingeführt worden ist, sind alte Gegensätze, die über Jahrhunderte hinweg die liturgische Diskussion geprägt haben, in einem neuen Licht erschienen. Man kann sich fragen, was geschehen wäre, wenn der Versuch eines Brückenschlages zwischen divergierenden gottesdienstlichen Traditionen auf der einen und zwischen traditionsorientierten und offenen Gottesdienstformen auf der anderen Seite nicht unternommen und unter Zuhilfenahme des Strukturbegriffs nicht theoretisch fundiert worden wäre.

---

[3] Vgl. oben.

[4] Vgl. oben.

[5] Evangelisches Gottesdienstbuch. Agende für die Evangelische Kirche der Union und für die Vereinigte Evangelisch-Lutherische Kirche Deutschlands, hg. von der KIRCHENLEITUNG DER VEREINIGTEN EVANGELISCH-LUTHERISCHEN KIRCHE DEUTSCHLANDS und im Auftrag des Rates von der Kirchenkanzlei der Evangelischen Kirche der Union, Berlin / Bielefeld / Hannover 1999, 18.

Struktur und gottesdienstliche Dramaturgie

Allerdings sind durch die veränderte Gewichtung der Bedeutung von Struktur doch auch neue Schwierigkeiten entstanden. Sie hängen damit zusammen, dass durch den Strukturbegriff die Dramaturgie des Gottesdienstes nicht mehr primär inhaltlich als Ausdruck einer ihr zugrunde liegenden »Leiterzählung« verstanden wurde, in der eine bestimmte Theologie zum Ausdruck kam.[6] Durch den Hinweis auf die »Struktur« wurde für den gottesdienstlichen Bereich eine neue rezeptionsästhetische Konzeption entwickelt: Durch den Aufweis der Struktur würden, so Schwier, »die einzelnen Blöcke eines Gottesdienstes auch in ihren Funktionen benennbar«[7]; darüber hinaus ließen sich gottesdienstliche Modifikationen dadurch leichter einsichtig machen.

Die Pointe in Schwiers letztgenannten Ausführungen liegt in der Einführung des *Funktionsbegriffs*. Versteht man Funktion umgangssprachlich, dann könnte man Schwier entgegenhalten, dass gottesdienstliche Dramaturgie schon immer um die »Funktion« der einzelnen liturgischen Elemente oder gottesdienstlicher Blöcke, zu denen diese Elemente zusammengefasst werden können, gewusst habe. Dies betrifft nicht nur Verfechter eines Prä des Gottesdienstes nach Agende. Auch diejenigen, die auf eine weitreichende Reform der Ordnung des Sonntagvormittag-Gottesdienstes drängten, argumentierten mit der »Funktionalität« gottesdienstlicher Dramaturgie. Dieter Trautweins noch vor dem Strukturpapier erschienene Dissertation »Lernprozess Gottesdienst« hat, wie bereits der Titel der Publikation aufweist, die einzelnen Elemente des Gottesdienstes »funktional« einem lernpsychologischen Schema zugeordnet.[8]

Mit dem Strukturbegriff des Gottesdienstbuches geht jedoch eine ihm korrespondierende *Unterscheidung von Struktur, Strukturelementen und*

---

[6] Deutlich wird dies beispielsweise an der Gottesdienstauffassung Wilhelm Löhes, wonach sich im Gottesdienst eine Gottesbegegnung ereignet, die wie eine Erzählung inszeniert wird: »Wie in der Krippe, so kommt der Herr zur Gemeinde unter dem Gloria.« Wilhelm Löhe, Agende für christliche Gemeinden lutherischen Bekenntnisses, in: Ders.: Gesammelte Werke, Bd. 7.1, hg. von Klaus Ganzert, Neuendettelsau 1953, 14.

[7] Vgl. oben.

[8] Vgl. Dieter Trautwein, Lernprozess Gottesdienst, Gelnhausen / Berlin / München 1972, 20: »Wir schließen uns W. Corell an und meinen, daß man von der Denkpsychologie hier zumindest den Versuch machen kann, verschiedene Lerntheorien wie die der Assoziationspsychologie [...] und der Gestaltpsychologie [...] in einer Synthese zusammenzufassen.«

Liturgiebestandteilen einher.[9] Im Ergebnis hat dies dazu geführt, dass liturgische Funktionsbestimmungen nicht mehr den Liturgiebestandteilen[10], sondern jenen Strukturen zugewiesen worden sind, die als allen gemeinsam erkannt worden sind. *Das Strukturmodell des Gottesdienstbuches, das auf der Unterscheidung von Eröffnung und Anrufung, Verkündigung und Bekenntnis, Abendmahl sowie Sendung und Segen beruht, hat also »Funktion« nur an anderer Stelle verortet.*

Damit hat sich aber auch eine inhaltliche Verschiebung ergeben, deren Reichweite nicht hoch genug eingeschätzt werden kann. Die Bedeutung von den in den Liturgiebestandteilen (wie dem Confiteor) enthaltenen Aussagen[11] auf die Wahrnehmung des Gottesdienstes als Ganzes wird relativiert und stattdessen das funktionale Zusammenwirken der gottesdienstlichen Blöcke Eröffnung und Anrufung etc. sowie der damit verbundenen »Strukturelemente« als die zentrale dramaturgische Aufgabe benannt. Dieses funktionale Zusammenwirken wird primär kommunikationstheoretisch aufgefasst.[12]

---

[9] Vgl. dazu Schwier, a.a.O., 21: »Wenn die Struktur auf induktivem Wege erkannt wird – in diesem Fall durch Untersuchung der Liturgien von Agende I –, so werden die Elemente der Struktur häufig auch unter begrifflicher Zuhilfenahme der untersuchten Bestandteile – in diesem Fall also der einzelnen Bestandteile der Liturgie – beschrieben.« Zum Verständnis dieser Aussage ist eine Bemerkung von Schwier (a.a.O. auf 24) hilfreich: »Der Sachverhalt wird klar, wenn wir unsere [...] Unterscheidung zwischen ›Strukturelement‹ und ›Liturgiebestandteil‹ hier [sc. bezüglich der »Eröffnung« des Gottesdienstes] anwenden. »Einführung« ist dann die sinnvolle Bezeichnung eines Strukturelements, während »Mitteilung« ein möglicher Bestandteil ist.« Frieder Schulz gliedert den Abendmahlsteil dementsprechend in die Strukturelemente »Lobpreis«, »Gedächtnis«, »Bereitung«, »Austeilung« und »Abschluss«. Vgl. ebd. 38.

[10] Wir dürfen hierunter wohl historische gewachsene Formen verstehen, die Teil der Strukturelemente sein können wie beispielsweise das Gloria oder das Präfationsgebet etc.; vgl. dazu Anm. 9.

[11] Wie problematisch dies ist, kann man an der häufig geäußerten Kritik an Liturgiebestandteilen wie dem Confiteor sehen, dessen Aussagen zwar manchen Gottesdienstbesuchern sehr wichtig sind, andere wiederum regelrecht abstößt. Hier wirken nicht Strukturen und Strukturelemente, übrigens nicht einmal die Liturgieelemente qua ihrer Gattung. Vielmehr werden hier *Inhalte* je unterschiedlich erlebt.

[12] Hier wirkt die Philosophie des Strukturalismus nach; vgl. Jörn Albrecht, Europäischer Strukturalismus. Ein forschungsgeschichtlicher Überblick, Tübingen, 3., erweiterte Auflage 2007, 183: »Fast alle Chronisten stimmen darin überein, daß sich der Strukturalismus von der Sprachwissenschaft zunächst auf dem Wege über die Anthropologie und die Ethnologie auf die übrigen Sozialwissenschaften

Ich muss bekennen, dass dieses Vorgehen für mich nicht sehr überzeugend ist. Der Morgenappell bei der Bundeswehr etwa könnte im Sinne des Strukturmodells des Gottesdienstbuches durchaus als zum Gottesdienst strukturanalog aufgefasst werden: Statt des *»Im Namen des Vaters«* könnte man dann ein dem Appell vorlaufendes *»Achtung!«* als wesentliches Liturgieelement des Strukturelements »Hinführung« und als den Beginn von »Eröffnung und Anrufung« interpretieren. Es folgt unter anderem die Feststellung der Anwesenheit, und es werden, als funktionale Entsprechung zu Verkündigung und Bekenntnis, Befehle ausgegeben. Durch ein »gemeinschaftsstiftendes« »Jawohl, Herr Hauptmann« wird dies »vertieft«. Als »Sendung und Segen« entlässt ein prosaisch-nüchternes »Wegtreten« (anstelle eines ins Deutsche übertragenen »ite, missa est«) die Soldaten.

Dieses drastische Beispiel will zeigen: Für die *funktionale* Bestimmung von Gottesdienst reicht die Orientierung an solch allgemein gefassten *Grundstrukturen* des Gottesdienstes, wie sie das Gottesdienstbuch zugrunde legt, natürlich nicht aus. Dies gilt auch dann, wenn man bedenkt, dass durch Bezeichnungen wie »Verkündigung und Bekenntnis« oder »Abendmahl« selbstverständlich Hinweise gesetzt sind, die sich über Strukturelemente wie das Element »Gedächtnis« beim Abendmahl näher spezifizieren und die sich beim Morganappell der Bundeswehr natürlich *nicht* finden. Diese Hinweise bleiben nämlich inhaltlich weitestgehend unspezifisch – das »Gedächtnis« des Abendmahlsteiles erlaubt unterschiedlichste Aussagen über Gottes Heilstaten – und ermöglichen es beispielsweise, unter dem Stichwort »Abendmahl« alle Abendmahlsauffassungen der Kirchengeschichte zu subsumieren – auch wenn dies von den Vätern des Gottesdienstbuches so sicher nicht intendiert gewesen sein wird. Deswegen ist man ja auch seitens der Verfasser dieser »Agende« bei der Benennung der Grundstruktur nicht stehen geblieben, sondern hat Liturgie*elemente* benannt, mit denen die Grundstruktur des Gottesdienstes gefüllt werden könnte oder sollte.[13]

---

ausgedehnt hat, und daß einige seiner Anhänger die Tendenz haben, sämtliche sozialen und kulturellen Phänomene mit dem begrifflichen Instrumentarium der Zeichentheorie (später oft schlicht der Kommunikationstheorie) zu erfassen.«

[13] Nicht umsonst hat auch Frieder Schulz selbst, der als einer der Vordenker eines wenn nicht theoretischen so doch praktischen liturgiewissenschaftlichen Strukturalismus gelten darf, den jeweiligen Teilen der Grundstruktur Liturgieelemente zugeordnet.

Die Wirkweise der Liturgie in rezeptionsästhetischer Hinsicht

Diese Elemente sichern nun aber nicht nur eine gewisse Rückbindung an Tradition. Es ist vielmehr auch das *Erleben* von Gottesdiensten, das zentral mit diesen *Liturgieelementen* verbunden ist. Menschen freuen sich, falls sie denn das Vaterunser überhaupt schätzen, auf das *Vaterunser*, nicht auf die *Anrufung* (oder die *Sendung*) an sich. Sie wären auch in einer völlig anderen Erlebniswelt, wenn in einem Gottesdienst, bei dem die Predigt eventuelle Gemeinsamkeiten zwischen dem Islam und dem Christentum herausgearbeitet hätte, anstelle des Vaterunsers die erste Sure aus dem Koran vorgelesen oder gebetet werden würde.

Ja, man muss sogar noch weiter gehen. Es sind vor allem die *Details* der Liturgieelemente, die das Erleben steuern. Die einen lieben den Aaronitschen Segen in seiner ihnen vertrauten Form. Andere schätzen ästhetisierende Sprache – also beispielsweise neue Segenstexte, die den Aaronitischen Segen paraphrasieren und sie erst dadurch in Kontakt mit ihren Empfindungen bringen. *Das Erleben ist auf einer Detailebene verankert, die unterhalb der Grundstruktur liegt.* Es ist auf einer Detailebene verankert, die sogar unterhalb dessen liegt, was die Texte an inhaltlicher Bedeutung zum Ausdruck bringen. Gottesdienstwahrnehmung und Erlebnistiefe ist mit Liturgieelementen (Aaronitischer Segen) oder Sequenzen solcher Elemente (beispielsweise »Kyrie und Gloria«) oder auch nur »Elementen der Elemente« (wie dem Heben der Hände zum Segen) verbunden. Durch die Anordnung dieser Elemente in einer bestimmten Reihenfolge wird deren Wirkung dann verstärkt, geschwächt oder sogar verändert.

Man könnte diese Beobachtungen so zusammenfassen: *Die Wirkung des Gottesdienstes und seiner Teile kommt durch ein Zusammenspiel von Kontext, Bedeutung und Inszenierung zustande.* Dieses Zusammenspiel wirkt auf jede Person anders. Bei vielen Menschen hat sich diese Wirkung auch erst allmählich im Laufe des Lebens und Erlebens von Gottesdienst entwickelt, »aufgebaut«. Die je eigene Biographie mit der damit verbundenen persönlichen »Inkulturation« besitzt hier eine unabweisbare Bedeutung – und es ist sicher eine der großen Herausforderungen kirchlicher Bildungsarbeit, auf einen gewissen »Erlebenskonsens« hinzuarbeiten.

Die Dramaturgie des Gottesdienstes ist deswegen in keiner Weise allein »strukturell«, also unter Verweis auf bestimmte Grundstrukturen, beschreibbar. Sie liegt vielmehr in der Art und Weise, wie die einzelnen Teile der Liturgie erlebt und zu einer »Erzählung«, zu einer Sequenz von Erleben verknüpft sind. Die Akzeptanz von Gottesdienst hängt daran, dass dessen »Erzählung« erkennbar ist, und dass sie einen Wert für das eigene Wahrnehmen und Empfinden besitzt.

Gottesdienstordnung und liturgische Kompetenz

In gewissem Umfang haben dies die Väter des Gottesdienstbuches auch selbst gesehen. In der Forderung nach Sach- und Situationsgemäßheit im Umgang mit dem Strukturmodell des Gottesdienstbuches wird deswegen auch an die *Kompetenz der Liturginnen und Liturgen* appelliert. Dieser Appell setzt aber eben dasjenige voraus, was er überwinden zu können glaubte: Nämlich dass das Erleben von Gottesdienst Resultat eines Zusammenspiels von als bedeutsam erkannten »Elementen« (und Aufführungsdetails!) ist, deren Wirkung einen Zusammenklang ergibt.

Nur: Dieses Zusammenspiel ist jetzt nicht mehr im Konsens einer Glaubensgemeinschaft *gegeben,* die sich als Ausdruck dieses Konsenses eine Ordnung gegeben hat, in der Liturgieelemente, die für sie Bedeutung haben, sinnvoll angeordnet wurden. Jetzt muss vielmehr immer wieder von denjenigen, die Gottesdienste gestalten, dieser Erzähl- und Erlebenszusammenhang je neu reflektiert und konstruiert werden. Im Vorgriff auf Überlegungen, die im Zusammenhang mit dem Milieubegriff wiederkehren werden, kann man hier bereits fragen, ob solche Verortung der Aufgabe, ein dramaturgisch sinnvolles Gefüge zu komponieren, wirklich bei den Liturginnen und Liturgen besser aufgehoben ist als bei der Gemeinde. Denn zum einen ist es deutlich schwieriger, einen »Denk- und Erlebenskonsens« zu *erzeugen,* statt auf ihm aufzubauen. Zum anderen ist Gemeinde ja nicht gleich Gemeinde, sondern soziologisch gesehen ein »corpus mixtum«. Man denke nur an das bereits erwähnte Beispiel: Der eine schätzt den Aaronitischen Segen in seiner überkommenen, und *nur* in seiner überkommenen Form. Die andere findet dies langweilig, und erhofft oder erwünscht sich eine Gestaltung, die diesen Segen durch poetische Sprache aufbricht und zu einem ästhetisch-sinnstiftenden Ereignis macht.

Kennen Liturginnen und Liturgen die Gemeinde besser, als die Gemeinde sich selbst kennt?[14] Und nach welchen Gesichtspunkten entscheiden wir – angesichts der schon immer gegebenen Pluralität von Gemeinde ist dies übrigens nicht erst eine Frage der Neuzeit oder der Gegenwart –, auf welche »Zielgruppen« oder »Milieus« oder »Frömmigkeitsstile« wir unser gottesdienstliches Handeln ausrichten wollen?

Mit der Verschiebung der Frage, wie Gottesdienstordnung zu gestalten wäre, weg von den Liturgieelementen hin zur »Struktur«, und weg von der Gemeinde hin zu denjenigen, welche einen Gottesdienst verantworten und leiten, war deswegen noch eine dritte grundsätzliche Änderung nötig ge-

---

[14] Diese Frage verschärft sich noch dadurch, dass Pfarrerinnen und Pfarrer im Regelfall einem anderen Milieu angehören als diejenigen, für die sie ihre Gottesdienste gestalten.

worden. Anstatt fester Vorschläge zu Abläufen mussten jetzt vor allem »Regeln« benannt werden, nach denen die einzelnen Strukturelemente angeordnet werden konnten. Um aber das Anliegen zu wahren, divergierende Auffassungen von Gottesdienst zusammenzuführen, hat man in den Rubriken des Gottesdienstbuches, das eine Reihe von Regeln festlegt, nach denen die jeweiligen Strukturen gefüllt werden können, vor allem mit der Struktur- oder Funktionsähnlichkeit liturgischer Elemente argumentiert und auch hier weitgehend die Benennung inhaltlicher Kriterien vermieden.[15]

Jene Struktur im Sinne der Strukturelemente, mit denen die Differenzen auf der Ebene der Liturgieelemente und der mit den jeweiligen Liturgieelementen verbundenen theologischen Bedeutungen für sekundär erklärt worden sind, sagt für sich genommen noch nichts. Eben deshalb ist jetzt die Kompetenz der Liturginnen und Liturgen gefordert, eben deshalb lösen jetzt Regeln inhaltlich-theologische Vorgaben ab. Eben deshalb hat sich der Hinweis auf gemeinsame »Strukturen« für das liturgieökumenische Projekt des Gottesdienstbuches, dem auf Grund seiner kirchenpolitischen Zielrichtung eine inhaltlich-theologische Diskussion nicht gelegen sein konnte, so gut geeignet.

Die Tragfähigkeit dieses Konzeptes hängt allerdings an seiner rezeptionsästhetischen Bestimmung: Dass nämlich in der den christlichen Gottesdiensten gemeinsamen Grundstruktur durch strukturale Analyse wirklich ein Gemeinsames sichtbar geworden ist, das von der Gemeinde auch als Gemeinsames wahrgenommen und als tragend, erhellend, bedeutsam und berührend *erlebt* werden kann.

Angesichts dessen, dass durch den Strukturbegriff so weitreichende Änderungen im Bereich der Gottesdiensttheorie vorgenommen worden waren, ist es umso erstaunlicher, dass der Strukturbegriff kaum offen diskutiert worden ist.

Noch einmal soll Helmut Schwier zu Wort kommen: »Die Möglichkeit zu einer konstruktiven Theoriedebatte über den Strukturbegriff und damit über das Herzstück des Strukturpapiers, ist von keiner Seite genutzt worden.«[16] Im Fortgang seiner Argumentation stellt er zudem fest, dass »das

[15] Man kann dies am besten an den Vorschlägen zum Eingangsteil des Gottesdienstes ablesen; dort werden für das so genannte »Vorbereitungsgebet« inhaltlich, theologisch, sprachästhetisch und hermeneutisch voneinander abweichende Modelle gesammelt und vorgeschlagen.

[16] Schwier, a.a.O., S. 126. Dabei hätte eine Auseinandersetzung mit der Debatte, die zwischen den Anhängern und Gegnern eines ontologischen Strukturalismus zur Näherbestimmung des Strukturbegriffs des Gottesdienstbuches durchaus Erhel-

Strukturpapier von dem zeitgleichen Strukturalismus weder in Anlehnung noch in Widerspruch vertieft Kenntnis genommen hat.«[17]

Vielmehr haben die Väter des Strukturpapiers und des Vorentwurfs der Erneuerten Agende einen eigenen Strukturbegriff entwickelt und die Debatte über ihn vorwiegend in Gremien geführt.[18]

»Struktur« im Gottesdienstbuch

Bedenkt man, wie wenig geklärt der Strukturbegriff ist, und wie wenig kontrovers er diskutiert wurde, lässt sich der Eindruck nicht ganz von der Hand weisen, dass – gewollt oder nicht gewollt – mit dem Hinweis auf die sprachwissenschaftliche und philosophische Debatte um den Strukturbegriff dem Konzept des Strukturpapiers ein wissenschaftlicher Anstrich gegeben wurde, der manchen davon abgehalten haben mag, sich an dieser Debatte zu beteiligen. Der Hinweis auf die Strukturalismusdebatte der 60er-Jahre könnte mitgeholfen haben, inhaltliche Fragen zurückzudrängen, um kirchenpolitische Anliegen leichter durchsetzen zu können.

---

lendes beitragen können. Vgl. dazu SCHWIER, a.a.O., 117-122; ALBRECHT, a.a.O., 179-206.

[17] Ebd., 127. Dabei weist er auf, dass die Rede von Struktur bei Bieritz und bei Frieder Schulz stark durch binnentheologische Diskurse, insbesondere im ökumenischen Kontext, geprägt worden ist (vgl. ebd., 127). So stellt Schwier mit Blick auf Frieder Schulz beispielsweise fest: »Hatte sich Schulz den systematischen Überlegungen Schlinks angeschlossen, um die Berechtigung der Grundstruktur theologisch nahezulegen oder sogar zu erweisen, so dient sein Hinweis auf die liturgiewissenschaftlichen Forschungen von Anton Baumstark und Gregory Dix zunächst der inhaltlichen Füllung und Bedeutung der gottesdienstlichen Grundstruktur.« (ebd., 135.)

[18] Aufschlussreich ist auch der Vergleich, den Helmut Schwier zu dem »Strukturbegriff innerhalb der katholischen Messe« zieht. Er konstatiert als *Differenzen,* dass »in der katholischen Reform die ›structura‹ lediglich den ›Aufbau‹ meint, [während] im Strukturpapier die Einsicht einer interdependenten Beziehung von ›Struktur‹ und ›Varianten‹ explizit und mit konzeptionellem Anspruch« (ebd., S. 148) vorliegt. Darüber hinaus lege das II. Vatikanische Konzil »eine einheitsstiftende dogmatische Wesensbestimmung des Gottesdienstes zugrunde, die aufgrund der Abhängigkeitsbeziehung von der Liturgie zum Dogma möglich ist; das Strukturpapier versucht, die ›Identität‹ bzw. die Einheit strukturell zu verankern, wodurch eine inhaltliche Vielfalt eröffnet werden soll« (ebd., S. 148f). Deutlich wird gerade durch den letzten Hinweis Schwiers, dass mit der Rede von der gemeinsamen »Struktur« eine gewisse Abkehr von inhaltlichen Bestimmungen erfolgt. Es soll eben, was auch immer das genau bedeutet, »inhaltliche Vielfalt« eröffnet werden. Wie dann aber »Identität« »strukturell« gesichert werden soll, bleibt unausgeführt. Nicht umsonst hat Helmut Schwier den Begriff der »Identität« in Anführungsstriche gesetzt.

Helmut Schwier hat wegen der fehlenden philosophischen Absicherung des Strukturbegriffs versucht, dessen spezifische Verwendung im Gottesdienstbuch dadurch herauszuarbeiten, dass er ihn nach außen hin abgegrenzt hat. Er schreibt: »Um die liturgiedidaktische Funktion klarer als bisher bestimmen zu können, werde ich nicht auf die strapazierten Begriffe ›Struktur‹ oder ›Strukturierung‹ zurückgreifen, sondern von ›strukturgeleitetem‹ gottesdienstlichem Erleben und ›strukturbewußtem‹ Handeln sprechen. [...] Unter strukturgeleitetem Erleben verstehen wir dabei ein gottesdienstliches Erleben und Wahrnehmen, das durch eine Struktur geleitet ist, die allerdings nicht notwendig gewußt zu werden braucht, während strukturbewußtes Handeln ein gewußtes und der jeweiligen gottesdienstlichen Struktur entsprechendes bzw. eine solche Festlegendes liturgisches Agieren meint.«[19]

Auch hier bleibt der Strukturbegriff aber wieder unscharf. Es wäre ja im Grundsatz durchaus vorstellbar, die Rede von »Struktur« und »Inhalt« miteinander zu verbinden, wie es etwa dann geschähe, wenn im Rahmen des Gottesdienstablaufes das Vaterunser als »Strukturelement« benannt werden würde. Wie auch immer man dann »Struktur« verstehen will: Die eingangs genannte These, wonach die Wirkung eines Gottesdienstes, seiner Elemente und seiner Sequenzen, durch ein *Zusammenspiel von Kontext, Bedeutung und Inszenierung zustande kommt,* gewinnt dadurch weiter an Evidenz.

Fasst man den Strukturbegriff weit genug (und subsumiert ihm »Inhalte«), kann man auch von strukturgeleitetem Erleben sprechen. Solches strukturgeleitetes Erleben lässt sich dann aber nicht mehr mit jener Grundstruktur verbinden, die das Gottesdienstbuch herausgearbeitet hat, als es zwischen »Eröffnung und Anrufung« etc. unterschieden und seinen Strukturbegriff in Abgrenzung gegen dramaturgische Modelle formuliert hat, die aus dem inneren Zusammenhang spezifischer Liturgieelemente heraus gottesdienstliche Dramaturgie und Theologie bestimmt haben. Jene Fragen, die man lösen zu können gemeint hatte, indem man den Strukturbegriff einführte, kehren unbeantwortet wieder zurück: Welche »Erzählung« vollzieht sich eigentlich im Gottesdienst? Und was »leitet« das Erleben und Verstehen der Menschen, wenn sie einen Gottesdienst mitfeiern?

---

[19] Ebd., 151f.

Zur Leistungsfähigkeit des Strukturberiffs

Was also war mit dem Begriff »Struktur« geschehen, als man ihn in der Debatte zu einem Leitbegriff gemacht hat?

Zwei Sachverhalte möchte ich hervorheben: Erstens ist der Strukturbegriff nie genauer bestimmt und kontextualisiert worden. Er wurde aus seinem ursprünglichen Diskurszusammenhang gelöst. Dadurch wurde er in seiner Bedeutung unscharf und blieb an sich »*unterbestimmt*«. Dies hat dann zweitens in der Konsequenz dazu geführt, dass man unter »Struktur« de facto verschiedenste Sachverhalte subsumiert und ihn mit zu vielen Aufgaben überfrachtet, »*überfunktionalisiert*« hat: (a) Die Struktur wurde zum »*Bedeutungsträger*«. Ihre Analyse sollte helfen, das Wesen eines bestimmten Kommunikationsgeschehens namens »Gottesdienst« herauszuarbeiten und so überkommene Fragestellungen zu überwinden. (b) Dabei wurde der »Strukturbegriff« de facto einem *bestimmten Gliederungsprinzip* vorbehalten, das sich nicht an den Liturgieelementen, sondern an *funktionalen* Einheiten (Eröffnung und Anrufung, aber auch Verkündigung und Bekenntnis etc.) solcher Elemente orientiert. (c) Die so bestimmte »Struktur« wurde gleichzeitig zum »*Werkzeug*«, das zeigte, nach welchen Grundsätzen Gottesdienst zu gestalten war, und aus dem ein bestimmter Satz von Regeln abgeleitet wurde, die sich auf Form- und Funktionsähnlichkeiten stützten. Sie verdrängte andere Gestaltungssprinzipien. (d) Sie diente auch dazu, *inhaltliche Fragestellungen* zu ersetzen. Aus ihr leitete sich die Forderung nach »strukturbewusstem Handeln« ab, das sich an den Rubriken des Gottesdienstbuches orientieren konnte. (e) Damit aber war implizit die These aufgestellt, dass die Struktur auch den Schlüssel für die Beschreibung des *Rezeptionsprozesses* von Gottesdienst bieten würde; das Erleben der Gemeinde wäre an sich »strukturgeleitet.«

Mit dieser rezeptionsästhetischen Bestimmung schließt sich der Kreis. Die Argumentation wird zirkulär. In der »Struktur« bildet sich ein Sein ab,[20] dem das Erleben der Gemeinde entspricht.

Ich habe dies als eine »Überfunktionalisierung« des Strukturbegriffs bezeichnet. Warum? Weil Bedeutung und das Erleben von Bedeutsamkeit nicht nur, nicht einmal primär an Struktur hängt, und weil die Rezeption derselben Veranstaltung von verschiedenen Milieus und von den einzelnen Menschen je eigen wahrgenommen wird. Es gibt viele Möglichkeiten

---

[20] In gewisser Hinsicht scheint das Gottesdienstbuch durchaus einem »ontologischen Strukturalismus« à la Claude Lévy-Strauss gehuldigt zu haben. Ansonsten wäre die These, dass durch Aufweis der Struktur die verschiedenen Liturgien von Agende I als auch alle anderen evangelischen Liturgien als Modifikationen der reformatorischen Messe verstehbar werden, nicht haltbar. Vgl. oben Anm. 16.

zu strukturieren: Ein Gottesdienst kann eben in der Tat auch nach dem In nomine, der freien Begrüßung, dem Confiteor etc. »strukturiert« werden. Zu den Strukturen treten Bedeutungen. Im freien Zusammenspiel der Elemente, die einander im Übrigen auch hypotaktisch oder parataktisch zugeordnet werden können,[21] entstehen dadurch verschiedenste Bedeutungsräume. Und das gesamte, überaus komplexe Geschehen »Gottesdienst« wird dann von den verschiedenen Menschen verschieden wahrgenommen.

Der Begriff »Struktur« ist hypostasiert worden.

Problemanzeigen

Problematisch sind am Strukturbegriff des Gottesdienstbuches mehrere Sachverhalte. Am bedeutsamsten scheint mir die Fehleinschätzung im Bereich der Rezeptionsästhetik zu sein. Der Versuch, das Erleben des Gottesdienstes durch sich wiederholende Strukturen zu sichern, scheint mir zu einer weiteren Schwächung der Erlebnistiefe des Gottesdienstes zu führen.[22] All das, was Menschen erwarten, wenn sie in Gottesdienste gehen, liegt unterhalb der Strukturebene. Wird nur noch »strukturbewusst« gestaltet und werden die Form- und Erlebens-Erwartungen der Gemeinde zu wenig berücksichtigt, führt dies notwendig zu einer weiteren Entfremdung zwischen der Gemeinde auf der einen und denen, die den Gottesdienst verantworten und leiten, auf der anderen Seite. Zuletzt: Kann das Strukturmodell mit Blick auf seine Relativierung theologischer Fragestellungen überzeugen? Ohne Zweifel kann man feststellen, dass unsere Gemeinden kaum noch in den konfessionellen Gegensätzen des 16. Jahrhunderts denken. Den traditionskontinuierlichen Gottesdienst immer im Kontext der Streitigkeiten der Reformationszeit zu diskutieren wird aber dem Tatbestand nicht gerecht, dass die theologische und frömmigkeitsprägende Bedeutung der konfessionellen Liturgien nicht aufgehoben ist, sondern sich nur fortgeschrieben und weiter entwickelt hat. Man denke nur an den Wandel der Abendmahlsfrömmigkeit, der Formen der Abendmahlsfeiern oder an die sich permanent verändernde Predigt.

---

[21] Vgl. Martin Nicol, Weg im Geheimnis, Göttingen 2009, 52-55.

[22] Dies hängt auch damit zusammen, dass sich Bedeutsamkeit *biographisch* vorwiegend durch die Wiederholung konkreter »Formen« (im Zusammenspiel von Kontext, Bedeutung und Inszenierung) auflädt. So hängt die Attraktivität des Weihnachtsfestes weitgehend auch damit zusammen, dass es in seiner Besonderheit in einem bleibenden, vertrauten Kontext und in einer erkennbaren Formsprache *immer wieder* erlebt worden ist.

In den jeweiligen liturgischen Traditionen spiegelt sich für viele, die diesen Gottesdienst schätzen, ein eigenes, einzigartiges Erleben von Glauben wider, der in der Formsprache von Liturgie und Ritual in Konturen sichtbar wird. Strukturen, die nicht in wiederholte Formen einmünden, lassen Menschen in dieser ihrer Erwartung eines Kontaktes mit ihrer Glaubenswelt allein.

Geht es um die Reform des Gottesdienstes, muss die Theoriedebatte über das Verhältnis von Bedeutung, Struktur und Identität wieder neu aufgenommen werden.

Milieu und Verbundenheit

Milieuforschung

Mit dem Begriff »Milieu« ist in gewisser Hinsicht Vergleichbares geschehen wie mit »Struktur«.

Dieser im Bereich der Soziologie präzise bestimmte Begriff wurde für den gottesdienstlichen Bereich dadurch fruchtbar gemacht, dass jene lebensstilbezogenen Formvorlieben und Bedürfnisse, die eines der Kennzeichen von Milieus sind, mit der Formensprache und dem inhaltlichen Profil verschiedener Gottesdienstarten verglichen wurden.

Nun gibt es, was die innerkirchliche Rezeption des Milieubegriffs betrifft, vergleicht man sie mit der Rezeption der Strukturdebatte der 60er- und 70er-Jahre, einen wesentlichen Unterschied. Durch eine Reihe wissenschaftlicher Untersuchungen wurde, was die Milieutheorien, ihren Geltungsbereich und ihre Grenzen betrifft, die entsprechende Theoriediskussion deutlich intensiver geführt, als wir dies beim Strukturbegriff beobachten können.

Allerdings: Zumindest auf der Ebene der Gemeinden können wir, was die Frage der *Umsetzung* milieutheoretischer Einsichten betrifft, bezüglich der Auffassungen von »Milieu« ähnlich wie beim Strukturbegriff zumindest eine Überfunktionalisierung beobachten. Unter Rückgriff auf verschiedene Milieustudien wurde nämlich vielerorts, wenn nicht in der Theorie, so dann doch de facto der zu konstatierende Bedeutungsverlust von Kirche und Gottesdienst mit einem Hinweis auf die Entfremdung der Kirche(n) von bestimmten Milieus beschrieben. Damit einher ging die Erwartung, mit der Veränderung der *Formen* kirchlichen Handelns – etwa auf dem Feld der Jugendarbeit, beim Gottesdienstangebot, oder mit Blick auf die Predigt – ein Instrumentarium gewonnen zu haben, um den Bedeutungsverlust von Kirche auszugleichen und die Stellung der Kirchen in unserer Gesellschaft zu stabilisieren. Die zuerst einmal der Analyse dienende Rede von »Milieus« wurde stillschweigend normierend, wo sie in die

Forderung überführt wurde, dass die Veranstaltungen der Kirchen wieder »milieugerechter« werden müssten.

Dass der Gesichtspunkt der Milieuangemessenheit Beachtung verdient, kann und soll natürlich nicht bestritten werden. Aber auch hier stellt sich wieder die Frage: Ist dies der zentrale, der entscheidende Gesichtspunkt, um kirchliche Angebote wie Gottesdienste nach Agende oder Gottesdienste in Offener Form zu beurteilen?

Ergebnisse einer Studie über Bedürfnisse, Rituale und Bedeutungszuschreibungen evangelisch Getaufter in Bayern

Was die Auswertung der Ergebnisse der Milieutheorie für kirchliches Handeln betrifft, hat eine Untersuchungen, deren Ergebnisse unter dem Titel: *»Mensch - Alltag - Gottesdienst«*, veröffentlicht wurden, starke Hinweise dafür gegeben, dass für das Beteiligungsverhalten der Menschen in Bezug auf kirchliche Angebote sowie ihre Einstellungen zu allem, was Kirche sagt und tut, noch weitere Dimensionen der sozialen Wirklichkeit eine zentrale Rolle spielen.

Ich nenne eine Reihe von *Beobachtungen:*

Ein erstes und wesentliches Ergebnis war, dass die Einstellung zu Kirche und, damit verbunden, zu kirchlichen Veranstaltungsangeboten wesentlich davon abhängt, welche Vorstellung Menschen von der Rolle der Kirche in der Geschichte und Gegenwart besitzen.

Dieses Kirchenbild beeinflusst dabei auch die Wahrnehmung und das Erleben von Gottesdienst.[23] Daraus folgt aber eine nicht unerhebliche Einschränkung hinsichtlich der Bedeutung einer milieuadäquaten Formensprache für das Erleben beispielsweise von Gottesdiensten. Menschen aus Milieus, denen auch die Ausdrucksformen eines Gottesdienstes vertraut sind, lehnen demnach dieses kirchliche Angebot immer dann ab, wenn sie kirchenkritisch eingestellt sind.[24] Umgekehrt konnte auch dort die »milieufremde« Sprache kirchlicher Angebote akzeptiert, ggf. sogar geschätzt werden, wo sie trotz ihrer Abständigkeit zu den Ausdrucksformen, die die

---

[23] Vgl. Konrad Müller, Gottesdienst und Locality, in: Grundfragen des evangelischen Gottesdienstes, hg. v. Klaus Raschzok und Konrad Müller, Leipzig 2010, 79-113. Dort wird dieses Phänomen am Beispiel der Wahrnehmung der Predigt beschrieben (vgl. 102f).

[24] Dabei darf man sich nicht davon überraschen lassen, dass sich Kritik an der Kirche vor allem als Kritik an der erlebten *Form* äußert. Die Form stellt die Anschauung zur Verfügung, mit der sich die eigene Ablehnung von Kirche begründen lässt.

Interviewten ansonsten schätzten, mit einem »Erlebniswert« verbunden werden konnte.[25]

Ein zweites Ergebnis war, dass für das Teilnahmeverhalten der Interviewten die Dimension der *Gemeinschaft* eine tragende Rolle spielte.

Dies umfasste allerdings viele Aspekte, die wir nicht unbedingt schon auf den ersten Blick mit dem Begriff »Gemeinschaft« verbinden.

(a) Das Bedürfnis nach Gemeinschaft meint hier nicht nur, aber auch den Wunsch nach einem diffusen Gefühl der persönlichen Verbundenheit mit denjenigen, mit denen ich zusammen bin.

(b) Das Bedürfnis nach Gemeinschaft kann sich auch darin ausdrücken, dass man eine Gruppe von Menschen sucht, die gemeinsame Werte oder gemeinsame Interessen oder gemeinsame Überzeugungen teilen. Gemeinschaftsempfindung entsteht dann aus gemeinsam geteilter Verbundenheit.

(c) Als einen Sonderfall des letztgenannten Punktes kann man auch das Bedürfnis nach einer gemeinsam geteilten »Weltvorstellung« nennen. Mit Weltvorstellung wird etwas gemeint, was die Grenzen von Zeit und Raum überschreitet. Gibt es ein Leben nach dem Tod? Gibt es einen Gott? Für Fragen, auf die uns die sinnlich wahrnehmbare Welt keine Antwort gibt, suchen Menschen gemeinsam Gewissheiten – in denen sie sich gegenseitig ihrer Vorstellungen versichern und die sie in ein Erleben dessen führen, was sie aus sich heraus nicht erleben können.

Der Gang an das Grab oder, in der Liturgie des Sonntagsgottesdienstes, das *Sanctus* ist Ausdruck eines solchen »Gemeinschafts«-Bedürfnisses, im Teilen mit anderen mit den eigenen Weltvorstellungen in Kontakt zu kommen oder in Kontakt zu bleiben.

Menschen suchen auf bestimmte Herausforderungen die Antworten nur *gemeinsam* – und manche Weltvorstellungen werden nur gemeinsam zum »evidenten« Erlebnis.[26] Sofern diese Weltvorstellungen nur erlebbar werden, wo sie in einer gemeinsamen Feier eine rituelle Darstellung finden und »begangen« werden, ist diese Verbundenheit mehr und anderes

---

[25] Vgl. JEANNETT MARTIN, Mensch – Alltag – Gottesdienst. Bedürfnisse, Rituale und Bedeutungszuschreibungen evangelisch Getaufter in Bayern, Berlin 2007, 49-53, wo sie im Zusammenhang mit dem Bedürfnis nach sinnvollem Leben beschreibt, in wie hohem Maße hier *individuelle* Maßstäbe zum Tragen kommen. »Die Formen dessen, was im eigenen Leben als zentral erachtet wird, was den Menschen der eigenen Sicht nach Halt und Lebenssinn gibt, sind freilich sehr verschieden.« (Ebd., 49).

[26] Ist dies beispielsweise das große Geheimnis von »O du fröhliche«, von »Der Mond ist aufgegangen«, oder das Geheimnis der Bedeutung von Ikonen?

als die Einsicht darin, dass ich mit anderen gemeinsame Werte, Interessen oder Überzeugungen teile. Dies rechtfertigt es, dem Bedürfnis nach einer gemeinsam geteilten »Weltvorstellung«, nach einem gemeinsam erlebten und gelebten Glauben doch ein eigenes Gewicht zu belassen.

(d) Dabei spielt auch Verbundenheit mit Gegenständen oder Personen (sozusagen als »Symbolen«) eine Rolle, durch die sich eine »Gemeinschaft« identifizieren oder eine Verbundenheit ausdrücken lässt: Die Person des Pfarrers[27] oder die Kirche im Dorf können hier genannt werden.

(e) Manchmal ist Verbundenheit auch einfach »gegeben«. Die Zugehörigkeit zur eigenen Familie verbindet Menschen. Mancher ist nur deswegen Kirchenmitglied, weil dies in seiner Familie so üblich ist. Oder weil der Vater Pfarrer war.

Dabei müssen neben den unterschiedlichen Formen der Verbundenheit auch noch zwei Ebenen unterschieden werden: Die Teilnahme an einer kirchlichen Veranstaltung wie dem Gottesdienst erweist sich in den analysierten Interviews nur dann als eine Option, wenn zur *prinzipiellen*[28] noch eine *»reale«* Verbundenheit[29] hinzukommt.

Ein durchgängiges Resultat der Untersuchung war: Die Dimensionen von Verbundenheit und Gemeinschaft spielten in ihren unterschiedlichsten Ausdrucksformen immer eine tragende Rolle, wenn es darum geht, ob Menschen zu einer Veranstaltung gehen wollen oder nicht.

Auch hier wieder gilt die bereits im Zusammenhang mit der Einstellung zur Kirche erwähnte rezeptionsästhetische Schleife: Fühlen sich Menschen mit denen, die um sie herum sind, wie auch immer *verbunden*, nehmen sie tendenziell eine Veranstaltung positiv wahr, auch wenn diese Veranstaltung nicht unbedingt jene Formensprache bevorzugt, die von ihnen geschätzt oder die ihnen vertraut ist. Fühlen sich Menschen allerdings mit denjenigen, mit denen sie etwas feiern, nicht mehr grundsätzlich verbunden, wird sich ihr Urteil ändern.

Ein drittes Ergebnis der Untersuchung betraf die beiden anderen Dimensionen des *Erlebens* und der *Selbstsorge*. Wegen ihrer ähnlich hohen

[27] Hier ist der Pfarrer als »Symbol«, als Träger eines »Amtes« gemeint.

[28] Bei der »prinzipiellen« Verbundenheit liegt diese in der *Einstellung*; ich teile beispielsweise mit meiner Kirche bestimmte Werte und identifiziere mich mit ihr.

[29] Bei der »realen« Verbundenheit ist diejenige mit Menschen oder mit Gruppen, die sich regelmäßig treffen, gemeint. Auf den Gottesdienst bezogen heißt dies beispielsweise: Man kennt die Mehrzahl derjenigen, die in den Gottesdienst gehen, und schätzt sie. Und: Es geht der Partner oder die Partnerin mit. Oder: Vor dem Gottesdienst kann man noch das Grab der Eltern besuchen.

Bedeutung, vergleicht man sie mit *Locality*, sollen sie hier zumindest erwähnt werden.

Für die Teilnahme an Veranstaltungen prüfen Menschen immer auch, ob diese sie innerlich bewegen und berühren beziehungsweise ob diese ihnen weiterhelfen oder sie weiterbringen.

Manchmal können sich diese Bedürfnisse übrigens auch überschneiden. Wenn Menschen in den Gottesdienst gehen, weil sie hoffen, dort auch mit anderen in *Kontakt* zu kommen, kann dies sowohl dem Bedürfnis nach Gemeinschaft und Verbundenheit als auch dem Bedürfnis nach Selbstsorge zugeordnet werden.

Es geht hier mit den jetzt genannten Punkten nicht um eine vollständige Liste all jener Faktoren, die auf die Entscheidung, den Gottesdienst zu besuchen und positiv zu erleben, wichtig sind.[30] Die genannten Punkte sollen nur zeigen: Zusätzlich zu einer milieuadäquaten Formsprache[31] kommen noch viele weitere Faktoren hinzu, die auf das Interesse an Kirche und ihren Veranstaltungen Einfluss haben.

Verbundenheit, Gemeinschaft und Glaube

Herausheben möchte ich in diesem Zusammenhang vor allem die Frage der *Verbundenheit* und der *Gemeinschaft*. Ohne dass beides gegeben ist, besuchen Menschen keine Gottesdienste. Die beiden Dimensionen der Verbundenheit und der Gemeinschaft überschneiden sich dabei in so hohem Maße, dass sie im erwähnten Forschungsprojekt zusammen mit weiteren Faktoren unter der Wendung *Bedürfnis nach Locality*[32] zusammengefasst wurden. Unter dem Begriff »Verbundenheit« ist die erlebnis- und einstellungsbezogene Seite der »Locality«, unter dem Begriff

---

[30] Die verschiedenen Bedürfnisse, die Menschen bewegen, wenn sie etwas regelmäßig machen, sind dargestellt bei MARTIN, a.a.O., 37-87.

[31] Dass sich hinter dieser theoretischen Forderung eine Reihe eminent praktischer Probleme verbirgt, soll hier zumindest angedeutet werden. Es ist nicht einfach, überhaupt zu erfassen, welches *Milieu* beispielsweise in einen Gottesdienst kommt, und wie dieses Milieu näher charakterisiert werden kann. Wenn diese häufig unterschätzte Aufgabe gemeistert ist, bleibt immer noch die Herausforderung, ggf. eine *milieufremde* Sprache authentisch aufzugreifen und Inhalte »milieugerecht« darzustellen. In der Realität haben wir es dazu auch noch im Regelfall mit *mehreren* Milieus zu tun, die zur selben Veranstaltung kommen. Vgl. dazu auch oben S. 6. Ob deswegen »milieuadäquate« Angebote in der Breite überhaupt in hinreichender Qualität geleistet werden *können*, wäre dringend zu diskutieren.

[32] Eine detaillierte Beschreibung findet sich bei MARTIN, a.a.O., 54-62, und bei MÜLLER, a.a.O.

»Gemeinschaft« deren »Realbezug« zur sozialen Wirklichkeit, in welcher die Menschen jeweils leben, benannt.[33]

Die Bedeutung der Locality ist so hoch, dass mir, wie ich an anderer Stelle entfaltet habe, die Krise des Gottesdienstes in erster Linie eine Krise der ihn tragenden Gemeinschaften zu sein scheint.[34] Niemand geht gerne allein in eine Veranstaltung, wo er Menschen trifft, die er nicht kennt, und die ihm (zumindest in seiner Vorstellung) innerlich fremd sind.[35]

Neben der Gemeinschaft, die eine »Form« wie den Gottesdienst tragen muss, darf dann aber auch das Gewicht von theologischen, die Welt deutenden und Gottesvorstellungen zeichnenden Inhalten nicht unterschätzt werden. Es sind nämlich neben den Personen und gemeinsam geteilten Zielen zentral die *Inhalte,* welche die *Identität* einer Gruppe bilden.

Hier geht es um den »Glauben«. Die *Bedeutungen,* die Gruppen ihren Veranstaltungen geben, die Welten, die bespielt werden, wenn man sich trifft, entscheiden ebenso über die Akzeptanz von Veranstaltungen wie die Vertrautheit von Sprachformen und Stilen oder die Frage, ob man starke emotionale Erlebnisse erwarten darf. Dies wiederum hängt auch damit zusammen, dass aufgrund von spezifischen Bedeutungszuweisungen Gemeinschaften *identifiziert* werden können – mit denen man sich dann verbunden fühlt oder eben auch nicht. Inhalte und Bedeutungen gehören, *sofern sie Ausdruck einer Identität sind,* mit zu den Voraussetzungen für die Entwicklung von Verbundenheit.

Inhalte sind aber eben nicht nur wegen des Bedürfnisses nach »Locality« so wichtig. Inhalte können vielerlei »Funktionen« annehmen. Für viele ist der Glauben natürlich vor allem deswegen wichtig, weil er ihnen zur Bewältigung des Lebens hilft. Nicht umsonst wird die Predigt im evangelischen Bereich so hoch geschätzt. Aber auch die Liturgie des Gottesdienstes

---

[33] »Verbundenheit« und »Gemeinschaft« müssen also unterschieden, dürfen aber nicht voneinander getrennt werden.

[34] MÜLLER, a.a.O., S. 106.

[35] Vereinfacht ausgedrückt könnte man sagen: Zu zweit geht alles schon leichter. Ich erinnere mich mit einem kleinen Schmunzeln an einen jungen italienischen Punker, der mit seinem Vater einen evangelischen Gottesdienst mit Abendmahl in Nürnberg, St. Lorenz besucht hat. Wäre er auch *allein* gekommen? Neben dem Aspekt, wer mitgeht, darf natürlich die Frage der prinzipiellen und die der realen Verbundenheit mit denen, zu denen ich gehe, nicht übersehen werden. Seine hohe Bedeutung besitzt dieses Bedürfnis nach Locality übrigens auch deswegen, weil es nicht nur auf einem gefühlten Mangel beruht, sondern weil »Gemeinschaft« immer Basis-Voraussetzung ist: Auch wer sich nicht einsam fühlt, entscheidet über seine Teilnahme aufgrund gefühlter oder eben nicht gefühlter Verbundenheit mit denen, deren Veranstaltung zu besuchen er sich überlegt.

hat ihre Bedeutung: Für manche verbindet sich beispielsweise das Bedürfnis nach Sinnerleben mit dem Segen am Ende des Gottesdienstes.

Die Wahrnehmung von Gottesdiensten ist nicht nur strukturgeleitet. Sie ist auch formbezogen. Sie ist auch durch Inhalte beeinflusst. Und sie ist historisch und lebensgeschichtlich gewachsen, also in ein Setting biographisch und gesellschaftlich determinierter Verbundenheit eingebettet.

Für die sich immer wandelnde Weise, wie Gottesdienste von denen, die sie besuchen und schätzen, wahrgenommen werden, gilt:

Ablauf, Form und Inhalt wirken nach Maßgabe der Funktion, die sie im Erleben der Menschen dadurch gewinnen, dass sie auf je unterschiedliche Bedürfnisse bezogen sind.

Zusammenfassend kann man sagen: Allein schon das erwähnte Forschungsprojekt hat gezeigt, dass der Aspekt des Milieus, so wichtig er scheint, doch nur *einer* ist. Ohne *Vertrauen in »die Kirche«*, ohne *Menschen* in der Gemeinde, mit denen ich verbunden bin, trägt ein milieuadäquates Veranstaltungsangebot von Kirche nichts aus. Ohne eine inhaltlich bestimmte, geklärte *Identität,* die sowohl eine Gemeinschaft kennzeichnet, die es dadurch wert wird, mit ihr verbunden zu sein, und ohne eine geklärte Identität, die mir in den Konflikten meines Lebens hilft, und ohne eine geklärte Identität, die für mich *erlebbar* ist und eine *Feierform* gefunden hat – und sei es nur an Weihnachten –, werde ich nie einen Grund finden, eine innere Distanz, die mich von der Kirche und ihren Veranstaltungen fernhält, zu überwinden. Der Gottesdienst ist Bestandteil eines »Systems«. Er ist Bestandteil eines Gefüges, dessen »Funktionsweise« vor allem durch die Bedürfnisse nach Locality, nach Sinnerleben und nach Selbstsorge bestimmt wird.

Zum Verhältnis von Milieuzugehörigkeit und Gottesdienstwahrnehmung

Auch die Milieutheorien wurden nach meiner Wahrnehmung mancherorts tendenziell überinterpretiert und haben dazu geführt, dass man in ihnen Antworten auf Fragen gesucht hat, für die sie nicht formuliert worden sind.

Durch die Bestimmung von Milieus werden nur Teilaspekte einer gesellschaftlichen Wirklichkeit erfasst, die sich zudem permanent im Wandel befindet. Ist nun für den Bereich des Gottesdienstes das Formproblem das zentrale, so dass die Verknüpfung mit den Lebensstilvorlieben bestimmter Milieus hinreicht, unsere Fragen nach der zukünftigen Gestalt unserer Gottesdienstlandschaft zu klären? De facto hat jedenfalls die Fokussierung bei gottesdienstlichen Reformbemühungen auf Milieu- und auf Gestaltungsaspekte dazu geführt, dass häufig *andere* zentrale Fragestellungen verdrängt worden sind, denen höhere Bedeutung zukommt. Die Fragen, die mit Verbundenheit und Gemeinschaft zusammenhängen, sind zum Beispiel gewichtiger. Dies ist erstens so, weil Milieunähe, die nicht in Verbundenheit führt, nichts austrägt. Und zum Zweiten ist in gewisser Hinsicht manchmal sogar Milieudistanz angesagt. Dies gilt beispielsweise dann, wenn sich eine Gruppe eine eigene Identität geben will oder eine eigene Identität hat.

Struktur, Milieu, System. Eine Schlussfolgerung

Statt einen einzelnen Begriff wie »Struktur« oder »Milieu« herzunehmen, um zu beschreiben, wie bestimmte Veranstaltungen wie Gottesdienste auf Menschen wirken, scheint es mir deswegen grundsätzlich geboten, überall dort, wo rezeptionsästhetische Fragen mitschwingen, an die Stelle einzelner Begriffe die Betrachtung eines systemischen Ganzen zu setzen. Was nun dieses systemische Ganze selbst betrifft, sind für mich unter anderem zwei Faktoren immer mit zu bedenken.

Der erste ist: Dieses System wandelt sich permanent. Jede ökonomische Krise beeinflusst beispielsweise das System. Und natürlich auch jede Philosophie oder Weltanschauung, die für eine Zeit die Aufmerksamkeit der Medien gewonnen hat. Der zweite: In diesem System sind dessen einzelne Komponenten in der Lage, sich in einem gewissen Umfang selbst funktional zu vertreten. Also: Schwächt sich meine Verbundenheit mit der Gemeinschaft auf der »Realebene«, dann kann der Eindruck, mit dieser Gemeinschaft »prinzipiell« zumindest inhaltlich übereinzustimmen, diesen gefühlten »Mangel«, allerdings nur bedingt, ausgleichen. *Aus diesem Grund ändern sich aber permanent die Faktoren,* die unsere Aufmerksamkeit erfordern. Alles kirchliche Handeln ereignet sich in einem Bereich, der permanentem Wandel unterliegt, und in dem ein System von Bindungen und Verbundenheiten, externen Faktoren, Überzeugungen, Identitäten, sich verändernden Formsprachen, von politischen und weltanschaulichen Diskursen etc. die Weise, wie Menschen das wahrnehmen, was Kirche tut, sich dauernd neu einstellt.

Ausblick: Von der Zukunft der Agende

Also: Gottesdienstliche Reformprozesse greifen in ein komplexes System ein. Die *Wahrnehmung* von Gottesdiensten ist durch eine Fülle von Faktoren beeinflusst, deren Zusammenspiel sich immer wieder ändert. Eine ausschließliche Konzentration auf »strukturgeleitetes« oder auf »milieuadäquates« Erleben ist nicht zielführend, weil sie andere wesentliche Faktoren übersieht und Aspekten zu viel Gewicht beimisst, die eher eine untergeordnete Bedeutung besitzen.

Ostergebet

Im Dornbusch
bist du erschienen
und im Wolkenschiff
über dem Weg
im Todeskampf
des Dornengekrönten
und im Wort
deines Engels

Mehr als zu ahnen
ist oft deine Gegenwart
und dennoch
bleibst du
der ganz Andere
der Mauern durchbricht
und Grenzen sprengt
der den Morgen weckt
und den Gesang
der Sterne liebt

Lass doch
noch einmal geschehen
was damals geschah
und wälze den Stein
mir vom Grab

Wirf mich ans Ufer
aus dem Bauch
deines Fisches
hinüber aufs Land
wo ich von ferne
nur ahne
was Leben
wirklich Leben bedeutet

Peter Poscharsky

Modelle in der Geschichte des lutherischen Kirchenbaus

Modelle für lutherische Kirchen entstanden entweder in Krisenzeiten mit großem Baubedarf (Furttenbach 1649 nach dem Dreißigjährigen Krieg), aus grundsätzlichen architektonischen oder theologischen Überlegungen, auch aus Planungen konkreter Bauten (Sturm 1711, Veesenmeyer 1891, Bartning 1922) und als kirchenamtlich regulierender Eingriff (Eisenach 1861). So wie diese Gründe unterschiedlich sind, so auch die Auswirkungen auf die Praxis des Kirchenbaus. Andererseits gibt es überall angewandte Prinzipien wie etwa den Kanzelaltar mit dem ihm korrespondierenden barocken Kirchenraum, die man auf ein Modell zurückführen möchte, das es aber offensichtlich nicht gibt.

Joseph Furttenbach 1649 (dazu Abb.1)

Joseph Furttenbach (1623-1655) wird nicht ganz zu Recht oft als erster Theoretiker des evangelischen Kirchenbaues bezeichnet. Ihm lag aber nicht an einer Theorie, sondern er war ganz praxisbezogen. Nach den zahlreichen Zerstörungen des Dreißigjährigen Krieges waren Neubauten nötig, zumal durch die schwierige finanzielle Lage das Bauen schon lange zum Erliegen gekommen war. Sein Vater gleichen Namens, Stadtbaumeister in Ulm[1], verfasste deshalb ein Handbuch für Architekten, das Hilfe für die verschiedensten Bauaufgaben sein sollte, neben der Kirche etwa auch Schule, Stadtanlage, Stadttor, Hospital und Gottesackergebäude.

[1] 1591-1667, verfasste schon 1628 eine Achitectura civilis.

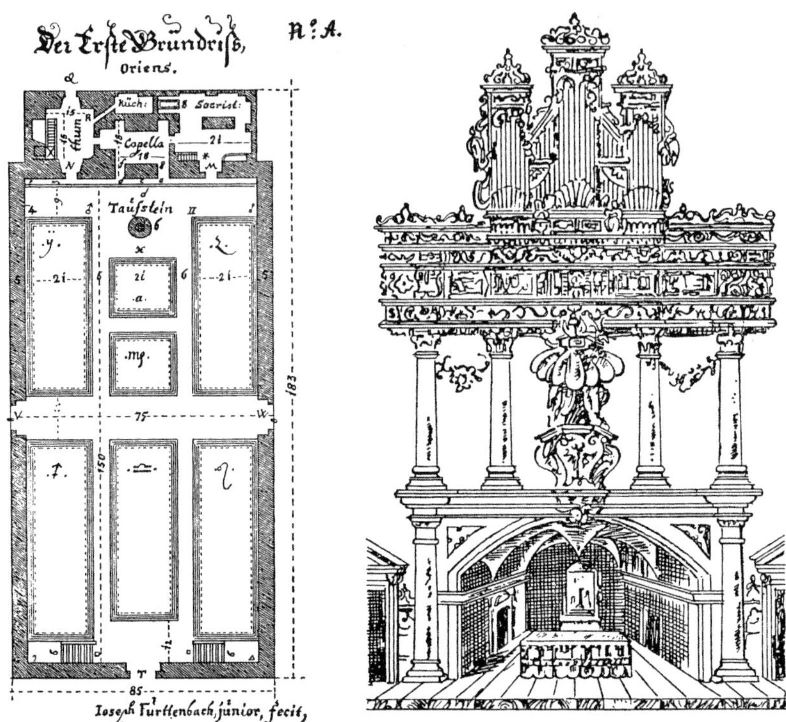

Der damals ausführliche Titel beschreibt, was auf den 21 Seiten geboten wird: KirchenGebäw. Der Erste Theil. In was Form vnd gestalt / nach gerecht: erfordernder Mensur der Länge / Braitte vnd Höhe / ein Mittel grosses wolgeproportionirtes vnd beständiges Kirchengebäwlin / Beneben seinen sonderbaren / Hochnutzlichen Commoditeten: Item wo / vnd an welchen Orthen der Tauffstein vnd Altar / Sowolen die Capellen / Sacristia, Cantzel / Bibliotheca, Orgel vnd Gloggenthurn / neben dem bequemen Gestüel / etc. Ihren gebührenden Stand haben sollen. Gleichfalls wie dieselbige Kirchen Ornament, mit geringen Vnkosten auffzubawen / daß hernach grosse Nutzbarkeiten hieruon zugewarten wären. GOtt zu Lob vnd Ehr/ vnd dann allen Lierbhabern der CVhristlichen Kirchen zu wolgefallen / beschriben / auch selber mit zwey / darzu gar dienlichen Kupfferstucken außgefertiget. Durch Joseph Furttenbach den Jüngern. Gedruckt zu Augspurg / bey Johann Schultes. ANNO M.DC.XLIX.[2]

Daraus ergibt sich klar, dass es Furttenbach nicht um eine Idealkirche ging und nicht primär um Architektur, sondern um einen seinen Funktionen entsprechenden Bau. Er selbst hebt nicht hervor, wie innovativ sein Vorschlag war. Besonders fällt auf, dass die Kanzel nicht wie üblich seitlich anordnet, sondern in der Raumachse über dem freistehenden und nach württembergischer Tradition retabellosen Altar. Damit nimmt er das barocke Prinzip vorweg, das erst eine Generation später zum Kanzelaltar führte, bei dem die Kanzel in das Retabel eingebaut ist. Ebenfalls neu ist eine hinter dem Altar geplante kleine Kapelle mit einem zweiten Altar mit Retabel, sowohl für die Feier des Abendmahls wie für die stille Andacht »von Durchreisenden«. Hinter der Kapelle sollte eine kleine Küche sein, in der etwa das Taufwasser warm gemacht werden konnte. Daneben ist die heizbare Sakristei, und über ihr eine Bibliothek, da Furttenbach meinte, dass sich nicht jeder Pfarrer alle für sein Amt notwendigen Bücher privat anschaffen könnte. Von der Sakristei aus der Pfarrer direkt auf die Kanzel gehen kann, damit er nicht »durch das gemeine Volckh zugehn« muss, »sintemahlen auch etwann in dem umb sich sehen die gute Gedancken entfallen, wardurch manchismal dem Predigtampt Abbruch geschen kann«. Hier wird die Motivation Furttenbachs deutlich. Es kommt ihm darauf an, dass in den Kirchen »das theure Wort Gott deß Herren / Mit Frewden darinnen widerumben erschalle. In welchem fall dann insonderheit wol zu betrachten / daß solche Gebäw mit feiner guten gelegenheit also zugericht werden / damit beide Lehrer und Zuhörer wol accomodirt seyen / vnd dem Wort des Herrn / nit irgendt auff eine oder andere weiß hindernuß gegeben werden«.

Leider konnte trotz intensiver Recherchen mit Hilfe des Landeskirchlichen Bauamtes der württembergischen Kirche kein einziger nach diesen Plänen realisierter Kirchenbau gefunden werden. Auch die aufgezeigten Innovationen wurden nirgends aufgegriffen.

Leonhard Christoph Sturm 1711 (dazu Abb.2)

Sturm[3] erhielt von seinem Landesherrn den Auftrag, ein Gutachten über die Nikolaikirche in Schwerin anzufertigen die von Ingenieurkapitän Reutz

---

[2] In Faksimile abgedruckt in Gerhard Langmaack, Evangelischer Kirchenbau im 19. und 20. Jahrhundert, Kassel 1971, 189-215. Cf. auch 180-181. Peter Poscharsky, Die Kanzel, Gütersloh 1963, 97-100.

in Kreuzform erbaut worden war: *Leonh. Chr. Sturms Fürstl. Mecklenbl. Bau-Directoris Architectonisches Bedencken Von Protestantischer Kleinen Kirchen Figur und Einrichtung An Eine Durchläuchtige Person über einen Gewissen Casu gestellet / Und Als eine offtmahls vorkommende Sache zum gemeinen Nutzen im Druck gegeben Mit dazu gehörigen Rissen. HAMBURG / Bey Benjamin Schillern / Buchhändl. Im Dohm / 1712.*[4]

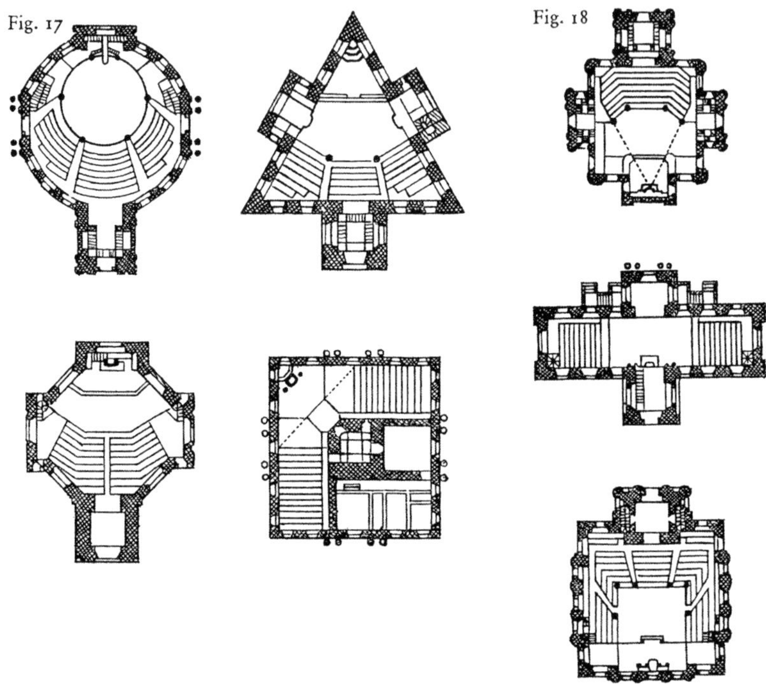

Sturm legt seinen eigenen Einrichtungsentwurf aber erst am Ende seiner Erörterungen dar und macht zuvor sieben andere Entwürfe, bei denen er jeweils von derselben Materialmenge ausgeht. Die Grundrissformen sind der Kreis, das gleichseitige Dreieck, das Quadrat in mehreren Varianten, ein Querrechteck und eine Winkelhakenanlage. Alle Räume weisen den damals üblichen Kanzelaltar auf und die meisten eine Empore. Um der angestrebten guten Sichtverhältnisse wegen ergibt sich aber öfter ein

[3] 1669-1719, ab 1711 fürstlich mecklenburgischer Oberbaudirektor, cf. ADB XXXVII, 42-45.

[4] In Faksimile abgedruckt bei Langmaack, 219-257. Cf. auch 181-182. Poscharsky, Kanzel, 253-256.

Missverhältnis zwischen Bodenfläche und davon nutzbarem Bereich für das oft weit vom Kanzelaltar entfernte Gestühl. Sein Änderungsvorschlag für die Inneneinrichtung der bestehenden Kreuzkirche besteht vor allem darin, dass er die von Reutz seitlich angeordnete Kanzel in die Raumachse stellt, inmitten einer durchsichtigen »Colonnata«, mit der er den Kreuzarm mit dem Altar (und den Abendmahlsfeiern) abtrennt.

In einem weiteren Werk[5] nimmt er die Problematik der damals bei den Lutheranern beliebten Kreuzform der Kirchen noch einmal auf und meint, es gäbe »tausend andere und bequemere Gelegenheiten unter den Christen mit mehrerer Erbaulichkeit an das Wappen des rechtschaffenen Christen / das liebe Creutz zu gedencken / als die Creutz-Form der Kirchen.«[6] Deshalb verwirft er die Kreuzform, ohne das dies jedoch Auswirkungen außerhalb Mecklenburgs gehabt hätte oder auch nur einer seiner Entwürfe irgendwo verwirklicht worden wäre.

DER BAROCKE KANZELALTAR

Mit der Vereinigung von Kanzel und Altar zu Beginn der Barockzeit wurde die bisherige Divergenz von liturgischer Achse zum Altar und im Raum diagonal verlaufender Predigtachse zur seitlich stehenden Kanzel aufgehoben. So entstand ein dem barocken Ideal entsprechender harmonischer Raum, der durch die umlaufenden doppelten oder dreifachen Emporen die gottesdienstliche Gemeinde zusammenschließt und in den durch den in ihren Verlauf eingeschlossenen Kanzelaltar mit davor stehendem Taufbecken eine Achse gelegt wird.

Dieser typische Raum ist die größte Leistung des lutherischen Kirchenbaus, die mit Ausnahme von Württemberg überall in der ganzen Barockzeit in allen lutherischen Kirchen Mitteleuropas anzutreffen ist. Man möchte deshalb an nehmen, dass am Beginn ein überragender oder besonders prominenter Bau steht, der als Modell gewirkt hat oder eine weithin beachtete Publikation, die vielleicht auch die dem lutherischen Gottesdienstverständnis entsprechenden Raum theologisch begründet hat. Dem

[5] Vollständige Anweisung alle Arten von Kirchen wohl anzugeben. Worinnen 1. Nic. Goldmans Anweisung und drey Exempel angeführet / / und mit Anmerckungen erläutert. 2. Auführlicher von Römisch-Catholischen Kirchen / und in sonderheit 3. Von dem künstlichen Bau der grossen Kuppeln. 4. Von den Protestantischen Kirchen gehandelt / Mit fünff neuen Inventionen von jenen / und sechs von diesen der Praxi 711 Chistoph Sturm. Augspurg / In Verlegung Jeremiae Wolffens / Kunsthändlern. Gedruckt bey Peter Detleffsen / 1718 cf. Poscharsky, Kanzel, 256f.

[6] Vollständige Anweisung, 31.

ist aber offensichtlich nicht so. Jedenfalls ist es drei unabhängig forschenden Wissenschaftlern[7] nicht gelungen, eine solche Urform zu finden oder auch nur eindeutig auszumachen, wo der erste Kanzelaltar entstand und wie er sich von da verbreitete. Es scheint so, als ob diese Frage ungelöst bleiben wird.

DAS EISENACHER REGULATIV 1861

In der einschlägigen Literatur sieht es teilweise so aus, als ob das von Vertretern der einzelnen Landeskirchen beratene und verabschiedete sogenannte Eisenacher Regulativ[8] Bauformen verbindlich vorgeschrieben habe und gleichsam die Grundlage des neugotischen Kirchenbaus sei.

Kaiser[9] aber stellte heraus, dass die sogenannte »Eisenacher Konferenz« keinerlei Kompetenzen hatte, sondern aus persönlichen Vertretern des jeweiligen Landesherrn über gemeinsam interessierenden Fragen diskutierte, auch abstimmte, aber keinerlei Beschlüsse fassen konnte. Die Landeskirchen konnten aber hier erörterte und auch formulierte Dinge in einer ihnen genehmen Fassung zum Kirchengesetz und damit verbindlich machen. Das geschah aber mit dem Eisenacher Regulativ nur in wenigen Landeskirchen.

Es klingt so, als ob das Regulativ eher als alle Kirchenbauten in dieser Art entstand. Es ist aber vielmehr nur der Versuch, das bereits überall so ähnlich Gebaute in einheitliche Bahnen zu lenken. Das war jedoch weder nötig noch möglich. Immerhin kümmern sich hier die kirchenleitenden Organe erstmals in der Geschichte des evangelischen Kirchenbaus um den Kirchenbau und bemühen sich um eine ihm theologisch und dem Gottesdienst angemessene Gestalt.

Das Regulativ ist also keine überall für die Bauausführung verbindliche Gestalt, sondern eine Festschreibung dessen, was man von den Kirchenleitungen her als angemessen betrachtet. Es ist also ein theologisches, aber nicht architektonisches Modell, das nachträglich festscheibt, was schon überall realisiert wurde.

---

[7] Poscharsky, Kanzel, 214-249. Hartmut Mai, Der evangelische Kanzelaltar, Halle/Saale 1969. Helmuth Meissner, Kirchen mit Kanzelaltären in Bayern, München 1987.

[8] Text bei Langmaack, Evangelischer Kirchenbau, 272-279.

[9] Paul Kaiser, Das sogenannte Eisenacher Regulativ von 1861: ein kirchenrechtliches Phantom, in: Klaus Raschzok und Reiner Sörries (Hg.), Geschichte des protestantischen Kirchenbaues, Erlangen 1994, 114-118.

DAS WIESBADENER PROGRAMM 1891 (DAZU ABB.3)

Das sogenannte Wiesbadener Programm[10] ist lediglich das Bauprogramm für die Wiesbadener Ringkirche[11]. Es wurde formuliert von Pfarrer Emil Veesenmeyer in Zusammenarbeit mit dem Architekten Johannes Otzen und hatte die Zustimmung der Gemeinde. Es besteht nur aus vier Sätzen.

Der Erste betont, dass die Kirche »*das Gepräge eines Versammlungshauses der feiernden Gemeinde*« haben solle und nicht das »*eines Gotteshauses im katholischen Sinne*«. Es wird also ein Sakralbau abgelehnt zugunsten der Betonung der Gemeinde.

Der zweite Satz betont dies noch einmal: *Der Einheit der Gemeinde und dem Grundsatz des allgemeinen Priestertums soll durch die Einheitlichkeit des Raumes Ausdruck gegeben werden. Eine Teilung des letzteren in mehrere Schiffe sowie eine Scheidung zwischen Chor und Schiff darf nicht stattfinden.* Dies ist den Vorstellungen des Eisenacher Regulativs diametral entgegengesetzt.

Das gilt auch für den dritten Satz: *Die Feier des Abendmahls soll sich nicht in einem abgesonderten Raume, sondern inmitten der Gemeinde vollziehen. Der mit einem Umgang zu versehende Altar muss daher, wenigstens symbolisch, eine entsprechende Stellung erhalten. Alle Sehlinien sollen auf denselben hinleiten.*

Dem Ort der Verkündigung ist der vierte Satz gewidmet: *Die Kanzel, als derjenige Ort, an welchem Christus als geistige Speise der Gemeinde dargeboten wird, ist mindestens dem Altar gleichwertig zu behandeln. Sie soll ihre Stelle hinter letzterem erhalten und mit der im Angesicht der Gemeinde anzuordnenden Orgel- und Sängerbühne organisch verbunden sein.* Diese Zuordnung der Kanzel bedingt, dass sie sich in Höhe der Emporen befindet und nicht mit dem freistehenden Altarals Kanzelaltar verbunden ist. Die Kirchenmusik wird von der traditionellen Westseite ins Angesicht der Gemeinde gerückt und erhält somit einen völlig neuen Stellenwert.

Das Wiesbadener Programm ist jedoch nicht nur die Privatmeinung von Veesenmeyer. Es steht im engsten Kontext mit der liturgischen Bewegung, die von den Straßburger Professoren für Praktische Theologie Friedrich Spitta und Julius Smend ausging und in der von ihnen seit 1895 herausgegebenen *Monatsschrift für Gottesdienst und kirchliche Kunst* ein weithin beachtetes Organ hatte.

---

[10] Text bei LANGMAACK, Evangelischer Kirchenbau, 276.

[11] Abb. bei LANGMAACK, Evangelischer Kirchenbau, 27.

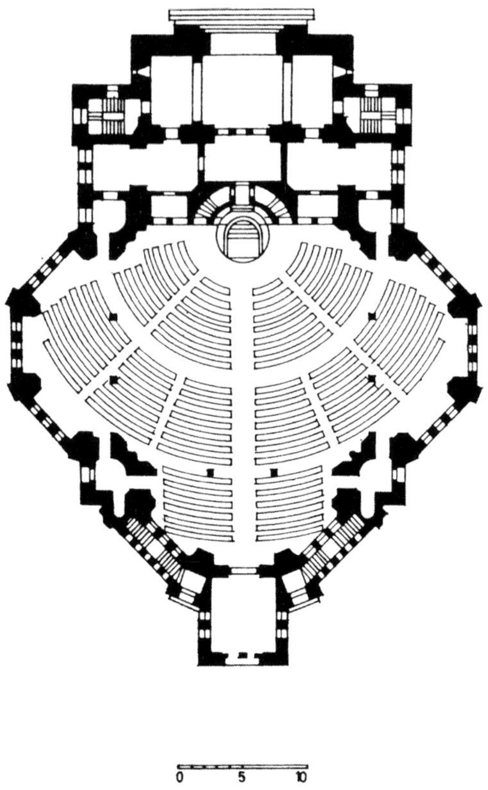

Das Wiesbadener Programm blieb keineswegs nur auf die dortige Ringkirche beschränkt, sondern fand vor allem entlang des Rheins und insbesondere im Rheinland zahlreiche Nachfolgebauten. Formal wurden diese alle in neugotischen und eklektizistischen Formen erbaut, die sich darin von denen der Kirchen im Sinne des Eisenacher Regulativs nicht unterschieden. Die theologisch neue Konzeption wurde im herkömmlichen Gewand verwirklicht, während später die Erneuerung des katholischen Kirchenbaues in Deutschland sich in moderner Architektur über traditionellen Grundrissen entwickelte.

Jedenfalls ist das Wiesbadener Programm ein Modell, das – obwohl dafür nicht gedacht – zahlreiche Nachfolge fand.

DIE STERNKIRCHE VON OTTO BARTNING 1922 (DAZU ABB. 4, 5, 6, 7 UND 8)

Otto Bartning, der maßgebende Architekt im evangelischen Kirchenbau in der ersten Hälfte des 20. Jahrhunderts, hatte vor dem ersten Weltkrieg fünfzehn kleine Kirchenzentren in Österreich gebaut. Als er sie 1914 noch einmal besuchte, sah er sie sehr kritisch: »Wir hatten gemeint, eine Raumgestalt unserer Überzeugung hinzustellen, und siehe, es war nur ein Gehäuse des Glaubens, ... eine Schale ohne Kern. Unsere Frömmigkeit war nicht in dem Bau enthalten, sie hatte sich nur darin aufgehalten.« Das schrieb er in seinem 1919 erschienenen Buch[12] und machte sich grundsätzliche Gedanken. Daraus entstand 1922 der Entwurf der sogenannten »Sternkirche«[13], ein konsequenter Zentralraum mit der Kanzel als Mitte. Im Dreiviertelkreis ist darum die Gemeinde geschart, das letzte Viertel nimmt der seitlich von der Orgel gerahmte Kirchenchor ein, der den Kreis schließt. Dieser Sektor, als »Feierkirche« bezeichnet, ist für das im Anschluss an den Predigtgottesdienst nur von einem kleinen Teil der Gemeinde gefeierte Abendmahl bestimmt sowie für Trauungen. Die Raumgestalt sollte eine Halbkugel sein, so dass der höchste Punkt des Raumes über der Kanzel war. Die Spannung der Architektur und die Ausrichtung bei der Nutzung stimmen hier also überein.

[12] Otto Bartning, Vom neuen Kirchenbau, Berlin 1919. Hier zitiert nach Otto Bartning, Vom Raum der Kirche, aus Schriften und Reden ausgewählt und eingeleitet von Alfred Siemon, Bramsche bei Osnabrück 1958, 28-29.

[13] Abb. bei Langmaack, Evangelischer Kirchenbau, 321. Dazu die Anmerkungen 34 und 35 auf 360.

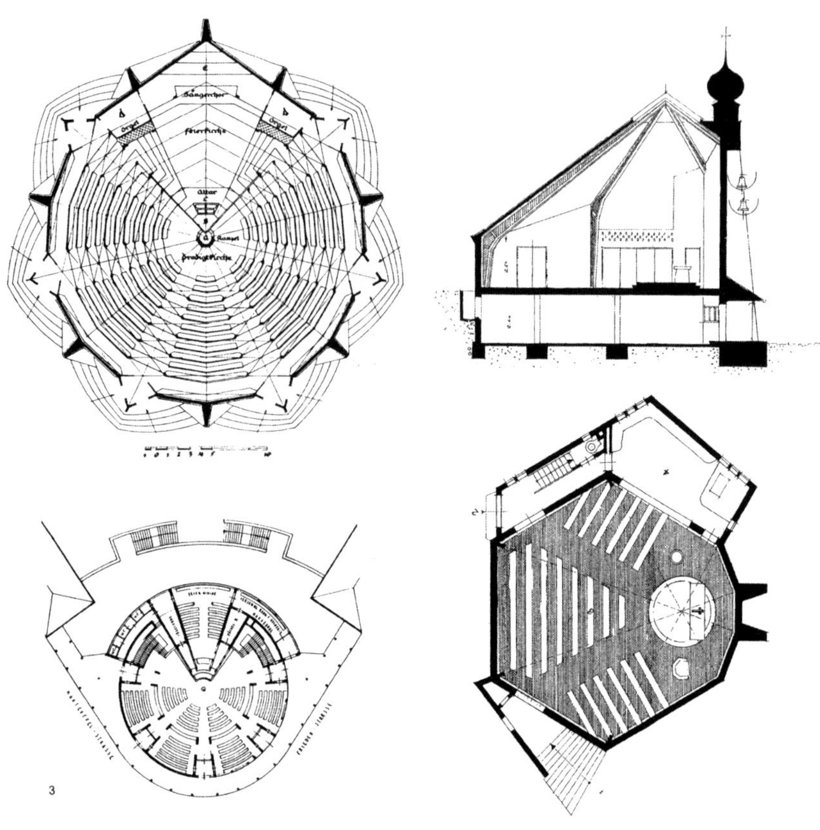
3

Dies ist die Grunderkenntnis von Bartning, die er schon in seinem Buch herausgestellt hat: die Übereinstimmung von »liturgischer Spannung« im Gottesdienst mit der architektonischen Spannung des Raumes. »Jeder gebaute Raum hat eine architektonische Spannung – im Kuppelraum z.B. die Spannung vom Rande zum Zentrum und hinauf in die Kuppel. Jede gottesdienstliche Handlung hat eine liturgische Spannung, die sich ausdrückt in Sammlung und Ordnung der Gemeinde zu Altar und Kanzel. Wenn diese beiden Spannungen im Raum sich vereinigen, so deuten und stärken sie sich. Wenn aber die Spannungen m Raum sich spalten, wird die Kraft des Raumes und die Kraft des Gottesdienstes mißdeutet und geschwächt. Dann aber geschieht Kirchenbau umsonst.«[14] »Der raumfühlige Mensch – Raumgefühl ist ebenso im Unterbewußtsein wirkend und

---

[14] BARTNING, 120-121.

ebenso treffsicher wie z.B. Musikalität – der raumfühlige Mensch spürt in allen Räumern, von der Wohnhöhle bis zum Festsaal, von der Katakombe bis zur Kathedrale, den Einklang oder die Dissonanz von geistiger und architektonischer Spannung.«[15] »Wenn die geistige, oder sagen wir liturgische Spannung und die architektonische Spannung sich vereinigen, so deuten und verstärken sie sich. Wenn aber liturgische und architektonische Spannung im Raum sich spalten, so wird sowohl die Kraft des Raumes wie die Kraft der Liturgie geschwächt und gar gestört.«

Bartning hat die Idee der Sternkirche einmal verwirklicht, 1930 in der Auferstehungskirche in Essen[16]. Sie ist nicht in expressionistischer Form gebaut worden, sondern als mit Klinkern ausgefachter Stahlbetonbau in dreifacher Abstufung mit einem Glockenträger über dem Zentrum.

Bartning hat eine nicht zu überschätzende Wirkung als Ratgeber und Anreger und in zahllosen Preisgerichten gehabt. Die Idee von der Übereinstimmung von liturgischer und Raumspannung aber ist nur einmal aufgenommen worden, und zwar von Olaf Andreas Gulbransson in seiner ersten, der Christuskirche in Schliersee 1954[17].

Gulbransson ging bei seinem Entwurf (wie schon Bartning) davon aus, wie sich Menschen vor einem Redner im Freien aufstellen, nicht in Reihen, sondern in Halbkreisen, so dass sich ein Oval als Grundrisse ergäbe mit einem an einen Rand verschobenen Zentrum. So wählte er einen polygonalen Grundriss, ordnete die Gemeinde in drei Blöcken an, ausgerichtet auf den Bereich mit Altar, Kanzel und Taufstein und schuf somit einen exzentrischen Zentralraum. Dieser liturgischen Spannung entspricht die Raumspannung: die Dachfläche steigt von allen Seiten an und erreicht ihren höchsten Punkt über dem Altar und ist hier in Glas aufgelöst. Von diesem Raumhöhepunkt erhält der Kirchenraum hauptsächlich sein Licht, neben einigen kleinen Durchbrüchen in Höhe des Gestühls. In formal anderer Weise als Bartning hat er dessen Idee in zeitgemäßen Formen und – mit einer Zwiebelkuppel über dem Glockenträger – leichten bayerischen Anklängen mustergültig verwirklicht.

---

[15] Bartning, 113.

[16] Abb. bei Langmaack, Evangelischer KIrchenbau, 59.

[17] Peter Poscharsky, Kirchen von Olaf Andreas Gulbransson, München 1966, 17-23.

FAZIT

Blickt man zurück, so muss man feststellen, dass Modelle im evangelischen Kirchenbau nur in einem Fall – dem Wiesbadener Programm – Nachfolge in größerer Zahl gefunden haben und daneben nur die Sternkirche eine Nachfolge gehabt hat, der allerdings als Prinzip in den zahlreichen anderen Kirchen von Gulbransson ebenfalls gewirkt hat.

Richard Riess

Elemente des Gottesdienstes in Facetten der Gegenwart

Klaus Raschzok – in den achtziger Jahren wissenschaftlicher Assistent an meiner Seite und viele Jahre später mein Nachfolger an der Augustana-Hochschule Neuendettelsau – hat seine persönliche Kraft und seine berufliche Tätigkeit bis zum heutigen Tag dem großen Kanon der Praktischen Theologie und der kirchlichen Praxis gewidmet: diversen Themen und Disziplinen wie dem Kirchenbau und der Liturgik, der bildenden Kunst und der Homiletik, der Seelsorge und der Aszetik, der Kasualtheorie und dem Gemeindeaufbau und vielem anderen mehr. So breit der Fächer seiner Aufmerksamkeit und seiner Interessen auch gewesen ist und noch sein wird – eine besondere Faszination, so scheint es, hat offenbar schon immer der Gottesdienst auf ihn ausgeübt. Und in der Tat. Im Gottesdienst der christlichen Kirchen verdichten sich die Elemente eines vielschichtigen Sprachgeschehens, die für einen ebenso theologisch wie kulturgeschichtlich interessierten Analytiker und Forscher wie Klaus Raschzok zweifellos von großer Relevanz sind: Wort und Bild, Symbol und Ritual, Musik und Frömmigkeit, meditativer Augenblick und innerer Prozess. Auch in dieser Hinsicht hat sich Klaus Raschzok im Laufe der Zeit ein Instrumentarium erworben und es auf seine Weise weiterentwickelt, das es ihm möglich gemacht hat, aus den vielen und auf den ersten Blick hin grundverschiedenen Erfahrungen und Einzelbeobachtungen eine übergreifende Theorie zu formulieren: die Ästhetik, weiträumig verstanden als »Kunst der Wahrnehmung«. Dabei geht es ihm nicht vordergründig um die Wahrnehmung des Guten, Schönen und Wahren, sondern vielmehr um die Wahrnehmung von Wirklichkeit in ihrer unretuschierten Sprachgestalt – sei es Wirklichkeit in der Geschichte von Kirche und Gesellschaft, sei es Wirklichkeit im Kontext der heutigen Welt. Wenn, wie ich meine, der Gottesdienst der christlichen Kirchen sowohl eine Abbildung wie eine Verdichtung einer auch im Alltag erfahrbaren Wirklichkeit von damals wie von heute ist, dann ist es naheliegend und nützlich, dieses komplexe »Sprachgeschehen« mit einem hermeneutischen »Schlüssel« erschließen zu helfen. Nenne man diesen »Schlüssel« nun Muster oder Paradigma, Modell oder hermeneutisches Prinzip – und nenne man den Bereich, dem er entstammt, nun Ästhetik oder Liturgiewissenschaft, Hermeneutik oder Poesie. Es ist allemal ein Akt der Wahrnehmung, des Verstehens und der Transformation ins Hier und Heute. Auch die folgenden lyrischen Texte zu Elementen des Gottesdienstes sind Ausdruck des Bemühens um einen solchen Akt und um seine Aktualisierung in unserer Welt.

Ich widme sie und die anderen in diesem Buch verteilten Texte aus gutem Grund Klaus Raschzok zum 60. Geburtstag, verbunden mit besten Wünschen für seinen weiteren Weg.

Confiteor

Offen gesagt
Das alles liegt mir
wie ein Stein
auf der Seele
Das alles steckt mir
tief in den Knochen
Das alles geistert
durch die Albträume
der Nacht
Und schreit noch einmal auf
wenn es ans Sterben geht
oder stürzt in sich zusammen
wie ein Kartenhaus
Es sei denn
es käme einer
der dir sagt
Geht in Ordnung
Komm doch herein

Kyrie eleison

Die Blinden sind es zumeist
und die Tauben und
die Lahmen auch
die aus ganzem Herzen
und vollem Halse
das Kyrie eleison
schreien

Von ihnen könnten
wir lernen es ihnen
gleich zu tun
die wir so stolz
sind auf unsere Augen
und unsere Ohren und
unsere Füße

Denn wer weiß schon
wie lange wir noch
bei Sinnen
sind

Soli Deo Gloria

So hat es der Thomaskantor
einst über seine Stücke
geschrieben
Und so wurden sie
vom ersten Tag an
mit jedem Ton schon
zur himmlischen
Musik

Evangelium

Wer
wenn nicht wir
die wir auferstehen
von Tag zu Tag
aus unseren Gräbern
der Taubheit und der Traurigkeit
der bösen Träume und
der Todesangst

Wer
wenn nicht wir
kennt schon die
Sehnsucht nach der
Auferstehung der
Toten am Ende
der Tage

Wer
wenn nicht wir
mit dem Wissen
um den Sand und
den Durst der
Wüste
der Erinnerung auch
an die Finsternis
im Bauch des
Fisches

Wer
wenn nicht wir
kennt schon das
Wunder dass er
dennoch die Sonne
golden
aufgehen lässt am Morgen
von Tag zu Tag
über Gerechte und
Ungerechte
und am Abend die
Welt einhüllt
in seinen
Glanz

Agnus Dei

Von den Tieren
des Feldes und des Waldes
und der Lüfte und des Meeres
hast du es dir ausgesucht
das Lamm
dass es deine ganze Liebe
zur Schöpfung
vor Augen führe

Warum das Lamm
Warum nicht der Ochse
oder der Esel
der Löwe oder
der Wal
Warum das Lamm
das so lammfromm ist
und von großer
Lammsgeduld
wo immer es sei
Warum das Lamm

Dereinst ward es
das Lamm
zum Passahlamm
und später gar
zum Osterlamm
zum Zeichen des
Friedens sozusagen
der Zeit wenn
das Lamm und der Löwe
in Eintracht beieinander
wohnen

Und kein Leid mehr
sein wird auf Erden
und kein Streit mehr
und kein Tod mehr
und auch kein einziges
Opfer mehr vonnöten
gegen den Tod
auf irgendwelchen
Altären dieser
Welt

Pater noster

Man sagt mitunter
es sei der größte
Märtyrer gewesen
auf Erden
das Vaterunser
Und doch haben sie es
geflüstert und
gestammelt und
gesungen
aus tiefster Not
das Vaterunser

die Könige und die Bauern
die Reisenden und die Gebärenden
die Knechte und die Priester
die Gefangenen und die Sterbenden
Auf stürmischer See und in Kriegen
in Katakomben und in Schlössern
in Burgverliesen und in Kathedralen
in Krankenhäusern und in rauchenden Ruinen
haben sie es gebetet
das Vaterunser

Und ist doch
der größte Märtyrer
gewesen auf Erden
sagt man
das Vaterunser

Ich aber senke
in Ehrfurcht
mein Haupt
vor ihm
und gebe ihm
Einlass in
mein Haus
dem schönsten
Gebet das es je gab
auf dieser Erde
das Vaterunser

Benedictio

Wir Menschen wissen
sehr wohl von der Macht
des Bösen und von bösen
Mächten und dass stets
der Tod vor der
Tür steht
Darum vertrauen wir
was uns lieb ist
am liebsten den
guten Mächten
an

Gesegnet seien
die Frucht des Leibes
und der Ertrag des Ackers
das Gedeihen der Kinder
und das Alter der Alten
das Vieh und die Aussaat
die Zukunft und das neue Jahr
die Zeit überhaupt und alle
die das Zeitliche
segnen

Wie es sehr wohl
einen Unterschied macht
ob wir gehen
gehen ohne ein Wort
oder uns selbst und die
Menschen und die Welt
mit einem letzten Wort
den guten Mächten
anvertrauen
Dass sie aufs Neue mit uns
gehen auf unserem Weg
durch diese Welt
und wir geborgen
sind im Schatten
ihrer Hände

Helmut Schwier

Vorüberlegungen zu einer österlichen Praktischen Theologie

Ostern ist zu feiern und zu erleben, aber auch theologisch zu studieren und zu denken. Während die exegetische Theologie die neutestamentlichen Zeugnisse analysiert, sie in ihrer Vielfalt erfasst und theologisch als Gottes Deutung des Todes Jesu[1] erschließen kann, stellt die systematische Theologie heraus, dass und wie Gott durch sein Auferweckungshandeln grundsätzlich bestimmt ist, wie Christus als auferweckter Gekreuzigter geglaubt und gedacht wird und wie der Heilige Geist in den Menschen, der Kirche und der Welt die Auferstehung Jesu bezeugt und wirksam werden lässt und die Hoffnung auf die Auferstehung der Toten und die Verwandlung des Kosmos weckt und erhält. Die praktische Theologie hat nach meinem Eindruck in dieser österlichen Sinfonie ihre eigene Stimme oder Variation zum Thema neu zu finden und zum Klingen zu bringen. Dem dienen diese Vorüberlegungen.[2]

---

[1] Vgl. dazu Philipp Stoellger, Deutung der Passion als Passion der Deutung. Zur Dialektik und Rhetorik der Deutungen des Todes Jesu, in: Jörg Frey / Jens Schröter (Hg.), Deutungen des Todes Jesu im Neuen Testament, (unveränderte Studienausgabe) Tübingen 2007, 577-607, vor allem 600f.

[2] Ich erlaube mir, meine bisherigen Überlegungen zum Thema anzugeben und weiterzuführen: vgl. Art. Ostern III,3 (Liturgisch, Evangelischer Gottesdienst), in: RGG[4] Bd.6, Tübingen 2003, 733-734; Alles von Gott und zu unserem Heil. Predigtmeditation zu 2 Kor 5,14-21 (Karfreitag), GPM 64 (2010) 191-196; Festliche Provokation und Riss in unserer Wirklichkeit. Predigtmeditation zu Mt 28,1-10 (Ostersonntag), GPM 65 (2011) 227-232; Verwandlung aller und Spottlied auf den Tod. Predigtmeditation zu 1 Kor 15, 50-58 (Ostermontag), GPM 66 (2012) 211-216; »Eine Auferstehungsfeier und irgendwie die Wurzel meines Glaubens ...«. Theolo-

1. Die österliche Stimme in den kirchlichen Handlungsfeldern

Als zentrales Fest im Kirchenjahr ist Ostern in Gottesdienst, Predigt und Gemeindeleben fest verankert und material wie formal breit vertreten. Agenden und Liturgieangebote, Predigthilfen, alte und neue Osterlieder, Anregungen und Entwürfe für Gemeindegruppen, Bildungsangebote vom Kindergarten bis zur Seniorenarbeit oder Hinweise zur Gestaltung und Entdeckung von Osterbräuchen und vieles mehr sind greifbar. In den Ausrichtungen finden sich liturgische oder meditativ-spirituelle Schwerpunkte ebenso wie kognitiv-kritische oder erfahrungsbezogene Zugänge. All dies kann eine vielfältige, abwechslungsreiche und theologisch erkundende Osterpraxis in den Gemeinden und an anderen kirchlichen Orten ermöglichen und anregen.

Eingebunden in die Passionszeit und deren Gestaltungen durch Passions- oder ökumenische Kreuzwegandachten, durch die Aktion »Sieben Woche ohne« oder durch die unterschiedlichen liturgischen Schwerpunkte in der Karwoche erscheint Ostern als Ende und Höhepunkt eines Weges. Vor allem die Feier der Osternacht, die in vielen Städten und Orten wenigstens übergemeindlich angeboten wird, nimmt die unterschiedlichen liturgischen Schwerpunkte auf und lässt den Weg- und Transituscharakter exemplarisch erfahrbar werden.

Im säkularen Jahresablauf ist durch Osterferien und Osterurlaub eine große Mobilität zu verzeichnen, nicht zuletzt auf Kosten der Präsenz in den Ortsgemeinden. Der Traditionsabbruch beim Gottesdienstbesuch scheint in dieser Zeit an vielen Orten greifbar: Die alte (und irrige) Vorstellung vom Karfreitag als dem Hauptgottesdienst der evangelischen Kirche ist längst implodiert, aber leider kaum zugunsten der Ostergottesdienste. Man könnte vermuten, dies läge auch daran, dass man zunehmend darauf verzichtet, sich dieser Geschichte des Sterbens auszusetzen. Andererseits haben kulturelle Angebote wie Aufführungen der Bach'schen Passionen flächendeckend nach wie vor großen Zulauf. Die Begegnung und musikalische Deutung wie Auseinandersetzung mit den großen Themen und Erzählungen, also mit Tod und Sterben, Verrat, Verzweiflung, Trauer und Hoffnung haben ihre starke Präsenz, meist jenseits der Karfreitagsgottesdienste.

---

gische und liturgische Überlegungen zur Feier der Osternacht, JLH 51 (2012) 9-18; Österlich feiern, denken und leben. Praktisch-theologische Aspekte zur Osternacht, PrTh 49 (2014), 5-11.

Auch angesichts dieser unübersichtlichen Situationen und Befunde erscheinen weitere praktisch-theologische Reflexionen und Erkundungen nötig.

2. Österliche Revolution und Zeitwahrnehmung

Ostern zu denken, bedeutet eine theologische Revolution: Gott, die Gottesrede und das gesamte Verständnis von Leben und Wirklichkeit sind radikal verändert. Unsere traditionelle Weltsicht und Alltagsontologie erhalten einen Riss und eine Verheißung.[3] In Kontinuität zum Handeln des Gottes Israels erschließt sich Gott in Christus, dem auferweckten Gekreuzigten, nicht nur als Verändernder, sondern auch als Veränderter:[4] als unwiderruflich Liebender, dessen Reich und Herrschaft schon jetzt im Kleinen anbricht, in Zuwendung, Vergebung, Heilung und im Tun des Gerechten, und dessen Kommen Ziel, Grenze und Verwandlung des Kosmos bedeutet. Der alttestamentliche Kontext, vor allem in den Psalmen erkennbar, ist dabei die Frage nach Recht und Gerechtigkeit und nach Gottes Aufstehen: »Die Hoffnung auf die Auferstehung der Toten antwortet nicht auf die menschliche Sehnsucht nach Unsterblichkeit, sondern auf den Hunger nach Gerechtigkeit.«[5] Diese Einsicht illustriert, dass die Osterbotschaft kein akademisches Glasperlenspiel ist, sondern ein theologischer Umsturz mit ethischen wie praktisch-theologischen Konsequenzen.

Dass ein Mal der Tod besiegt wurde, dass ein Mal Gott sich als Auferweckender hat erkennen lassen, hat prinzipielle Auswirkungen auf Leben und Denken und Weltverständnis. Das *Credo* verdeutlicht dabei, dass alles Denken, Glauben und Handeln im Licht des *coram Christo resurrecto et exaltato* geschieht; und zugleich bestimmt diese Relation die Gegenwart

---

[3] Vgl. Schwier, Festliche Provokation, 227-232.

[4] Vgl. Ingolf U. Dalferth, Volles Grab, leerer Glaube? Zum Streit um die Auferweckung des Gekreuzigten, in: Hans-Joachim Eckstein / Michael Welker (Hg.), Die Wirklichkeit der Auferstehung, Neukirchen-Vluyn 2002, 277-309, hier 304 (Hervorhebungen im Original): »Das heißt zunächst und vor allem, daß Gottes Leben durch Jesu Leben und Sterben bleibend bestimmt wird. *Das Kreuz hat Gott verändert*, und zwar so, daß dieser dort sein Wesen unwiderruflich als Liebe bestimmte, die unsere freie Gegenliebe sucht [...] Das Einzigartige der Auferweckung Jesu in Gottes Leben ... ist, daß *Gottes Leben dadurch bleibend so bestimmt* wird, wie Jesus Gott verkündigte: als Vaterliebe, die uns zu Gottes Erben macht, obwohl und während wir noch in der Gottesferne leben.«

[5] Jürgen Moltmann, »Sein Name ist Gerechtigkeit«. Neue Beiträge zur christlichen Gotteslehre, Gütersloh 2008, 49.

umfassend.[6] Schon daher ist Praktische Theologie als Theologie – und nicht nur als Wahrnehmungskunst ihrer Gegenstände – nicht primär an Vergangenheit und Traditionsbewahrung orientiert, sondern neugierig und offen für die Veränderungen der Zukunft und die Gestaltung der Gegenwart. Österliche Zeitwahrnehmung und -diagnose gehören dann zu den zentralen Aufgaben praktisch-theologischer Reflexion.

Österliche Zeitwahrnehmung beginnt mit dem Ernstnehmen der Gegenwartsbestimmung durch die genannte Relation und eröffnet Konstanz und Dynamik. Dass der Auferweckte und Erhöhte, der zur Rechten Gottes Sitzende die Gegenwart qualifiziert, ist der aller Gegenwartserkundung vorausgehende und sie gleichfalls umfassende Horizont. Hier beginnt neue Zeit.[7] »Was auch geschehen mag in unserem Raum an Aufstieg und Niederlage, was da werden und vergehen mag, da ist eine Konstante, ein Bleibendes und Durchgängiges: dieses sein Sitzen zur Rechten Gottes des Vaters. Es gibt keine geschichtliche Wendung, die an diese Sache heranreicht.«[8] Die Dynamik der neuen Zeit, die dogmatisch als Endzeit, als Zeit des Wartens und Kommens, als Zeit der Kirche umschrieben wird, hat zugleich diese bleibende Konstante in der *sessio ad dexteram Dei Patris omnipotentis*.

Diese Konstante findet wiederum darin eine Zeitkonstante, dass jeder Sonntag als kleiner Auferstehungstag gilt und daher sowohl als Unterbrechung des Alltags wie als Feier des Lebens und der Zukunftsgewissheit gefeiert wird. Der konstante Wochenrhythmus mit dem Sonntag als dem ersten und zugleich vollendeten achten Tag bringt österliche neue Zeit in die alte Zeit.

Die Dynamik der neuen Zeit ist als Fortschrittsglaube obsolet und irrig. Jedoch ist die Zeit des Wartens für die Kirche eine Zeit der Sendung, die in biblischer Wendung durch den sog. Missionsbefehl inhaltlich quali-

---

[6] Karl Barth hat in seiner Auslegung des Credo gerade diese Sequenz des zweiten Artikels, die nach den Perfektverben zum Präsens führt, als präzise theologische Bestimmung der Gegenwart verstanden (vgl. DERS., Dogmatik im Grundriß, Zürich [1947] 2011[10], 145). Zu Barths Auferstehungstheologie vgl. bes. KD III/2 (§ 47 »Der Mensch in seiner Zeit«); IV/1 (§ 59 »Der Gehorsam des Sohnes Gottes«); KD IV/2 (§ 64 »Die Erhöhung des Menschensohnes«); KD IV/3,1 (§ 69 »Die Herrlichkeit des Mittlers«) und jetzt auch MICHAEL TROWITZSCH, Karl Barth heute, Göttingen 2012[2], 361-370; zu homiletischen Erwägungen auf dem Hintergrund von Barths Auferstehungstheologie vgl. PETER BUKOWSKI, Predigt wahrnehmen. Homiletische Perspektiven, Neukirchen-Vluyn 1990, 173-190. Vgl. weiter MICHAEL WELKER, Gottes Offenbarung. Christologie, Neukirchen-Vluyn 2012, 99-134.

[7] Vgl. BARTH, Dogmatik im Grundriß, 145.149.

[8] BARTH, Dogmatik im Grundriß, 148.

fiziert ist.[9] Die konstante Zusage des »Ich bin bei euch alle Tage« gehört zur Dynamik des »Gehet hin in alle Welt«. Menschen für die Nachfolge zu gewinnen, zu taufen und die Lehre und Botschaft Jesu Christi in der Kirche für die Welt umzusetzen und ihr liturgisch, homiletisch, poimenisch, pädagogisch, diakonisch und ekklesiologisch Gestalt zu geben, ist die Aufgabe der Kirche und hat in österlicher Zeitdynamik zu geschehen, also in der Ausrichtung auf die neue Zeit innerhalb der alten Zeit.

So komplex und irrtumsanfällig christliche Zeitdiagnose *in concreto* auch ist, auf sie zu verzichten, ist nicht geboten. Orientierung gewinnt sie am Osterereignis, das Gott verändert und dazu anleitet, die Wirklichkeit als *parousia*, also als in Gottes Gegenwart und im Licht seines Kommens geschehend, zu verstehen. Gegenwart und Zukunft österlich zu verstehen und zu gestalten ist wesentliche Aufgabe Praktischer Theologie.

3. Österliche Sprache

Unser Leben ist grundlegend sprachlich verfasst und zielt daher auf Kommunikation und Verstehen – pointiert mit Gadamer formuliert: »Sein, das verstanden werden kann, ist Sprache.«[10] Dabei ist Sprache nicht ein geschlossenes Gegenüber, sondern bildet einen Raum mit offenen und sich verändernden Grenzen, in dem der Mensch sich in vielfachen Wechselbeziehungen bewegt.

Schon die biblische Sprache, in der das Ostergeschehen zum Ausdruck gelangt, ist metaphorische Sprache und durchaus vielfältig. Meist wird das Wortfeld von »aufwecken/aufstehen«[11] verwendet, aber auch das Wortfeld »erscheinen« (1 Kor 15, 5-8; Lk 24, 34), das traditionsgeschichtlich auf

---

[9] Vgl. auch Barth, Dogmatik im Grundriß, 146.148.

[10] Hans-Georg Gadamer, Hermeneutik I. Wahrheit und Methode. Grundzüge einer philosophischen Hermeneutik, Gesammelte Werke I, Tübingen 1990[6], 478 (im Original kursiv). Hier ist angesichts postmoderner Kritik zu beachten, dass Sprache für Gadamer, kein abgeschlossenes oder gar autoritäres System bildet, sondern, wie Habermas in seiner Gadamerkritik zustimmend hervorhebt, dass sie offen und porös ist (vgl. zum Ganzen Jean Grondin, Hermeneutik, Göttingen 2009, 71f.129-131).

[11] Zu den philologischen und grammatischen Fragen vgl. Hans-Joachim Eckstein, Die Wirklichkeit der Auferstehung Jesu. Lukas 24, 34 als Beispiel früher formelhafter Zeugnisse, in: ders. / Michael Welker (Hg.), Die Wirklichkeit der Auferstehung, Neukirchen-Vluyn 2002, 1-30, bes. 5-9. Semantisch und systematisch gehören aufwecken und aufstehen natürlich zusammen (vgl. auch Moltmann, Name, 51 Anm. 10).

Theophanien verweist, oder die alltäglichen Verben »schauen/sehen« (1 Kor 9, 1; Mt 28, 10.17; Joh 20, 18.29) und »leben« (Röm 6, 10; 14, 9; Apk 1, 18); in Hebr 13, 20 ist die Rede vom Heraufführer (Anagoge) aus den Toten, die Befreiung und Exodusgeschehen anklingen lässt.[12] In den einfachen Narrationen der Evangelien wird zudem deutlich, dass hier stets eine Spannung zwischen sinnenfälliger Wirklichkeit und Erscheinungswirklichkeit gehalten wird,[13] wodurch systematisch gegenüber bloßen Gespenster- und Wiederbelebungsdeutungen die Komplexität der Wirklichkeit der Auferstehung markiert und die Identität des Gekreuzigten und Auferweckten dargestellt wird. Die biblische Sprache zeigt also in ihren vielfältigen Verwendungen eine klare Grenzziehung gegenüber naiven Verständnissen und eröffnet in ihren Metaphern und Narrationen neue Gottesrede und ein neues Wirklichkeitsverständnis.[14]

Im deutschen Sprachgebrauch hat sich durch die Erweiterung »-er-« in auferwecken/erwecken und auferstehen/erstehen die über die Alltagsverwendung hinausweisende besondere Bedeutung eingeschrieben. Es handelt sich um eine Präfigierung, die in allen solchen Fällen einen qualitativ und emotional intensivierenden Charakter hat. Die durch das Wort ausgelöste Empfindung wird ins Überalltägliche gesteigert. Diese Steigerung ist im gängigen Sprachgebrauch im vorliegenden Fall kaum bewusst oder bereits in Folge der ausschließlich christlich gefüllten Bedeutung samt umfassender Wirkungsgeschichte zweifellos zum Klischee erstarrt. Da braucht es wieder die Lyrik, die dies auflöst: »Manchmal stehen wir auf / Stehen wir zur Auferstehung auf / Mitten am Tage / Mit unserem lebendigen Haar / Mit unserer atmenden Haut ...«[15] Mit neuer Sprache beginnt auch neue Theologie.

---

[12] Vgl. hierzu HELMUT SCHWIER, Gott – Jesus – Gemeinde: ein Thema mit Variationen. Predigtmeditation zu Hebr 13, 20-21 (Misericordias Domini), GPM 68 (2014) 241-246.

[13] Vgl. WELKER, Gottes Offenbarung, 111-119.

[14] Das neue Wirklichkeitsverständnis lässt sich theologisch auch mit Hilfe konstruktivistischer Erkenntnistheorie, Wissenssoziologie und Neurowissenschaft deuten; vgl. dazu PETER LAMPE, New Testament Theology in a Secular World. A Construtivist Work in Philosophical Epistemology and Christian Apologetics, London / New York 2012, 79-134.

[15] Vgl. MARIE LUISE KASCHNITZ, Seid nicht so sicher. Geschichten, Gedichte, Gedanken, Gütersloh 1979, 73f. (»Auferstehung«). Die beiden anderen bekannten Gedichte dieses Kontextes, »Nicht mutig« und »Ein Leben nach dem Tode« – finden sich ebd., 71-73.

Der Auferweckte ist immer der auferweckte Gekreuzigte.[16] Das bedeutet sowohl eine Grenzziehung gegenüber einer *theologia crucis* ohne Ostern wie gegenüber einer triumphalistischen *theologia gloriae* ohne Karfreitag.[17] Die besondere Stärke einer praktisch-theologischen Kreuzestheologie, wie sie jetzt Fritz Lienhard vorgelegt hat,[18] ist die diakonisch-poimenische Anschlussfähigkeit durch Analyse biblischer Klagepsalmen und durch Reflexion von Sprache als Grundbedingung menschlichen Lebens. Analyse wie Reflexion zeigen die unhintergehbare Relationalität des Lebens, das in Gottes-, Welt- und Selbstbeziehung auch im Angesicht von Leid, Angst und Tod zur Sprache gelangt oder in den Klagepsalmen als »Sprache des Vertrauens auf dem Weg vom Tod ins Leben«[19] gelangen kann. Ohne dies weiter auszuführen, benennt Lienhard aber den notwendigen Bezug zur Auferstehung: »Das Wort vom Kreuz gibt es nicht ohne Auferweckung. Das Kreuz an sich macht stumm. Es gibt keinen automatischen Weg vom Kreuz zur Auferstehung. Das Kreuz wird zum Gegenstand der Sprache durch ein Geschehen, das ihm von außen durch Gott selbst widerfährt, durch die Auferweckung. Das eliminiert nicht das Kreuz, sondern bringt es zur Sprache. So allein wird es zum Heilsgeschehen.«[20] Ostern bringt also das Kreuz so zur Sprache, dass es als Symbol von Leid und Tod gleichzeitig zum Symbol von Überwindung und Befreiung wird und beide Dimensionen in sich behält. In Klage und Lob, Bitte und Dank wird dies gestaltet.

Österliche Sprache ist Sprache der Hoffnung: leise und zart, ruhig und gewiss, aber auch energisch und klar, um das Leben zu schützen:

Auf
schau auf
in der richtung
deiner sehnsucht die dich speist
aus gutem grund

---

[16] Vgl. zum Ganzen Ingolf U. Dalferth, Der auferweckte Gekreuzigte. Zur Grammatik der Christologie, Tübingen 1994.

[17] Vgl. schon Barth, Dogmatik im Grundriß, 134f und KD IV/1, 335f.622; KD IV/2, 30f.

[18] Vgl. Fritz Lienhard / Adrian Bölle, Zur Sprache befreit – Diakonische Christologie. Theologischer Umgang mit dem Leiden, Theologische Anstöße Bd. 5, Neukirchen-Vluyn 2013.

[19] Lienhard/Bölle, Sprache, 61.

[20] Lienhard/Bölle, Sprache, 126.

auf
brich auf
aus dem schatten
deiner lider die sich senken
aus gutem grund

ein
tritt ein
in die reihe
all der stirnen die sich auftun
aus gutem grund

auf
heb auf
deine arme aus den grauen
steinen die nicht bleiben

vor dem licht
aus gutem grund

(Thomas Weiß)[21]

Österliche Sprache setzt sine vi sed verbo gegen die praktizierten Irrlehren von Glaubenszwang, Gottesvergiftung und muffiger Frömmigkeit[22] unbekümmert Freiheit, Hoffnung und Heiterkeit. Dass sich diese Sprache am besten gemeinsam singen und musizieren lässt, gehört zur Grundeinsicht der Kirche und könnte vielfach kraftvoller und leidenschaftlicher geschehen. Hin und wieder – wenigstens im Gottesdienst – können dann Lob und Dank zum überschwänglichen Jubel und lachendem Jauchzen werden: »Der Himmel lacht, die Erde jubiliert« (BWV 31).[23]

---

[21] Auferstehungsgedicht von Thomas Weiß, das aus der Begegnung mit dem Auferstehungsfenster von Johannes Schreiter in der Heidelberger Peterskirche entstanden ist – abgedruckt in: HELMUT SCHWIER (Hg.): Botschaften aus Licht und Glas. Der Fensterzyklus von Johannes Schreiter in der Heidelberger Universitätskirche, Regensburg 2013, 46.

[22] Vgl. dazu KARL BARTH, Dogmatik im Grundriß, 134: »Gewiss, es gibt kein Ostern ohne Karfreitag, aber ebenso sicher gibt es keinen Karfreitag ohne Ostern! Es wird leicht zu viel Trübsal und dann auch Muffigkeit ins Christentum hineingearbeitet.«

[23] In dieser Bachkantate zu Ostern wird in der Eingangssonate und im Eingangschor begeistert gejubelt, worauf dann auch mit leisen Tönen die Hoffnung der

4. Österlich feiern und handeln

Der Auferstandene erscheint den Jüngerinnen und Jüngern, entbietet den Friedensgruß, bricht das Brot, erschließt die Schrift, gebietet zu taufen und sendet in die Welt.[24] Dies sind grundlegende Gestalten der Liturgie, »eine Polyphonie der gottesdienstlichen Existenz«, die »mit der Selbstvergegenwärtigung des Auferstandenen in seinem Geist, genauer: seinem geistlichen Leib verbunden«[25] ist. Die Grundvollzüge der Liturgie, die nicht exklusiv, aber exemplarisch in dem von Klaus Raschzok treffend bezeichneten »traditionskontinuierlichen Gottesdienst«[26] vollzogen werden, dienen zugleich der Selbstvergegenwärtigung des auferweckten Gekreuzigten. In und mit der Darstellung der Liturgie wird also der auferweckte Gekreuzigte geistlich gegenwärtig und wirkt in Kirche und Welt.

In solcher *praesentia Dei* zu feiern, ist nicht nur Antwort auf das Wort oder Deutung eines Spiels, das aufgeführt und rezipiert wird, sondern Vollzug und darin wirkendes Spiel. Eine praktisch-theologische Fest- und Gottesdiensttheorie hat mit diesem Anfang der österlichen *praesentia Dei* anzufangen und dann die menschlichen »Mitspieler« und deren Aufgaben zu untersuchen und mit den im kulturwissenschaftlich verstandenen »Archiv« auffindbaren Traditionselementen kritisch zu verknüpfen – in Ausrichtung auf Gegenwart und Zukunft.

Österliches Feiern beschränkt sich nicht auf den Ostergottesdienst, obwohl die Osternacht rituell und theologisch besonders anspruchsvoll

---

Auferstehung der Christen angesichts von Leid, Tod und Sünde besungen wird; dies ist nicht, wie manche vermuteten, ein »Abbiegen der Osterfreude« (A. Schering), sondern zeigt gerade die Weite des Auferstehungsglaubens – vgl. hierzu die theologisch-spirituelle Erschließung von Hans Werner Dannowski, Der Himmel lacht. Bachs Kantaten im Rhythmus des Jahres, Hannover 2012, 48-54.

[24] Vgl. Welker, Offenbarung, 133 (die Beobachtung geht auf Francis Fiorenza zurück).

[25] Welker, Offenbarung, 133. Zur systematischen und interdisziplinären Reichweite der Rede vom soma pneumaticon (1 Kor 15, 44) vgl. Michael Welker, Was ist ein »geistiger Leib«?, in: Thiemo Breyer / Gregor Etzelmüller / Thomas Fuchs / Grit Schwarzkopf (Hg.), Interdisziplinäre Anthropologie. Leib – Geist – Kultur, Heidelberg 2013, 65-83.

[26] Klaus Raschzok, Die notwendige Fortsetzung des agendarischen Erneuerungsprozesses. Ergebnis einer Ausschussarbeit, in: Michael Meyer-Blanck / Klaus Raschzok / Helmut Schwier (Hg. i.A. der Liturgischen Konferenz), Gottesdienst feiern. Zur Zukunft der Agendenarbeit in den evangelischen Kirchen, Gütersloh 2009, 9-25, vgl. 19-21 (mit Hinweis auf den im Hintergrund stehenden kulturwissenschaftlichen Gedächtnis- und Archiv-Begriff).

ist,[27] sondern umfasst alle Gottesdienste und die christliche Existenz, in der auch Alltag und Beruf als Gottesdienst zu verstehen sind. Auch die das Handeln der Menschen beschreibende und untersuchende Praktische Theologie, Diakoniewissenschaft und Ethik haben mit dem österlichen Anfang anzufangen. Dadurch werden materiale Bereiche und Fragestellungen wie zum Beispiel Ehrfurcht vor dem Leben, Menschenwürde oder Gerechtigkeit verstärkt ins Zentrum rücken.

5. Ausblick: Ostern als Modellvorstellung?

Kann eine österlich entworfene Praktische Theologie eine neue, vor allem aber eine tragfähige Modellvorstellung bieten? Dazu wird sie prinzipiell und material auszuarbeiten sein, also nicht nur Ergebnisse und Einsichten der anderen theologischen Disziplinen kritisch verarbeiten, sondern auch die neueren Kooperationspartner Praktischer Theologie wie die Kulturwissenschaft in ihren diversen Verzweigungen berücksichtigen. Besondere Ausarbeitung braucht – auch im philosophischen Diskurs – das Wirklichkeitsverständnis, das mit Ostern verbunden ist und das durch den Osterglauben gleichzeitig auch kritisch gebrochen wird. In materialer Hinsicht werden die traditionellen Disziplinen der Praktischen Theologie, einschließlich der Diakoniewissenschaft und der Aszetik, zu bearbeiten sein.

Die Vorüberlegungen zur Zeitwahrnehmung, zur Sprache, zu Liturgie und Alltag lassen meines Erachtens eine solche Ausarbeitung als anregend und wichtig erscheinen. Wie bei analogen Versuchen geht es dabei nicht um die Durchsetzung eines exklusiven neuen Modells oder Paradigmas, zumal die *turns* immer schneller werden, sondern um Ergänzung, Erweiterung und Integration – im Kontext der Praktischen Theologien in ihrer Pluralität und in der Ausrichtung auf die Weiterarbeit an innertheologischer Enzyklopädie.

---

[27] Vgl. SCHWIER, Auferstehungsfeier, bes. 17f.

Wolfgang Steck

Der Alltag steht Modell

Entdeckung, Erkundung und Inszenierung einer sinnstiftenden Wirklichkeitsregion

1. Alltags-Ansichten

1. In den vergangenen Jahrzehnten hielt der ›Alltag‹ Einzug in die Studierstuben der praktischen Theologen. Galt ihr Interesse seit den Ursprüngen ihrer Disziplin der theoretischen Fundierung und verantwortungsvollen Gestaltung von Gottesdienst und Predigt, Seelsorge und Gemeindearbeit, so erweiterten die praktischen Theologen in neuerer Zeit ihre Wahrnehmungsperspektive über den begrenzten Horizont des kirchlich und beruflich verfassten Christentums hinaus und ließen ihren Blick, von der phänomenologischen Philosophie und Soziologie angeleitet, über das weite Feld des Alltagslebens schweifen. Wohin die Alltagstheologen auch schauten, überall stießen sie auf Spuren der Religion, in der zeitgenössischen Kunst und Belletristik, in der Filmwelt und im Fernsehen, in der Popmusik und in der Werbung, in der Urlaubskultur und sogar im Fußball.

Die Hinwendung der Praktischen Theologie zu den verschiedenartigen Facetten der religiös imprägnierten Alltagskultur führte nicht nur zu einer Verbreiterung ihres Themenspektrums, sondern wirkte auch auf den Alltag der praktischen Theologen zurück, auf ihre Denkweise und ihren Arbeitsstil, ihre Erkenntnisinteressen und ihre Forschungsstrategien. Je mehr sich die praktischen Theologen der Erkundung der von religiösen Motiven durchsetzten Alltagswelt verschrieben, umso deutlicher wandelte sich die Gestalt ihrer Fachdisziplin. Die Praktische Theologie nahm die Form einer verstehenden Theorie an und wurde damit in einem neuen Sinne praktisch.

Um sich in dem weitläufigen Gelände des Alltagslebens zurechtzufinden, brauchten die praktisch-theologischen Alltagsforscher einen Plan, ein kartografisches Modell der Alltagswelt, in das sie die vielfältigen Gestalten alltagspraktischer Religion einzeichnen und die wechselseitigen Querverbindungen zwischen Religion und Alltag markieren konnten. Zur theoretischen Fundierung ihrer religionstheoretischen Alltagsinspektion vertieften sich die praktischen Theologen daher in die gelehrten Bücher der phänomenologischen Philosophen und Soziologen und folgten ihren verschlungenen Denkwegen, die sich immer wieder kreuzten, ineinander einmündeten und dann wieder auseinanderliefen, bis auf dem Reißbrett das topografische Netzwerk des Alltags, der ›sinnhaften Aufbau der sozialen Welt‹, zu Tage trat und die unter der Oberfläche des unspektakulären Alltagslebens verborgenen ›Strukturen der Lebenswelt‹ sichtbar wurden: die räumliche Gliederung und die zeitliche Aufschichtung der Alltagswelt, ihre Aufteilung in Felder und Zonen unterschiedlicher Reichweite und ihre Abgrenzung gegenüber den sie umgebenden symbolischen Sinnwelten, den Sphären der Kunst, der Religion und der Wissenschaft, Wirklichkeitsregionen, die den Alltagsmenschen nur zugänglich werden, indem sie die Grenzen ihrer vertrauten Welt überschreiten und dabei neuartige Erfahrungen mit der Alltagswelt machen.

Im Rahmen ihrer mehrdimensionalen Rekonstruktion der Lebenswelt räumen die Phänomenologen der Alltagswelt zwar den Vorrang vor den sie umgebenden symbolischen Sinnwelten ein und schreiben ihr einen herausgehobenen Realitätsakzent zu. Der Alltag bildet die wirklichste Wirklichkeit, eine nicht nur ausgedachte, in der imaginierenden Vorstellung existente Erfindung der menschlichen Einbildungskraft, sondern eine uns objektiv vorgegebene und durch und durch reale Welt. Aber je länger die in ihre Ideenwelt versponnenen Alltagstheoretiker an ihrem Modell arbeiteten, je komplexer sie ihre Gedankenkonstruktionen ausgestalten, umso weiter entfernten sie sich von der realen Alltagswelt und erschufen eine jenseits ihrer Grenzen angesiedelte symbolische Sinnwelt, eine fiktive, nur in ihren Köpfen und auf ihren Reißbrettern existierende Wirklichkeit. Unter den Händen der Alltagstheoretiker verflüchtigte sich das bunte Alltagsleben zu einer grauen Theorie und verlor dabei seinen charakteristischen Realitätsakzent, seine unfragliche Selbstverständlichkeit und Natürlichkeit.

2. Die praktischen Theologen betrachten die Alltagswelt aus einem anderen Blickwinkel als die Großmeister der phänomenologischen Lebensweltanalyse. Bevor sie in den akademischen Elfenbeinturm einzogen, waren die meisten von ihnen Pfarrer gewesen, manche hatten es sogar zum Dekan gebracht. Im Rahmen ihres Berufs waren sie auf Menschen getroffen, die so in ihren Alltag verstrickt waren, dass sie sich nicht daraus lösen konnten, nicht wenn sie sonntags zum Gottesdienst gingen, nicht wenn sie unter der Woche eine der vielen Gemeindeveranstaltungen be-

suchten und am wenigsten, wenn sie zu einem Seelsorgegespräch ins Pfarrhaus kamen und den Pfarrer um die Assistenz bei der Wiederherstellung ihrer brüchig gewordenen Sinnwelt baten.

Wenn die Alltagsmenschen im Gespräch mit dem Pfarrer über sich nachdachten, nahmen sie zwar die Attitüde von Theoretikern ein und betrachteten ihre Lebenswirklichkeit aus der reflexiven Distanz. Aber sie kehrten dabei der Alltagswelt nicht den Rücken zu, um ihren Gedanken in den unendlichen Weiten des Geistes freien Lauf zu lassen, sondern entfernten sich nur einen Schritt weit und nur für einen kurzen Augenblick aus ihrer gewohnten Umgebung und behielten die Welt, in der sie auf selbstverständliche Weise zuhause waren, ständig im Auge. Für die Alltagsmenschen war die theoretische Einstellung nicht das Gegenstück zur natürlichen, sondern eine organische Komponente ihres alltagspraktischen Weltverhältnisses, gewissermaßen der Blick in den Spiegel, in dem einer nichts Neues entdeckt, keine zweite, geheimnisvolle Wirklichkeit hinter der vertrauten, sondern lediglich die ihm aus der alltäglichen Erfahrung bekannte Welt in einer leicht veränderten Perspektive. Auch in ihrer reflexiven Gestalt bleibt die Alltagswirklichkeit, was sie in der natürlichen Welteinstellung ist: ein in sich geschlossener Kosmos sinnhafter Lebenserfahrung.

Der Pfarrer nimmt die Welt, in der er tagtäglich lebt und arbeitet, nicht aus der reflexiven Distanz des Wissenschaftlers, aber auch nicht in der lebenspraktischen Unmittelbarkeit der Alltagsmenschen wahr, sondern in einer eigentümlich gebrochenen, zwischen natürlicher und theoretischer Welteinstellung changierenden Perspektive. Denn für ihn ist die alltägliche Lebenswelt zugleich auch seine berufliche Welt. Und beide Sinnwelten, Alltagswelt und Berufswelt, lassen sich nicht voneinander trennen. So verschieden sich die vielfältigen Situationen auch ausnehmen, aus denen sich die Arbeitswelt des Pfarrers zusammensetzt, seine Berufsaufgabe besteht darin, die unter der Oberfläche des trivialen Alltagslebens verborgenen religiösen Momente sichtbar zu machen, die religiöse Grundierung alltagspraktischer Lebenseinstellungen aufzudecken und die religiösen Konturen sinnstiftender Lebensentwürfe und Weltbilder nachzuzeichnen, kurz: die symbolische Welt der Religion mit der alltäglichen Lebenswelt zu verbinden und ihr damit lebenspraktische Gestalt zu verleihen.

Die Alltagswelt umreißt aber nicht nur den Wirklichkeitshorizont, in dem sich das Berufsleben des Pfarrers abspielt. Sie bildet zugleich in einem doppelten, reflexiven wie pragmatischen Sinn des Begriffs den Gegenstand des Pfarrerberufs. Ob der Pfarrer in der Rolle des Lehrers den Heranwachsenden ihre Welt erschließen hilft, ob er als seelsorgerlicher Berater seinen Gesprächspartnern bei der Restitution ihrer identitätsstiftenden Sinnwelt zur Seite steht oder ob er auf der Kanzel, dem symbolischen Ort religiöser Wirklichkeitskonstruktion, seinen Zuhörern ihre alltägliche Lebenswelt im Spiegel ihrer religiösen Deutung vor Augen führt, immer ist er zugleich ein theoretischer Beobachter und ein praktischer Gestalter des kommunikativ verfassten Alltagslebens.

3. In den unterschiedlichen Berufssituationen präsentiert sich die räumlich gegliederte und zeitlich aufgeschichtete Alltagswelt jeweils in einer anderen Perspektive. Liest sich das pluriforme Veranstaltungsangebot der Kirchengemeinde wie eine Einführung in die milieuspezifisch aufgefächerte Alltagskultur, so trifft der Pfarrer im Konfirmandenunterricht oder in der Seniorenarbeit auf biografisch ausgeformte Lebenswelten, die ihm, im Unterschied zu seiner eigenen Erfahrungswelt, nicht auf selbstverständliche Weise vertraut sind, sondern sich ihm nur im Akt theoretischen Fremdverstehens erschließen. Die Begegnung mit fremden Lebenswelten führt zu einer Neukonstitution der eigenen Sinnwelt. In der fiktionalen Überblendung der aktuellen mit vergangenen und zukünftigen Lebenswelten, im imaginativen Rückgriff auf selbst erlebte und in der Erinnerung jederzeit wiederherstellbare Realitätshorizonte und im projektiven Vorgriff auf noch ausstehende, mir nur durch die Vermittlung anderer zugängliche Wirklichkeitsregionen gewinnt die Alltagswelt ihre biografische Tiefenstruktur.

Noch deutlicher tritt die Aufschichtung zeitlich umgrenzter Sinnwelten zu einem biografischen Identitätskonzept im Seelsorgegespräch zu Tage. Wenn die von Lebenskrisen betroffenen Alltagsmenschen dem Pfarrer in seinem Amtszimmer gegenübersitzen und der aus der konventionellen Alltagskonversation entliehene Smalltalk in eine ernsthafte Unterredung übergeht, breiten sie ihre Weltsicht aus und lassen den Pfarrer daran teilnehmen. Aber sie präsentieren ihm ihre Alltagswelt nicht in ihrer natürlichen Gestalt, als in sich stimmigen, gewissheitsstiftenden Lebens-kosmos, sondern in einem von Brüchen und Verwerfungen geprägten Zerrbild, wie in einem zerbrochenen Spiegel. Während die ihrer Alltagswelt Entfremdeten versuchen, die Scherben ihrer zerfallenen Lebenswelt wieder zu dem ursprünglichen Bild ihrer Lebenswirklichkeit zusammenzusetzen, werden sie sich bewusst, dass sie die Welt von gestern nicht so zurückholen können, wie sie in ihrer imaginativen Erinnerung erscheint, sondern dass sie sich aus ihrer gegenwärtigen Lebenssituation nur befreien können, indem sie sich zugleich von ihrer vergangenen Wirklichkeit verabschieden und in einem komplexen Reflexionsprozess aus den Bruchstücken ihrer aktuellen und den Bausteinen ihrer zurückliegenden Welt eine andere, neuartige Sinnwelt erstellen.

Die Erkenntnis, dass uns die Alltagswelt nur vordergründig als eine in sich stabile, auf fraglose Weise vorgegebene und aus sich selbst verständliche Wirklichkeit erscheint, dass sie vielmehr, um ihre sinnstiftende

Funktion zu erfüllen, ständig neu geschaffen, ummodelliert und reinszeniert werden muss, bringt sich auf exemplarische Weise in der Predigtarbeit zur Geltung. Wenn der Pfarrer in seiner homiletischen Werkstatt am Schreibtisch sitzt und an der Predigt vom kommenden Sonntag feilt, steht ihm die Alltagswelt Modell, wie bei einem Objektkünstler, der in seinem Atelier an einer Installation aus alltäglichen Fundstücken arbeitet, das Banale, Altbekannte und Unbeachtete neu arrangiert, die in die triviale Alltagswelt eingelagerten Transzendenzmomente aufdeckt und damit dem Betrachter durch die Überblendung von Alltagswelt und symbolischen Sinnwelten neuartige, überraschende Sichtweisen auf seine Lebenswirklichkeit erschließt. Die Alltagswelt bildet den Fundus, aus dem der Pfarrer im Rahmen seiner kreativen, reflexiv wie ästhetisch akzentuierten Predigtarbeit die Themen, den Stoff, die Problemkonstellationen und die Anschauungsmedien seiner alltagsverbundenen Predigten und Kasualreden schöpft, um seinen Zuhörern die ihnen vertraute Welt im Spiegel ihrer religiösen Deutung vor Augen zu führen.

Die berufliche Konstruktion der Wirklichkeit bildet das alltagspraktische Pendant zur phänomenologischen Lebensweltanalyse, das institutionelle Verbindungsglied zwischen der natürlichen und der wissenschaftlichen Welteinstellung. Wie die Arbeit des Pfarrers auf einer spezifischen hermeneutischen Kompetenz im Umgang mit der Lebenswirklichkeit, auf der in seiner Berufseinstellung verankerten, zwischen unmittelbarer Wahrnehmung, reflexiver Verarbeitung und theoretischer Durchdringung der Alltagswelt pendelnden Attitüde aufruht, so stellen der Unterricht, die Seelsorge und insbesondere die Predigt exemplarische Modellfälle alltagsweltlicher Sinnkonstitution dar.

2. Alltags-Inspektion

1. Als die theologischen Praktiker zu praktischen Theologen wurden, die Kanzel und die Seelsorgecouch mit dem akademischen Katheder und dem Schreibtisch des Wissenschaftlers vertauschten und in die theologische Gelehrtenrepublik einzogen, brachten sie in ihrem Gepäck eine Fülle von Eindrücken mit, die sie im Lauf der Jahre gesammelt hatten, Fundstücke aus der Welt der Alltagsmenschen. Sie bilden das Material, aus dem sie das Modell einer alltagsverbundenen Theorie des zeitgenössischen Christentums gestalteten und dabei die vielfältigen wechselseitigen Beziehungen von Religion und Alltag aufdeckten.

Wenn die von praktischen Gestaltern zu theoretischen Beobachtern der lebenspraktisch verwirklichten Religion mutierten Theologen die Bilder Revue passieren ließen, die sich in ihre Erinnerung eingegraben hatten, stand ihnen die unlösbare Verbindung von kirchlich organisiertem Christentum und alltäglicher Lebenskultur deutlich vor Augen. Im Gemeindehaus, dem exemplarischen Ort der werktäglichen Alltagsreligion, fanden sich im alltäglichen Zeitrhythmus der Woche Gleichsituierte oder Gleichgesinnte zusammen, um im Rahmen der im Alltag verankerten Geselligkeitskonventionen ihre Freizeit zu gestalten, Bekanntschaften und Freundschaften zu schließen, vor allem aber, um die vielgestaltigen, im Alltag praktizierten Frömmigkeits- und Lebensstile zu kultivieren.

Auch in das Kirchengebäude war der Alltag eingezogen. Werktags standen die Kirchentüren für die Alltagsmenschen offen, die mit vollgepackten Einkaufstüten in den Bänken saßen und in der leeren Kirche auf andächtige Weise Rast machten, ihren Gedanken nachhingen, im Gesangbuch blätterten oder ein Gebet sprachen und sich dabei von der Atmosphäre des Kirchenraums aus dem grauen Alltag in die symbolische Sinnwelt der Religion entführen ließen. Am Sonntag, wenn sich die Kirchgänger zum wöchentlichen Gottesdienst versammelten, überformte die Alltagskultur die liturgische Feier, von der betont lockeren Begrüßung der Gemeinde, vom Pfarrer in der Attitüde eines Gastgebers vorgetragen, über die in einer Mixtur aus liturgischer Kunstform und alltäglicher Umgangssprache gehaltenen Gebete bis zu alltagsnahen Umformulierungen des Entlasssegens und dem anschließenden ›Kirchenkaffee‹ im Foyer, einer Exklave des Gemeindehauses im Kirchengebäude.

Besonders markant bringt sich die Veralltäglichung des kirchlichen Christentums aber in einem Stilwandel der zeitgenössischen Predigtkultur zur Geltung. Während der dogmatische Lehrvortrag, in dem die spezifisch protestantischen Glaubensvorstellungen entfaltet werden, in den Hintergrund trat, entwickelte sich ein eher ethisch akzentuierter, auf Lebensnähe und praktische Lebenshilfe abgestellter Predigttypus, in dem die Alltagswelt der Zuhörer aus dem Geist der Religion rhetorisch inszeniert wird. Die Alltagsverbundenheit der Predigt dokumentiert sich nicht nur in dem von Anschauung gesättigten und an die Alltagssprache angelehnten Darstellungsstil und in der auf unmittelbare Evidenz abgestellten Argumentationslogik der religiösen Rede. Im Zuge der narrativen Entfaltung typischer Alltagsszenen und der Nachzeichnung der in sie eingebetteten, religiös akzentuierten Erfahrungen formt sich vielmehr ein eigenständiger Typus religiöser Wirklichkeitsdeutung heraus: die hinsichtlich ihrer dogmatischen Prägnanz verwaschene und hinsichtlich ihres konfessionellen Profils synkretistische, aber für die in ihre Alltagswelt verstrickten Zuhörer plausible ›Alltagsreligion‹.

Die gleichermaßen alltagsverbundene wie religiös grundierte Weltsicht wird vor allem in den medialen Versionen religiöser Rhetorik kultiviert: in den in den Ablauf des Tages eingepassten Rundfunkandachten und in dem in den sonntäglichen Fernsehabend eingebetteten ›Wort zum Sonntag‹. In den an ein breites Publikum gerichteten Ansprachen vermischen sich spezifisch christliche Motive mit allgemeinreligiösen Vorstellungen, beispielsweise mit der von der ökologischen Bewegung inspirierten und zu einer persönlichkeitsprägenden Gesinnung wie zu einem alltagspraktischen Lebensstil ausgeformten Naturfrömmigkeit oder dem in der Zivilreligion verankerten und im Alltag praktizierten Tatchristentum.

2. Wenn die praktisch-theologischen Alltagsforscher ihre Blickrichtung änderten, konnten sie die Beziehung von Religion und Alltagswelt von der anderer Seite aus beobachten, nicht wie der Alltag in das Gemeindehaus und in die Kirche einzieht und das kirchliche Christentum überformt, sondern wie sich umgekehrt die Religion in der Alltagskultur einnistet und überall ihre Spuren hinterlässt: in der bildenden Kunst und in der Romanliteratur, in der Popmusik, in der Film- und Medienwelt, in der Werbung und im Sport. Die in die verschiedenen Kulturformen eingelagerten religiösen Momente liegen meist nicht offen zutage, sondern lassen sich nur im Zuge theoretischer Analyse und Interpretation aufdecken, und mitunter lässt sich mit guten Gründen darüber streiten, ob es überhaupt Sinn macht, die beobachteten Phänomene in einem einigermaßen präzisen Sinne des Begriffs als Religion zu klassifizieren.

3. Der unlösbare Konnex von alltäglicher und religiöser Wirklichkeit bringt sich aber nicht nur in den materialen Gehalten der facettenreichen Alltagskultur, sondern auch in den kommunikativen Formen zur Geltung, aus denen sich das von sozialen Konventionen geregelte Alltagsleben zusammensetzt. So entlehnt die kirchlich und beruflich verfasste Seelsorge sowohl ihre Themen als auch ihre kommunikativen Modalitäten einer spezifischen Version von Alltagskonversation, der unter miteinander Vertrauten ausgeübten ›Alltagsseelsorge‹. Ebenso finden sich in der alltäglichen Gesprächskultur markant ausgeformte Kommunikationsszenen, die nicht wie das seelsorgerlich akzentuierte Alltagsgespräch der kontinuierlichen persönlichen Hilfeleistung, sondern der Restitution personaler Identitäten und sozialer Beziehungen gelten. Die aus dem eingespielten Alltagsleben herausgehobenen und für die Betroffenen hoch bedeutsamen Szenen des Bekennens und Gestehens, in denen sich miteinander vertraute Menschen einander öffnen und die dunklen Seiten ihrer Persönlichkeit ans Licht bringen, bilden die alltagsweltliche Grundform der kirchlichen Beichte. In artifizieller Form fand die rückhaltlose Selbstthematisierung des Individuums Eingang einerseits in die Psychoanalyse und die aus ihr entwickelten Seelsorgekonzeptionen, andererseits in die Medienkultur, insbesondere in die populären Daily Soaps und in das von privaten Sendern gepflegte Format des ›performativen Realitätsfernsehens‹.

Noch deutlicher treten die Wechselwirkungen zwischen alltäglicher Lebenspraxis und kirchlich institutionalisierter Religionskultur in der Umformung ritueller Alltagspraktiken zu religiösen Kulthandlungen zutage. So lässt sich der liturgische Segnungsgestus auf die in den Konventionen des geselligen Umgangs verwurzelten und aus verbalen und nonverbalen Elementen zusammengesetzten Szenen des gegenseitigen Begrüßens und Verabschiedens zurückführen, das Taufritual auf die tagtäglichen Reinigungsriten, das Abendmahl auf die für den Erhalt des naturhaften wie des sozialen Lebens konstitutiven Speiseriten. Die liturgischen, auf ihre rituelle Typik reduzierten und mit spezifisch religiösen Sinngehalten angereicherten Symbolhandlungen halten nicht nur das Bewusstsein für die alltagsweltlichen Ursprünge der sakramentalen Kultpraxis wach, sondern verleihen umgekehrt den in den ritualisierten Ablauf des Alltags eingebetteten Lebensgewohnheiten eine aus dem profanen Alltagsleben herausgehobene Dignität.

3. ALLTAGS-INSZENIERUNG

1. Ihre paradigmatische Ausdrucksform findet die Überblendung des Alltags mit der symbolischen Wirklichkeitssphäre der Religion in den dramaturgisch ausgestalteten Inszenierungen der Lebenswelt, im Gottesdienst und in den Kasualzeremonien. In ihnen verweben sich nicht nur die verschiedenartigen Gestalten ästhetischer Symbolik, Architektur und Kunst, Sprache und Musik, Gestik und Dramaturgik, zu einer originären, im Grenzbereich von Alltagskultur und religiöser Sinnwelt angesiedelten und mit einem zwischen Realität und Fiktionalität oszillierenden Realitätsakzent unterlegten Wirklichkeitssphäre. Vielmehr sind die nach den Gesetzmäßigkeiten theatraler Dramaturgie komponierten Rituale so gestaltet, dass sie die Teilnehmer in einem ersten Akt über die Grenzen ihrer vertrauten Alltagswelt hinausführen, in ihrem zentralen Mittelteil Alltagswelt und symbolische Wirklichkeit miteinander überblenden, um die Akteure und das miterlebende Publikum schließlich, mit neuartigen Perspektiven auf ihre Lebenswelt ausgestattet, wieder in die Alltagswelt zurückzuführen.

Die dramaturgischen Inszenierungen der religiös grundierten Lebenswelt bilden das lebenspraktische Pendant zur phänomenologischen Lebensweltanalyse und der auf ihr aufbauenden Praktischen Theologie, in der auf der Grundlage der für sie typischen transversalen Denkform Alltagswelt und symbolische Sinnregionen miteinander vernetzt und theoretische Modellkonstruktionen der mehrdimensionalen Lebenswelt erstellt werden.

2. Manchen praktischen Theologen ist das Spiel mit der Alltagswelt, das experimentelle Inszenieren und Modellieren der vielschichtigen Wirklichkeit, schon in die Wiege gelegt. Der Jubilar, für den diese Zeilen aufgeschrieben wurden, spielte als Dreijähriger eine lateinische Brautmesse mit Puppen und Stoffbären nach und legte damit den biografischen Grundstein für seine ästhetisch akzentuierte, von der zeitgenössischen Kunst inspirierte und von einem ausgeprägten Sinn für Raumatmosphären geprägten Praktische Theologie, einer ›Kunstlehre der Gestaltung des Glaubens‹, die sich einer ›Reduktion‹ theologischer Wirklichkeitserschließung auf ›Begriffe und Programme‹ verwehrt und an ihre Stelle die von einem ›phänomenologischen Interesse‹ geleitete ›gestalthafte Wahrnehmung‹ und ›Rekonstruktion‹ der sinnlich erfahrbaren Wirklichkeit setzt.

Im Zusammenspiel von Wahrnehmung und Gestaltung erstellte Klaus Raschzok, ganz ohne die Anleitung durch die phänomenologischen Lebensweltanalytiker, ein symbolisch chiffriertes Modell der in Raum und Zeit gefassten und in soziale Formen gegossenen Lebenswirklichkeit. Er versetzte die Trauungszeremonie aus dem Kirchenraum ins Kinderzimmer und damit aus einer symbolischen Raumwelt in eine andere. Wie das in die Topografie der Stadt eingepasste Kirchengebäude die vom Alltagsleben abgegrenzte und zugleich darin verwobene Wirklichkeitssphäre der Religion repräsentiert, so bildet das Kinderzimmer eine Enklave in der Architektur der Wohnung, eine nach außen abgeschlossene Sinnwelt, in der nicht der festgefügte Alltag der Erwachsenen, sondern das von der kreativen Fantasie beflügelte Spiel des Kindes Regie führt. Und wie sich in der zum Kinderspiel umgeformten Brautmesse zwei symbolische Raumkonfigurationen ineinander verschachteln, so verschränken sich in der in das Kinderzimmer eingespielten liturgischen Szene zwei Zeithorizonte miteinander, die in der imaginativen Erinnerung abgespeicherte Vergangenheit und die durch die dramaturgische Neuinszenierung der Spielvorlage geprägte Gegenwart.

In der spielerischen Reinszenierung der Trauungszeremonie überlagern sich mehrere Ebenen symbolischer Wirklichkeitskonstruktion. Stellt das Trauungsritual selbst schon eine dramaturgische Inszenierung dar, in der das Brautpaar auf die Bühne tritt und die Geschichte seiner gegenseitigen Liebe in symbolischer Verdichtung nachspielt und dabei selbst nacherlebt, so übernehmen die Puppen und die Bären nicht nur die Rollen der Brautleute und des Pfarrers, um die liturgische Szene werkgetreu nachzustellen. Vielmehr repräsentieren die mit mehrfachen Bedeutungsgehalten besetzten Spielfiguren gleichzeitig auch die im Kinderzimmer real abwesenden, aber in der fiktionalen Sinnwelt des Spiels anwesenden Eltern des Kindes. Im experimentellen Spiel mit der Wirklichkeit lotet das Kind seine

Position im sozialen Gefüge der Familie aus und gewinnt dabei im Akt reflexiver Selbstkonstitution seine personale Identität.

3. Die zwischen sinnlicher Wahrnehmung, modellhafter Gestaltung und reflexiver Verarbeitung der Lebenswirklichkeit pendelnde Attitüde des spielenden Kindes bildet die alltagsweltliche Grundform der theoretischen Welteinstellung. Wie sich die Gedankenspiele der phänomenologischen Lebensweltanalytiker und der von ihnen inspirierten praktischen Theologen in einer jenseits der Alltagswelt angesiedelten und für die Alltagsmenschen schwer zugänglichen Wirklichkeitsregion entfalten, so zieht sich das spielende Kind in sein eigenes Reich, eine mit sinnlicher Eindrücken und symbolischen Bedeutungen prall gefüllte Sinnwelt, zurück, blendet die Außenwelt für die Dauer seines Spiels aus und erlebt, ganz in seine Spielwelt versunken, wie sich die Wirklichkeit unter seinen Händen neu formt. Aber es schließt die Tür nicht ganz, sondern hält sie einen Spalt breit offen, um die ausgeklammerte Welt, die Wirklichkeit, die sich als die Realität ausgibt, nicht ganz aus dem Blick zu verlieren.

Im Spiel mit den vielfältig ineinander geschachtelten Wirklichkeiten gewinnt die Alltagswelt ihre sinnstiftende Funktion. Der Alltag bezeichnet zwar die uns durch und durch vertraute Lebensregion, die Wirklichkeitssphäre, in der wir uns zuhause fühlen, das überschaubare Gelände, in dem wir uns mit geradezu schlafwandlerischer Sicherheit zurechtfinden, die Welt des Beständigen und Regelmäßigen, Gewohnten und Verlässlichen. Aber so selbstverständlich, wie es dem in die alltägliche Routinewelt verstrickten Alltagsverstand erscheinen mag, ist uns die Alltagswelt nicht. Es gäbe sie nicht, wenn sie nicht ständig neu geschaffen würde. Denn der Alltag ist keine empirische, gewissermaßen naturhafte Gegebenheit, sondern ein reflexives Konstrukt, eine Form, in die sich das vielgestaltige Leben gießt, eine Modellkonstruktion, die sich im Wechselspiel von Entdeckungs- und Interpretationsprozessen herausschält.

Wer wissen will, was der Alltag ist, vor allem aber, wer entdecken will, wie sich die Alltagswelt ständig aus sich selbst neu erschafft, braucht dazu allerdings keine gelehrte Expertise, sondern nur eine scharfe Beobachtungsgabe und einen wachen Verstand. Denn die Alltagswelt bildet nicht nur den Lebensraum, in dem sich der Beruf des Pfarrers abspielt, und nicht nur das Material, aus dem die praktischen Theologen ihre Theoriemodelle erstellen. Die Alltagswelt steht sich vielmehr selbst Modell – mitten im Alltag.

Jaroslav Vokoun

Die Bibel ist zu lesen wie …

Ein Kapitel poetischer Fundamentaltheologie

Der Autor dieses Textes publizierte vor einiger Zeit einen Aufsatz, in welchem er anhand von aus den theologischen Büchern gesammelten Metaphern und Vergleichen eine Annäherung an das Problem der Kirchentrennungen anbot.[1] Die Möglichkeiten von metaphorischer Rede in der Ekklesiologie wurden auch von anderen Autoren untersucht.[2] Im dargebotenen Text versucht der Verfasser nun die Bibelhermeneutik zu beleuchten - aufgrund von Metaphern, denen er in den Texten von angloamerikanischen Autoren begegnet ist, die sich mit der Frage der theologischen Interpretation befassen. Es werden zuerst die einzelnen, aus verschiedenen Texten zur Bibelhermeneutik gesammelten Metaphern mit kurzem Kommentar vorgestellt, abschliessend wird versucht, trotz der Disparatheit des Materials eine innere Logik und Systematik der Beispiele anzudeuten.

Die Bibel ist zu lesen und auszulegen wie …

Die Bibel ist auszulegen, als ob man ein *klassisches Werk inszenierte*. Moderne Aufführungen von alten Werken pflegen mit Skandalen verbunden zu sein, aus denen man lernen kann: Inwiefern darf man eine Oper von

---

[1] Jaroslav Vokoun, Die Trennung in Metaphern verstehen, Materialdienst des KI Bensheim, 01/2005, 008-012.

[2] Vgl. v.a. Veronika Hoffmann, Ekklesiologie in Metaphern. Beobachtungen zum ersten Kapitel von Lumen Gentium, in: Cath (M) 62 (2008) 241-256 und Annemarie C. Mayer, Sprache der Einheit im Epheserbrief und in der Ökumene, J.C.B. Mohr (Paul Siebeck), 2002.

Smetana in heutige Kulissen transponieren, damit sie zu unserer Gegenwart spricht, es aber noch immer Smetanas Werk bleibt?[3]

Die Bibel ist als *klassisches Kunstwerk* zu betrachten. Heutzutage lesen wir klassische Werke freilich nicht mehr so wie die Aufklärer und Menschen mit klassischer Bildung, die in ihnen Werke gesehen haben, die die angeblich ewigen Normen verkörperten. Wir empfinden vielmehr den historischen Abstand - doch eben das stellt eine Chance dar, dass die alten Werke ihre eigene Sprache reden, die sich von unserer Sprache unterscheidet und unser Vorverständnis korrigiert. Die Entfremdung ist also auch eine Chance, das Werk kann in einen neuen Zusammenhang reden. Nach Jauss muss jede Generation ihre eigene Frage finden, auf die das Kunstwerk der Vergangenheit antworten kann.

Die Bibel ist zu lesen wie ein *Drehbuch*. Hans Urs von Balthasar sprach von der Geschichte Gottes mit uns als von einem großen Theaterstück (Theodrama). Andere Autoren (Vanhoozer) applizierten dieses Bild eher auf unsere Bibellektüre: N.T.Wright vergleicht die Bibel mit einem Spiel von Shakespeare, bei dem der letzte Akt verloren ging. Von uns werde nun erwartet, die Schauspieler zu werden, die es trotzdem zu Ende spielen. Wir kennen das Skript der ersten vier Akte, und wissen auch, wie es letztlich ausgeht, und jetzt liegt es an uns, schöpferisch improvisierend den fünften Akt zu spielen.

Auslegen heisst nach Gadamer *übersetzen*. Und es gibt Übersetzungen, die sachlich unrichtig sind, und andere, die sachlich richtig sind, aber hölzern wirken. Und es gibt Übersetzungen – man beachte die Mehrzahl! -, die sachlich richtig und stilistisch angemessen sind. Es gibt also mehrere richtige Übersetzungen, und analog mehrere richtige Bibelauslegungen. Ähnlich ist es mit der Interpretation von Musikwerken: Es gibt mehrere richtige Interpretationen von Bachs Sonaten, doch nicht jede Interpretation ist richtig. Es gibt bei der Interpretation des Kunstwerks und der der Bibel eine begrenzte und uneigenwillige Relativität und Pluralität, jedoch keine uferlose Beliebigkeit.[4]

Die Bibel ist zu lesen, als ob man einem *musikalischen Werk zuhörte*. Der Musikphilosoph Victor Zuckerkandl sieht die Spezifik der Musik in der Wiederholung, die umgekehrt in den meisten literarischen Formen (mit Ausnahme vor allem der poetischen) unzulässig wäre. Wiederholung

---

[3] Mehr dazu siehe FRANCES M. YOUNG, The Art of Performance, London 1990.

[4] Mehr dazu sieh MEROLD WESTPHAL, Whose Community? Which Interpretation? Philosophical Hermeneutics for the Church, Grand Rapids: Baker 2009, 101-107. Vgl. auch JOHN R. FRANKE, MANIFOLD WITNESS, The Plurality of Truth, Nashville: Abingdon Press 2009.

ist typisch auch für Märchen, weil die Kinder die Vorliebe des himmlischen Vaters zu den Repetitionen teilen (Chesterton). In der Musik handelt es sich freilich nicht um eine identische Wiederholung, sondern um Entfaltung eines Motivs, bei Bach auch um die ›Heimkehr‹ im Rahmen des Fortgangs des Werkes. Auch die Bibel kann man als ein großes Werk auffassen, das ein paar Hauptthemen entfaltet und modifiziert, und den rechten Nutzen haben wir dort, wo wir diese Modifikationen erkennen. Das andere bedeutende Merkmal der Musik ist die Multiplizität - es laufen gleichzeitig mehrere Linien und durchdringen einander, wodurch sie neue Zusammenhänge bilden. Das ist wichtig auch für biblische Erzählungen und es entgeht dem, der den Text nur im Umfang einer Perikope verfolgt. Aber auch einzelne Erzählungen können auf diese Weise zusammengesetzt sein, wie z.B. die Erzählung von der Jairustochter verwoben ist mit der Geschichte von der blutflüssigen Frau (Matth 9,18ff), anderswo wird die Erzählung vom öffentlichen Wirken Jesu durchgedrungen von Abschnitten, in welchen Jesus die Bedeutung seiner Worte den Jüngern erklärt (z.B. Gleichnisse Jesu Matth. 13, wo es sich dazu noch um Variationen eines Themas handelt); im Johannesevangelium ist die Fähigkeit, verschiedene Ebenen gleichzeitig wahrzunehmen, die Voraussetzung des Verstehens.[5]

Die Bibel lesen ist wie *einem Orchester zuzuhören* - es gibt hier viele Stimmen, einzelne Instrumente spielen verschiedene Parts, und alles, einschließlich der Dissonanzen, bildet ein einziges Konzert. Zum Zusammenklang der Symphonie gehören auch die Stimmen, die an sich gar nicht wohllautend klingen - etwa die brummende sechste Bassstimme, die nichtsdestoweniger der Ton ist, der die Musik macht.

Die Bibel ist wie ein *musikalisches Werk zu interpretieren.* Vor einiger Zeit dirigierte ein englischer Musiker die Polkas von Smetana; es war alles richtig nach den Noten, aber der tschechische Hörer, konkret eigentlich die tschechische Hörerin, empfand, dass der Dirigent gar nicht weiß, was Polka ist. Ohne eigene Erfahrung (hier: ohne eigenes Polkatanzen) hilft reine Notation nicht.

Die Bibel zu lesen ist wie ein *Orchester zu dirigieren.* Die Dirigenten beschreiben oft ihre Empfindung, als ob sie selber das Werk komponierten, das sie dirigieren. Das Opus szenisch aufzuführen heißt im gewissen Sinne es neu zu schaffen, und zwar so, dass der Sinn in neuem Stil gleich bleibt.[6]

---

[5] Mehr dazu siehe Peter J. Leithart, Texts are Music, in ders., Deep Exegesis: The Mystery of Reading Scripture, Baylor University Waco 2009, 141-172.

[6] Die Metapher führt M.Westphal als Ausdruck der Hermeneutik Diltheys an.

Die Bibel ist als eine *Notierung zu lesen.* Das ist noch längst keine Musik! Ein Musiker hat eine doppelte Beziehung zum Werk - einerseits bestimmt er die Interpretation, andererseits ordnet er sich der Autorität des Textes unter. Der Dirigent muss - bei all seiner Originalität - die Neunte Beethovens so inszenieren, dass es noch Beethovens Werk ist, andererseits ist seine Aufgabe keineswegs nur sklavisch vergangene Inszenierungen zu wiederholen. Sandra Schneiders, von der dieser Vergleich stammt, vergleicht weiter die Schriftinterpretation mit dem Tennisspiel: Die Regeln des Tennis sind noch kein Tennis, es geht nicht um ein ideeles, sondern reales Wettspiel; jedes Spiel ist anders, und doch darf nichts davon eigenwillig und beliebig sein, soll es noch Tennisspiel sein und nicht schon Wettschwimmen. Eine ideale Interpretation vom Tennis existiert immer nur als seine einzigartige Realisierung.

Die *alte Musik* stellt ein Problem dar, weil sie für ganz andere Instrumente und andere musikalische Empfindungen komponiert wurde, als wir sie heute kennen. Sollen wir an das Werk mit einer Bemühung um historische Genauigkeit herantreten, oder eher uns darum bemühen, dass es in heutiger Situation zu demselben musikalischen Erlebnis führt? Ähnlich ist es auch mit der Bibel - reicht hier der historische Zugang? Oder geht es eher darum, dass sie die Erfahrung mit einem lebendigen Gott in heutiger Zeit vermittelt?

Die Bibel auszulegen ist wie *in eine andere Tonart zu transponieren.* Die Auslegung in die heutige Zeit ist notwendig eine solche Übertragung - diese ist freilich nicht beliebig, sondern hat ihre Regeln.

Die Bibel ist im Stil der *Jazzinterpretation* auszulegen. Bruce Ellis Benson erwähnt drei widersprüchliche Ansätze: Man soll entweder von der Absicht des Autors oder vom Text oder von der Position des Hörers ausgehen. Er schlägt die Jazzinterpretation als eine mögliche Synthese aller drei Akzente vor (Jazz soll deswegen geeignet sein, weil die Interpretation von klassischen Werken heute durch rigide Regel gebunden sei, wogegen früher der Unterschied nicht so erheblich war). In Jazz ist der Autor gewöhnlich von dem Werk nicht getrennt, sondern die Verfasserschaft selbst ist eine Interpretation, die oft in der Gemeinschaft von Interpreten weiter formiert wird. Das betrifft nicht nur ihre eigene Band. So stammt z.B. die Komposition ›Round about Midnight‹ von Theolonius Monk, aber in der Gestalt, wie sie heute gespielt wird, wurden bestimmte Teile umgestaltet und sogar hinzugefügt von Williams, Gillespie und Davis, so dass Monk ihr Verfasser ist, ähnlich wie etwa Matthäus der Verfasser seines Evangeliums war. Die Interpreten interpretieren die Werke in einer Tradition (Gadamer), in der durch die Regel gegebene ›Praktik‹ (MacIntyre), die ihre Freiheit nicht begrenzen, sondern im Gegenteil Jazz zum Jazz machen. Die Interpretation ist ein Kommentar zum Schema (Melodie) und auch ein

Kommentar zu den vorangegangenen Interpretationen. Das Schema wird immer ungenügend definiert, sodass die Improvisation eine Notwendigkeit ist; die Frage ist, wie umfassend Improvisation notwendig und in welchem Ausmaß sie erlaubt ist. Die Basis der Improvisation ist, sich klarzumachen, was der Verfasser oder das Werk sagt (auch Derrida ärgert sich, wenn jemand seinen Aussagen andere Bedeutung gibt, als er selbst ihnen gab). Gershwin verschwindet nicht von der Szene, nachdem er die Komposition fertiggestellt hat, sondern eine qualitätsvolle Improvistation seiner Melodie entfaltet seine Intention. Der Interpret hat freilich gewöhnlich nicht den Autor, sondern das Werk vor sich, und das ist der Grund der Improvisation. Im Jazz ist es oft so, dass der Autor ein eigenes Werk selbst spielt, das bedeutet jedoch nicht, dass ihn die anderen Interpreten einfach kopieren sollten. - Übrigens spielt der Verfasser selbst sein Werk nicht immer gleich. Je mehr der Interpret den Ausdruck des Sinnes des Werks akzentuiert, desto grössere Rolle spielt die Improvisation - um den Sinn zu treffen, genügt es nicht, richtig nach den Noten zu spielen. Schon der alte Retor Quintilianus wusste, dass es leichter ist, etwas Neues zu sagen, als dasselbe genau zu wiederholen. Jede Interpretation ist im beträchtlichen Maße Improvisation. Natürlich ist es keine Willkür, sondern eine Entdeckung von Möglichkeiten, die im Text selbst stecken.

Ein kanonisches und inspirierendes Vorbild der Improvisation ist der Apostel Paulus, der anhand des alttestamentlichen Textes und der altchristlichen Hymnen improvisiert. Benson betont aber, dass ähnlich wie es in den einzelnen Genren einen unterschiedlich großen Raum für Improvisation gibt (am wenigsten soll es in der klassischen Version von New Orleans sein), so muss auch der christliche Schriftinterpret die Grenzen respektieren, die von den Genren wie Predigt oder fachliche Exegese gegeben sind, auch wenn es im Rahmen einzelner Genren Unterschiede zwischen einzelnen Auslegern gibt und geben kann. Der große Improvisator im Jazz (und das Vorbild von Schriftexegeten) ist jener, der weit vom ursprünglichen Schema zu gehen und zugleich den Sinn zu treffen weiß.[7]

Die Bibel ist zu lesen, wie man *Korbball spielt.* Gadamer verglich die neuzeitliche Auslegungstradition mit einem Korbballspieler, der in der Nähe des Balls steht und eine Analyse von Spiel und Möglichkeiten des Weiterspielens durchführt. Inzwischen kommt der Gegenspieler, nimmt ihm den Ball und wirft ihn in den Korb. Der Leser der Bibel sollte eher der Spieler als der Fernsehkommentator sein - er soll den biblischen Text als

---

[7] Mehr dazu siehe Bruce E. Benson, The Improvisation of Hermeneutics, in: Vanhoozer, K., Smith, J. K. A., Benson, B. E., Hermenutics at the Crossroads, Bloomington 2006, 193-210.

Vorlage annehmen und vor allem damit antworten, dass er das Spiel fortsetzt und zum Ziel führt.

Die Metapher des *Spiels* bietet noch andere Deutungsmöglicheiten an: Man soll sich von dem Text mitreissen lassen, sich ins Spiel vertiefen, mit dem Text mitspielen. Das Spiel ist ein Raum der Freiheit und gleichzeitig des Einhaltens von Regeln. Die Tradition ist das Spielfeld, Vorrat an Spielerfahrungen, die die Spielmöglichkeiten eröffnen (und nicht nur bloss begrenzen, wie Heidegger meinte). Die Wahrheit ist spielerischer Art, sie enthüllt sich im Spiel, nicht in einer rein objektiven Betrachtung. Die biblische Inspiration dieser in der Postmoderne ziemlich frequentierten Vorstellung von Wahrheit als Spiel kann man in den Sprüchen wiedererkennen, wenn die Weisheit (Prov 8,30f) sagt: »Als er die Fundamente der Erde abmaß, / da war ich als geliebtes Kind bei ihm. Ich war seine Freude Tag für Tag / und spielte vor ihm allezeit. Ich spielte auf seinem Erdenrund / und meine Freude war es, bei den Menschen zu sein.« Diese Stelle hat wohl Jesus im Auge, wenn er uns das Spielverderben vorwirft: »Mit wem soll ich diese Generation vergleichen? Sie gleicht Kindern, die auf dem Marktplatz sitzen und anderen Kindern zurufen: Wir haben für euch auf der Flöte (Hochzeitslieder) gespielt, und ihr habt nicht getanzt; wir haben Klagelieder gesungen und ihr habt euch nicht an die Brust geschlagen.« (Matth 11,16ff).[8]

Der Bibel sollte man nahe treten, wie man einem Mädchen nahe tritt, in das man sich verliebt und dann es kennen lernt - man kann nicht sagen, zuerst möchte ich dich kennenlernen und dann werde ich dich vielleicht auch lieben - sollte es bei den Mädchen schon gehen, bei der Bibel jedenfalls nicht.[9]

Die Kunst Bibel zu lesen ist wie die Kunst *einen Witz zu begreifen*. Um einen Witz zu verstehen, muss man einerseits fähig sein, hinter die Worte und ihre unmittelbare Bedeutung zu gehen und verdeckte Bedeutungen und Anspielungen zu evozieren, andererseits aus der Menge möglicher Bedeutungen diejenigen zu wählen, die für das Begreifen wichtig sind. Nur methodologisch vorzugehen ist ähnlich wie den Witz zu erklären - es geht vielmehr darum, dass uns die Pointe aufleuchtet.[10]

---

[8] Mehr dazu siehe PAUL DAVID PARRIS, Reception Theory and Biblical Hermeneutics, Princeton Theological Monograph Series 107, Eugene 2009, 65-115.

[9] Die Metapher stammt von J. Lienhard.

[10] Mehr dazu sieh PETER J. LEITHART, The Text is a Joke, in: ders., Deep Exegesis: The Mystery of Reading Scripture, Baylor University Waco 2009, 109-140.

Die Bibel auszulegen ist wie *die Verfassung auszulegen.* Der Dogmengeschichtler Jaroslav Pelikan untersuchte die Analogien zwischen der Interpretation von Bibel und amerikanischer Konstitution. In beiden Fällen geht es darum, einen in anderer Zeit entstandenen Text als einen Text für unsere Zeit auszulegen, im Unterschied zu mancher biblischen Exegese muss jedoch das oberste Gericht der USA die Verfassung verbindlich auslegen und einen eindeutigen Schluss für weitere Handlung ziehen. Doch auch die Bibel sollte man verbindlich normativ interpretieren, nicht bei endlosen unverbindlichen Diskussionen bleiben, die keine Handlung ermöglichen.

Pelikan findet zudem viele andere Analogien: In beiden Fällen gibt es ein Buch und ein Volk, eine Kommunität, die den Text im Rahmen ihrer Geschichte auslegt. Eine bestimmte Aureole umgibt die Verfasser des Textes und ihre Zeit, die Gründungsväter sowie die Apostolischen Väter als erste Interpreten. Gemeinsames Problem ist die Autorität von deuterokanonischen Schriften (Verfassungszusätze). In beiden Fällen gibt es ein Magisterium, ordentliches und ausserordentliches (Verfassungsgericht). In beiden Fällen kann dieses Magisterium keineswegs eigenwillig entscheiden, sondern ist durch den Text, den es auslegt, gebunden. In beiden Fällen gibt es eine Auslegungstradition, die für die Interpretation von Bedeutung ist. Auch die Probleme sind ähnlich, es gibt unter Theologen sowie unter den Richtern Anhänger vom Wortsinn und Ausleger, die eher nach dem Sachsinn fragen (Buchstabe versus Geist), in beiden Fällen kämpfen die Ausleger mit schwierig auszulegenden Passagen (crux interpretorum), stossen auf Widersprüche zwischen den Texten und die Notwendigkeit von Harmonisierung oder Wahl zwischen den Texten. In beiden Fällen ringen sie auch mit der notwendigen Aufgabe, die Texte auf Situationen zu applizieren, die von ihren Verfassern nicht vorausgesehen waren. Gleich ist das Problem von Text und Kontext, die Frage, inwiefern man den Text nur aus dem Text auslegen kann und inwiefern man auch Informationen einbeziehen darf, die man von anderswo, z.B. aus den Sozialwissenschaften hat. Analog ist die gegenseitige Beziehung zwischen dem ausgelegten Text und der auslegenden Gemeinschaft, das eine ist ohne das andere nicht zu verstehen.

Analog sind die Probleme der Übersetzung in andere Sprachen (z.B. im Falle der kanadischen Verfassung, die englische und französische Versionen hat, wobei beide verbindlich sind) und allgemein philologische Probleme. Ähnlich sind Probleme mit der Unfähigkeit der Ausleger, sich auf eine Textdeutung zu einigen. Gleich ist auch das Risiko der Oberherrschaft von akademischen Fachleuten über die Interpretationsgemeinschaft. In beiden Fällen wird die Frage diskutiert, ob der Text klar ist (claritas scripturae) oder ob der Sinn zu suchen und festzustellen ist. In beiden Fällen sind für die Auslegung vergangene Geschehnisse wichtig, jedoch auch Berücksichtigung der künftigen. Die Wandlungen der Geschichte führen in gleicher Weise dazu, dass man zur Bewahrung des Textsinnes diesen manchmal gegensätzlich zu den früheren Interpretationen auslegen muss, wobei sich die einen fundamentalistisch und die anderen liberal profilieren; ähnlich sind die Streitigkeiten, ob eine bestimmte Auslegung eine rechte Entfaltung des Textsinns oder seine Verdrehung ist.[11]

Die Bibel ist als *realistischer Roman* zu lesen. Hans Frei zeigt, dass eben in der Zeit, als man die modernen Probleme mit der Bibel stark empfunden hat, der moderne realistische Roman entstand, den man gerade so liest, wie die Bibel zu lesen ist. Der realistische Autor arbeitet zwar kreativ, doch er darf nicht nur frei fabulieren; das, was er beschreibt, muss seine Wahrhaftigkeit haben, geschichtsähnlich sein (history-like), gewöhnlich in dem Sinne, dass es für Zeit, Milieu und Personen typisch ist, sie wahr charakterisiert. Auch wenn der Held nicht alles erlebt hat, was im realistischen Roman steht, ist die Person als Typus wahrheitstreu beschrieben. Die Wahrhaftigkeit der Bibel ist einigermaßen mit der Wahrheit des realistischen Romans vergleichbar - und wenn auch die Hauptpersonen, Gott und Jesus, nicht Typoi, sondern einmalig sind, sind sie auch durch die Erzählungen treffend charakterisiert.

Die Bibel ist wie ein *polyphoner Roman* zu lesen. Der russische Literaturwissenschaftler Michail Bachtin schuf eine Theorie aufgrund des Romans ›Die Brüder Karamasow‹ Dostojevskijs, und zwar die Theorie, dass der Roman einem Dialog entspricht, also einem Werk, in welchem viele Stimmen der Personen und der Erzähler reden und als Stimmen unterschiedlich und gleichwertig sind und die Einheit des Romans gestalten. Es ist gewissermassen ein Gleichnis der Einheit und Vielfalt der Stimmen in der Bibel.[12]

Die Bibel ist wie *ein Krimi* zu lesen. Das betrifft vor allem das Alte Testament - erst rückblickend, wenn wir schon das Ende kennen, zeigt sich der volle Sinn der Geschehnisse. Das, was denjenigen klar sein konnte, die

---

[11] Mehr dazu sieh JAROSLAV PELIKAN, Interpreting the Bible and the Constitution, Yale 2004.

[12] Mehr dazu sieh MICHAIL MICHAILOVIČ BACHTIN, Formen der Zeit im Roman. Untersuchungen zur historischen Poetik. Fischer, Frankfurt am Main 1989. Die Analogie erwägt RICHARD BAUCKHAM, Reading Scripture as a Coherent Story, in: Ellen F. Davis et Richard B. Hays, The Art of Reading Scripture, Grand Rapids/Cambridge 2003, 38-53. Beispiele der dialogischen Bibellektüre nach Bachtin bringt Walter L. Reed, Dialogues of the Word: The Bible as Literature According to Bakhtin, Oxford 1993.

die Geschehnisse ursprünglich erlebt haben, erfasst nicht den ganzen Sinn des Geschehens - der ist erst dann erkenntlich und bewertbar, wenn wir den Schlüssel zu der Geschichte kennen, und dieser Schlüssel ist - Christus. Im Krimi und in der Bibel ist der Schlüssel erst am Ende offenbar. David Steinmetz vergleicht Bibel und Krimi darin, dass der Krimi eine zweifache Erzählung beinhaltet: die erste, lange und vieldeutige, und die andere, die der Detektiv im letzten Kapitel (nach-)erzählt und die den Sinn von allem zeigt, was vorausging (»Elementar, mein lieber Watson!«). Die Vergangenheit erscheint im neuen Licht, Fakten sind bewahrt, aber übersehene Details zeigen sich als Andeutungen, die zum Wesen der Sache wiesen (eine nicht zu Ende gerauchte Zigarette, ein halb offenes Fenster - wie konnten wir es übersehen...?). Das Neue Testament ist in der Beziehung zum Alten so eine Erzählung aus dem letzten Kapitel des Krimis. Doch dieselbe Struktur findet sich auch im Rahmen von einzelnen Büchern der Bibel, z.B. in der Apostelgeschichte, wo die Apostel den jüdischen Autoritäten ihre Deutung der Kreuzigung Jesu vorlegen, oder im Alten Testament, wenn die Propheten ihren Zeitgenossen den Sinn der Geschehnisse auslegen. In der Alten Kirche fungiert so auch das Taufbekenntnis in der Beziehung zur Schrift - während Häretiker andere Erzählungen anbieten. Wie die Erzählung von Hercule Poirot, macht auch das Taufbekenntnis die anderen »zweiten Erzählungen« gegenstandlos und überflüssig - und Apostel und Detektive sind vollkommen überzeugt, dass ihre Nacherzählung richtig ist. Alles passt zueinander, wogegen Häretiker nach Tertulian den Bettlern ähneln, denen ihre Kleider zu groß sind und deren Teile nicht zueinander passen.

Historische Schriftauslegung lehnt zwar solche Lektüre als Anachronismus ab, in der Tat aber konstruieren die Geschichtsschreiber ihre eigenen Erzählungen. Es ist kein Anachronismus, nur kennen die Historiker und Biblizisten den Ausgang der Erzählung, wissen also mehr, als die Teilnehmer an der Geschichte damals wussten. Die Bedeutung der Schriftworte darauf zu reduzieren, wie sie die ersten Zuhörer verstehen konnten, ist unmöglich und naiv - es weiß jeder Prediger, dass auch ihn seine Hörer unterschiedlich verstehen und ihr Verständnis keineswegs das beste sein muss. Im Vergleich mit dem Krimi gibt es bei der biblischen Erzählung einen wesentlichen Unterschied, den sie mit den Erzählungen von Geschichtsschreibern gemeinsam haben: Die biblische Geschichte ist noch nicht zu Ende, die Heilsgeschichte geht noch weiter. Mochten die Apostel auch voraussetzen, dass das Ende nah ist, so einfach ist es nicht. Die neutestamentliche Erzählung beleuchtet nicht nur die Vergangenheit, sondern auch die Gegenwart und Zukunft.[13]

Die Bibel ist wie *Landkarte oder Atlas* zu lesen. Der Atlas beinhaltet verschiedene Karten, die nichtsdestoweniger dasselbe abbilden, nur auf verschiedene Weise (politische, wirtschaftliche, physische Landkarte), wie auch biblische Texte dasselbe auf unterschiedliche Weise mitteilen, am auffälligsten die vier Evangelien. Die Landkarte hat eine Beziehung zur Realität, doch ist es nicht ihre Photographie, sondern ihre Bearbeitung unter bestimmten Aspekten; so ungefähr ist es auch mit der Bibel. Bei der Landkarte ist es offensichtlich, dass sie den Sinn nicht in sich selbst hat, sondern dass man sich nach ihrem Durchstudieren auf den Weg begeben muss und die Karte in ihrer Beziehung zum Gelände, durch das man geht, weiterstudieren - so lädt uns auch die Bibel zur Reise nach den Landkarten, die sie bietet, ein. Man muss selbstverständlich lernen, wie man mit der Karte umgeht, falls man wirklich zum Ziel kommen möchte.[14]

Die Bibel kann man mit der *Verfilmung eines Romans* vergleichen - der Regisseur kann nicht alles, was im Roman geschildert wird, in den Film einbringen, also muss er die Situationen wählen und sie zu einem sinnvollen Ganzen gestalten (gut sichtbar ist es bei Markus, wenn er das Wirken Jesu an einem Tag in Kafarnaum darstellt). Auch bei den verfilmten Szenen wird nicht alles berichtet, etwas wird besonders beleuchtet, etwas kann der Kameraman unter einem bestimmten Aspekt aufnehmen.

Zum Bibeltext soll man *(nach John Webster*) ähnlich wie zum *Sakrament hinzutreten* - man muss seinen Zusammenhang mit der Handlung der Kirche sehen, aber man darf auch nicht vergessen, dass das Handeln Gottes die Priorität hat. Die Analogie mit dem Sakrament wird auch von anderen Autoren gebraucht (wie *Schneiders*): Ähnlich wie das Sakrament ist auch die Schrift ein Ort privilegierter Begegnung mit Gott, der Glaube ist bei dieser Begegnung wichtig und die Gegenwart Gottes ist wirksam. Falls wir die Abendmahlselemente chemisch analysieren, finden wir nichts Göttliches, ebenso, wenn man die Schrift mit den Methoden der Bibelkritik analysiert.

---

[13] Mehr dazu sieh DAVID C. STEINMETZ, Uncovering a Second Narrative: Detective Fiction and the Construction of Historical Method, in: Ellen F. Davis et Hays, Richard B., The Art of Reading Scripture, Grand Rapids/Cambridge 2003, 54-65.

[14] Den Vergleich von Karte und Bibel entfaltete Vanhoozer in The Drama of Doctrine, doch schon Wittgenstein bietet die Metapher des Kennenlernens als Buch-Reiseführer, auch Polanyi und Lindbeck sehen eine allgemeine Analogie zwischen dem Erkennen und Lesen einer Karte.

Zum Bibeltext ist wie zu der *nach dem Krieg gefundenen Munition hinzutreten*: Es war zwar für eine andere Zeit und andere Situationen bestimmt, doch es ist noch immer Sprengstoff.

Der biblische Text ist eher als *Ikone* und nicht als Photographie zu lesen. »Der Bibeltext als *Ikone* vermittelt Geheimnis und Bedeutung; als *Notation* ist er der normative Grund von endlosen Möglichkeiten von originellen Interpretationen im Glauben; als *Drama* ist es eine Welt von existentiellen Möglichkeiten, die man Jüngerschaft nennt« (*Sandra Schneiders*). Dieselbe Autorin betont, dass der biblische Text *Klassik* ist und ihre Vorteile teilt: Er ist nicht an den ursprünglichen Kontext gebunden, sondern beinhaltet einen viel größeren Reichtum an Bedeutungen in der Beziehung zu den Kontexten, in die er historisch sprach und spricht - Klassik muss sich freilich jede Generation neu aneignen (rekontextualisieren).

Die Bibel ist wie eine *Brille*, und wenn man sich diese Brille aufsetzt, sieht man besser Gott, sich selbst, die Kirche, die Welt.[15]

Zur Auslegung der Schrift soll man sich stellen wie zum *Bau einer neuen Straße*. Die Ingenieure, die den Weg projektieren, gehen gewöhnlich davon aus, dass es am vernünftigsten ist, sich an dem Lauf des ursprünglichen Weges zu orientieren und so an die Kenntnisse der Gegend anzuknüpfen, die die einstigen Baumeister hatten. Nicht wenige europäische Autobahnen setzen den Lauf der antiken römischen Wege fort. Ebenso arbeiteten auch die Schriftausleger bis zum 18. Jahrhundert. Historische Kritik wird nicht mit Reparatur und Weiterbauen alter Wege verglichen, sondern mit dem Bemühen, sich einen Weg durch den Urwald mit Machete zu hauen, manchmal blind und ohne Gefühl für das Terrain.[16]

Die Bibeldeutung ist wie *Sterndeutung*. Ohne Astrologie zu empfehlen, ganz im Gegenteil, kann man in ihr doch eine anregende Analogie sehen: Die Deutung brauchen eigentlich nicht die Sterne und die Bibel, sondern die Welt und unser Leben in der Welt. Wir sollen nicht so sehr die Bibel durch die Welt deuten, sondern unser Leben braucht die Deutung durch die Bibel. Was eigentlich unverständlich ist, ist unser Leben ohne die Heilige Schrift.[17]

Die Bibel auszulegen ist wie am *Konferenztisch* mit den Aposteln und den biblischen Verfassern sowie den Auslegern der vergangenen Epochen zu sitzen, und auch mit denen, die die Schrift heute auslegen - es ist

---

[15] Die Metapher mit der Brille stammt von Calvin.

[16] Beide Metaphern führt Markus Bockmuehl an.

[17] Dieser Vergleich versucht die Lindbecksche Konzeption der »Absorbierung der Welt durch die Bibel« bildlich zusammenzufassen.

manchmal nicht leicht, unsere Tischpartner zu verstehen, doch man soll sich darum bemühen. Die Zusammensetzung der Tischgenossen ist ökumenisch, und es geht nicht so sehr darum, zwischen unterschiedlichen und strittigen Auslegungen zu entscheiden, als vielmehr sich belehren und korrigieren zu lassen. Die Erfahrung zeigt, dass manche Deutungen, die früher für eine bestimmte Konfession typisch waren, später allgemein rezipierbar sind, und dass es sich lohnt, auch anderen Texten zuzuhören als nur den Schlüsseltexten unserer Tradition. Der evangelische Teilnehmer kann oft ein tieferes Verständnis von Paulusbriefen anbieten, gleichzeitig schützt ihn vor seiner Einseitigkeit, wenn er den Tischgenossen zuhört, in deren Erfahrung die Deuteropaulina und Katholischen Briefe eine größere Rolle spielen.[18]

Die Bibelauslegung ist wie eine *Brücke*, die man zwischen zwei Epochen baut, wobei der eine Pfeiler die biblische Zeit und der andere unsere Zeit ist, und die beiden Aufgaben Exegese und Kontextualisierung heißen. Die Metapher der Brücke mahnt, dass hier eine Kluft klafft, man kann den Text gewöhnlich nicht unmittelbar lesen, als ob es diese Kluft nicht gäbe (womit nicht bestritten wird, dass man manche biblische Texte unmittelbar lesen kann).[19]

Die Bibel ist wie *Spektrum und Regenbogen*, ihr Licht kann man zerlegt in einer Reihe von Farben beobachten. Die Wahrheit Gottes ist farbenreich.

Die Bibel ist zu lesen als beobachte man die berühmten *Statuen der unvollendeten Sklaven von Michelangelo* - ein Torso, doch man kann gedanklich daran anschließen und sich die vollendete Form ausmalen.[20]

Die Bibel ist zu lesen wie ein *Liebesbrief*, der für mich bestimmt ist. Wie klassisch pietistisch oder gar sentimental diese Metapher klingen kann, soll sie hier keineswegs die Frömmigkeit im Sinne »Jesus liebt dich!« oder eine Vorstellung der Unmittelbarkeit zum Text forcieren, sondern die teilnehmende Hermeneutik der persönlichen Betroffenheit der von außen »objektiv« beurteilenden gegenüberstellen. Die emotionale Komponente der Hermeneutik ist übrigens auch nicht auszuschliessen, weil sie allgemein zur Sprache und zum Menschen und seiner Handlung gehört: Das

---

[18] Die Metapher des Apostolischen Konferenztisches stammt von George S. Caird und wird bei Vanhoozer, Turner u.a. zitiert.

[19] Die Metapher führt M.L.Strauss an in: Gary T. Meadors, Moving Beyond the Bible to Theology, Zondervan, Grand Rapids 2009, 290.

[20] Die Metapher führt an Kevin Vanhoozer in: Gary T. Meadors, Moving Beyond the Bible to Theology, Zondervan, Grand Rapids 2009, 263.

Streben nach einer die Emotionen ausschließenden Hermeneutik zeugt von fehlerhafter Philologie und Anthropologie.[21]

Der Bibeltext ist wie ein *Eisberg* anzusehen, dessen größter Teil unter der Wasseroberfläche verborgen ist. Nach E.D. Hirsch sind die meisten Interpretationsprobleme durch die Implikationen des Textes verursacht. Der Ausleger muss die verdeckten Bedeutungen in ein harmonisches Ganzes bringen mit dem, was er sieht. Der Autor sagt bestimmte Dinge nicht, weil sie zwischen ihm und seinem Hörer ohnehin klar sind - doch sind sie gewöhnlich dem heutigen Leser nicht klar, und auch er muss sie zum richtigen Verstehen kennen.

Die Bibel ist wie ein *Mosaik*, dessen Edelsteine das Bild eines gütigen Königs bilden. Aus denselben Edelsteinen kann man freilich auch das Bild eines knurrenden Hundes zusammensetzen, und man kann das Bild des knurrenden Hundes sogar für das Bild des gütigen Herren ausgeben.[22]

Die Bibel ist auszulegen, wie man *Puzzle* zusammenlegt: Man muss versuchsweise die Bedeutung eines Teilchens erraten (es ist blau, es dürfte Himmel sein) um es dort zu platzieren, wo es hingehören könnte. Es kann sich während des Zusammenlegens bestätigen, dass es wirklich ein Teilchen des Himmels ist und dass wir es richtig platziert haben; es kann sich auch zeigen, dass wir es falsch interpretierten. Während das Bild wächst, wird auch der Sinn von einzelnen Teilchen klar - richtig gelegte Teilchen präzisieren gleichzeitig unsere Vorstellung davon, wie das Gesamtbild aussehen wird. Am Anfang muss man also ein bestimmtes Vorverständnis (Vor-Urteil) haben, was aber nicht bedeutet, dass wir in unseren Vorurteilen und Ausgangspunkten eingesperrt bleiben, vielmehr kann uns der Fortgang des Zusammenlegens zwingen, unser Vorverständnis völlig zu ändern. Andere Autoren sprechen von einer hermeneutischen *Spirale*, einer aufsteigenden Bewegung, wo die Einzelheiten ständig wiederkehren und sich in einem klareren Licht zeigen, indem wir ständig zu einem tieferen Verständnis kommen. Einzelne Teilchen bilden das Gesamtbild, doch das Erkennen des Gesamtbildes zeigt rückwärts auch den Sinn von einzelnen Teilchen.[23]

---

[21] Die Metapher führt im Rahmen seiner Ausführungen über puritanische und pietistische Hermeneutik JENS ZIMMERMANN an, Recovering Theological Hermeneutics: An Incarnational-Trinitarian Theory of Interpretation, Baker Academic, Grand Rapids 2004, 113.

[22] Diese Metapher entwirft Origenes in seiner Schrift gegen die Gnostiker.

[23] Die Metapher vom Puzzle findet sich bei ANTHONY C. THISELTON, Hermeneutics: An Introduction, Grand Rapids/Cambridge 2009, 13. Das Bild der hermeneutischen

Die Bibel ist wie ein großes Haus, in welchem es viele Räume mit verschlossenen Türen gibt. Die schwierige Aufgabe des Auslegers ist, *den passenden Schlüssel zu der richtigen Tür zu finden.* (Dies soll ein Rabbiner zu Origenes gesagt haben). Die Wirkungsgeschichte gehört nach *U. Luz* zum Text ebenso wie *der Fluss zur Quelle*, aus der er fliesst.

... und die Interpretation der Bibel ist nicht wie ...

Die Schriftinterpretation ist kein *Rohrschachtest*! (vulgo Tintenkleckstest). Sandra Schneiders betont, dass wir heute noch viel besser als Bultmann wissen, dass es keine voraussetzungslose Bibelexegese gibt, und dass es mehr Voraussetzungen gibt, als sich Bultmann vorstellen konnte - es sind nicht nur unsere kosmologischen, religiösen und historischen Vorstellungen, sondern auch unsere »soziale Lokation« - unsere Bedingtheit durch Rasse, Gender, Alter, ökonomische Lage, etc. Das alles bringen wir notwendigerweise in den Text ein. Die Begegnung des Textes mit unseren einzigartigen Voraussetzungen formiert die Bedeutung des Textes. Die Vielzahl der Bedeutungen ist so reichhaltig wie die Vielfalt der Leserschaft. Doch wir lesen die Bibel nicht, um alle möglichen Bedeutungen und uns selbst besser kennenzulernen - Bibelhermeneutik ist kein Test, in Tintenkleckse unsere Subjektivität zu projizieren. Wir möchten nicht nur uns selbst, sondern den Sinn, den Gott zu unserem Heil intendiert hat, kennenlernen. »Das, wovon wir meinen, dass wir sehen, wenn wir in die Tiefen der Schrift sehen, kann manchmal auch *bloße Widerspiegelung* unseres lächerlichen Gesichts sein« (C.S. Lewis). Die Bibel kann man auch »bibliotherapeutisch« gebrauchen, doch die Bibelinterpretation ist mehr als Selbstbespiegelung. Ein Narzist ist kein Exeget!

Die Auslegung der Schrift ist nicht als plückte man *eine Blume in der Natur,* um sie in einen Garten zu übersetzen - soll sie Wurzeln schlagen, muss man sie auch mit den Wurzeln und einem Stück von der Erde, in der sie ursprünglich wuchs, übersetzen; das Ausreissen aus dem Zusammenhang würde sie vernichten.[24]

Spirale (als Alternative zum hermeneutischen Zirkel) gebraucht Grant R. Osborne, The Hermeneutical Spiral, Downers Grove 2006.

[24] Dieses Bild verwendet Zwingli in der Predigt zu Dominikanerinnen in Oetenbach 1522: »Glych als wellte einer von einem blümli, das on alle wurzen ist abbrochen, ein blümgarten pflanzen. so soll man nüt, er müss den wasenschollen mit den wurzen pflanzen. Also müss man dem wort gottes sin eigen natur lassen, so gebirt

Die Schriftdeutung ist keine *Sezierung des Frosches*! Ein Student charakterisierte ironisch, aber teilweise doch treffend, moderne Bemühungen der historisch-kritischen Exegese durch den Vergleich mit den Methoden der biologischen Laborarbeit: Zuerst töten, dann sezieren!

Die Schriftdeutung ist keine *archäologische Ausgrabung* von Mammutknochen, ihre Zusammenlegung und dann Ausstellung des fossilen Exponates in seiner ganzen Exotik im Museum! Und die Bibeltreue besteht nicht darin, dass wir diesem fosilen exotischen Exponat ähnlich werden!

Die Bibelinterpretation ist nicht wie eine Auslegung von *Äsops Fabeln*, wo die Geschichte nur ein Vorwand für die Formulierung der Moral der Geschichte ist.[25]

Die Bibelauslegung ist keine blosse *Restaurierung von einem Gemälde*! Die Aufklärer und Romantiker richteten ihre Aufmerksamkeit auf die »ursprüngliche Bedeutung« des Textes, die uns aber strenggenommen nicht zugänglich ist, wie nützlich auch das Bemühen um ihr Erkennen ist. Wir können immer nur zu unseren Rekonstruktionen, zu neuen Gestalten im Rahmen des Horizonts des Auslegens gelangen. Gadamer bringt die Metapher eines alten Bildes, das ins Museum übertragen, dort restauriert und wieder in eine mittelalterliche Kirche zurückgestellt wurde. Was zurückkam, war nicht das ursprüngliche Bild, sondern unsere Rekonstruktion nach den Vorstellungen, wie es ursprünglich wohl ausgesehen haben könnte. Das gilt, fügen wir hinzu, auch dann, wenn die Rekonstruktion eine gelungene ist. Doch kommt man mit dem Fortschritt der Zeit manchmal dazu einzusehen, dass unsere Vorstellungen grundfalsch waren. So wurde z.B. die berühmte Dreieinigkeit von Rublev offensichtlich falsch restauriert, indem der Restaurateur meinte, dass die Zentralgestalt Christus ist und seine Hand als eine den Kelch segnende renoviert hat. Aber auch diese Behauptung, dass es falsch restauriert wurde, ist eben nur eine Rekonstruktion des Urstandes aufgrund von heutigen Erkenntnissen, nicht direktes Erkennen der ursprünglichen Gestalt der Ikone.

Hegel vergleicht unsere Geschichtskenntnisse mit *Obst in einer Schüssel, die uns ein junges Mädchen brachte.* Das Obst wurde gepflückt und wird nicht mehr von dem Baum, sondern vom Mädchen getragen - es ist dasselbe, aber in einem anderen Kontext, der für uns realer und vielleicht

---

es in dir und mir einen sinn.« Zitiert nach http://books.google.com/booksid=hA8RAAAAIA AJ&pg=PA52&dq=Zwingli+Von+Klarheit+und+Gewissheit++1522+.).

[25] Vgl. Vanhoozer.

auch schöner als der ursprüngliche ist. Doch unmittelbar mit dem Baum verbindet uns das Anfassen des Obstes nicht mehr.[26]

Die Bibelauslegung ist keine *Folterung des Gotteswortes auf dem Prokrustes-Bett:* das Ziel ist nicht es zu strecken oder sonst gewaltsam an die Größe unserer dogmatischen oder sekularen Vorstellungen anzupassen. Vielmehr geht es darum, die Spannung zwischen dem Gotteswort und unserer kirchlichen oder weltlichen Realität zu halten, damit sich beides gegenseitig beleuchtet. Das Einquätschen und Strecken des Textes gilt auch innerkanonisch - man darf z.B. nicht alle neutestamentlichen Texte so lesen, dass sie in die Theologie des Apostel Paulus passen, sondern es ist die Mannigfaltigkeit der Stimmen und ihr gemeinsames Zwiegespräch zu bewahren.

Die Schrift ist kein *Steinbruch*, wo wir uns nach Bedarf notwendige Bausteine für unsere Theorien holen.

Die Schriftdeutung ist nicht wie *Rätselraten*, wo alles durch das Finden der richtigen Lösung endet. ›Niemand soll die Schrift gewaltsam auf einen Sinn reduzieren, so dass andere Sinne ganz ausgeschlossen wären, die in sich selbst Wahrheit enthalten, und bei der Wahrung von Umständen dem Wortsinn der Schrift angemessen sein können; es gehört zur göttlichen Würde der Schrift, dass unter einem Text viele Sinne enthalten sind.‹ (Thomas von Aquin) ›Wir sollen deswegen keine definitiv abschließende Interpretation einer bestimmten biblischen Passage erwarten, sondern jede Intepretation im Kontext der narrativen Traditionsgeschichte als Lösung von gewissen Fragen und Stellung von neuen Fragen sehen‹ (Parris).

Die Auslegung der Bibel ist keine *Wiederholung der Sünde Adams und Evas.* Das Ideal der neuzeitlichen Wissenschaft war zu erkennen wie Gott erkennt, »die Perspektive des Auges Gottes« zu gewinnen - und zwar ohne Gott. Eva und Adam wussten freilich noch, dass sie eine Wahl haben, während einige moderne Ausleger anscheinend meinen, dass sie wegen der Wissenschaftlichkeit von Baum der Erkenntnis essen *müssen*.

Die Bibelauslegung soll auch keine *Wiederholung des Turmbaues von Babel* sein - ein Versuch ohne Gott zu Gott zu kommen.[27]

Die Lektüre des alttestamentlichen Textes ist keine Lektüre einer *fremden E-Mail* (gegen Paul M. van Buren). Für den Christen ist das Alte Testament keineswegs eine fremde Post, eine »Hebräische Bibel«, sondern eben Alter Bund gegenüber dem Neuen und ewigen. Er offenbart uns, wer

---

[26] Mehr dazu bei PAUL DAVID PARRIS, Reception Theory and Biblical Hermeneutics, Princeton Theological Monograph Series 107, Eugene 2009, 11ff.

[27] Beide Metaphern stammen von M. A. Bowald.

wir als Christen sind, indem er uns unsere eigene Vergangenheit erzählt. Jesus identifizierte sich mit der Geschichte Israels, deswegen identifizieren wir uns mit ihr auch, und mit dem israelischen Gott, den uns Jesus »Vater« nennen lehrte. Wir sind das Volk desselben Gottes und sehen diese Schriften auch als die unseren.[28]

Zusammenschau

Das Ziel unseres Aufsatzes war nicht, eine hermeneutische Theorie aufgrund von Metaphern zu konstruieren, sondern zu belegen, wie metaphorisch schon die entsprechende Literatur zum Thema ist. Wollte man eine bestimmte Theorie dahinter suchen, dann ist zu bemerken, dass die gebrauchte Literatur meistens aus angloamerikanischen Kreisen stammt, die sich um eine theologische Interpretation der Schrift (wie z.B. TIS project) und eine postkritische Bibelhermeneutik (in der Auseinandersetzung mit Frei und Lindbeck) bemühen. Da die Metaphern aus verschiedenen Werken stammen, beleuchten sie bestimmte Einzelaspekte dieser Hermeneutik(en) und begrenzen sich gegenseitig, doch sind sie um keine Grund-, Kern- bzw. Wurzelmetapher organisiert. Die meisten angeführten Beispiele könnte man trotzdem unter das Thema Inszenierung, Transponierung und Interpretierung eines Kunstwerkes (musikalisch, literarisch, dramatisch, bildnerisch) stellen. Auch das Einhalten von Spielregeln, Wahrnehmung von Abstand, Spannung, Pluralität wird thematisiert. Die meisten Vergleiche beziehen sich auf die Kulturwelt. Die Naturwelt ist - für Metaphern eigentlich untypisch - relativ selten Quelle der erwähnten Bilder.

---

[28] Mehr dazu siehe Steve Motyer, Two Testaments, One Biblical Theology, in: Joel B. Green, and Max Turner, Between Two Horizons, Spanning New Testament Studies and Systematic Theology, Eerdmans, Grand Rapids 2000, 143-163.

Bleibe bei uns

Bleibe bei uns
wenn der Tag vergeht
und der Abend naht
Wenn der Wind die Saat
verweht
Bleibe bei uns

Bleibe bei uns
wenn der Schlaf uns überfällt
und die bösen Träume schrecken
willst du uns mit deinen Flügeln
decken
und uns schicken
was uns hält
Bleibe bei uns

Bleibe bei uns
wenn das Leben angstvoll bebt
und der Tod beständig naht
wenn zur Ernte reift die Saat
und der Schnitter seine Sense hebt
Bleibe bei uns

Autorinnen und Autoren

Bubmann, Peter, Prof. Dr. theol., geb. 1962, lehrt Praktische Theologie an der Friedrich-Alexander-Universität Erlangen-Nürnberg.

Deeg, Alexander, Prof. Dr. theol., geb. 1972, lehrt Praktische Theologie in Leipzig.

Eyselein, Christian, PD Dr. theol. habil, geb. 1958, ist Dozent am Studienseminar Pfarrverwalterausbildung der Augustana-Hochschule und Studienleiter am Pastoralkolleg der Evangelisch-Lutherischen Kirche in Bayern in Neuendettelsau.

Grethlein, Christian, Prof. Dr. theol., geb. 1954, lehrt Praktische Theologie an der Evangelisch-Theologischen Fakultät der Westfälischen Wilhelms-Universität Münster.

Heyl, Andreas von, Prof. Dr. theol., geb. 1952, ist Studienleiter der Fortbildung in den ersten Amtsjahren der Evangelisch-Lutherischen Landeskirche in Bayern und apl. Professor am Lehrstuhl für Praktische Theologie der Augustana-Hochschule in Neuendettelsau.

Keller-Wentorf, Christel, Prof. Dr. theol., geb. 1942, ist stellvertretende Direktorin des Instituts für evangelische Aszetik an der Augustana-Hochschule in Neuendettelsau.

Kemnitzer, Konstanze Evangelia, PD Dr. theol. habil, geb. 1975, ist Assistentin für Praktische Theologie an der Augustana-Hochschule in Neuendettelsau.

Köhle-Hezinger, Christel, Prof. Dr., geb. 1945, war bis zur Emeritierung im Jahr 2011 Inhaberin des Lehrstuhls für Volkskunde (Empirische Kulturwissenschaft) an der Friedrich-Schiller-Universität in Jena.

Kerner, Hanns, Prof. Dr. theol., geb. 1950, ist Leiter des Gottesdienst-Instituts der Evangelisch-Lutherischen Kirche in Bayern und apl. Professor für Praktische Theologie an der Friedrich-Alexander-Universität Erlangen/Nürnberg.

Meyer-Blanck, Michael, Prof. Dr. theol., geb. 1954, lehrt Praktische Theologie an der Rheinischen Friedrich-Wilhelms-Universität in Bonn.

Merle, Kristin, Dr. theol., geb. 1974, ist Assistentin am Lehrstuhl für Praktische Theologie der Eberhard-Karls-Universität in Tübingen mit den Schwerpunkten Seelsorgelehre und Pastoraltheologie.

Müller, Konrad, geb. 1957, ist stellvertretender Leiter des Gottesdienst-Instituts der Evangelisch-Lutherischen Kirche in Bayern.

Weyel, Birgit, Prof. Dr. theol., geb. 1964, ist Professorin für Praktische Theologie mit den Schwerpunkten Seelsorgelehre und Pastoraltheologie der Eberhard-Karls-Universität Tübingen.

Poscharsky, Peter, Prof. Dr. theol., geb. 1932, war bis zur Emeritierung im Jahr 2000 Inhaber des Lehrstuhls für Christliche Archäologie und Kunstgeschichte an der Theologischen Fakultät Erlangen.

Riess, Richard, Prof. Dr. theol., Dipl.-Psych., geb. 1937, war bis zu seiner Emeritierung im Jahr 2002 Inhaber des Lehrstuhls für Praktische Theologie an der Augustana-Hochschule in Neuendettelsau.

Schwier, Helmut, Prof. Dr. theol., geb. 1959, ist Ordinarius für Neutestamentliche und Praktische Theologie an der Ruprecht-Karls-Universität in Heidelberg.

Steck, Wolfgang, Prof. Dr. theol., geb. 1940, war bis zu seiner Emeritierung im Jahr 2005 Inhaber des Lehrstuhls für Praktische Theologie I an der Ludwig-Maximilians-Universität München.

Vokoun, Jaroslav, PD Dr. theol., geb. 1956 ist Leiter des Edmund-Schlink-Instituts für ökumenische Theologie an der Theologischen Fakultät der Südböhmischen Universität Böhmisch-Budweis.